Android Tablets & Smartphones

Günter Born

Android Tablets & Smartphones

Der Ratgeber für Einsteiger und Senioren

5., aktualisierte Auflage

Günter Born
www.borncity.de

Lektorat: Ariane Hesse
Bearbeitung: Martha Born
Korrektorat: Sibylle Feldmann, *www.richtiger-text.de*
Satz: Gerhard Alfes, mediaService, Siegen, *www.mediaservice.tv*
Herstellung: Stefanie Weidner
Umschlaggestaltung: Michael Oreal, *www.oreal.de*, unter Verwendung eines Fotos von © iStock by Getty Images, gradyreese
Druck und Bindung: mediaprint solutions GmbH, 33100 Paderborn

Bibliografische Information der Deutschen Nationalbibliothek
Die Deutsche Nationalbibliothek verzeichnet diese Publikation in der Deutschen Nationalbibliografie; detaillierte bibliografische Daten sind im Internet über *http://dnb.d-nb.de* abrufbar.

ISBN:
Buch 978-3-96009-193-6
PDF 978-3-96010-675-3
ePub 978-3-96010-676-0
mobi 978-3-96010-677-7

5., aktualisierte Auflage 2022

Wieblinger Weg 17
69123 Heidelberg

Dieses Buch erscheint in Kooperation mit O'Reilly Media, Inc. unter dem Imprint »O'REILLY«. O'REILLY ist ein Markenzeichen und eine eingetragene Marke von O'Reilly Media, Inc. und wird mit Einwilligung des Eigentümers verwendet.

Hinweis:
Der Umwelt zuliebe verzichten wir auf die Einschweißfolie.

Schreiben Sie uns:
Falls Sie Anregungen, Wünsche und Kommentare haben, lassen Sie es uns wissen:
kommentar@oreilly.de.

5 4 3 2 1 0

Inhaltsverzeichnis

Vorwort – Liebe Leserin, lieber Leser

Sie besitzen ein Smartphone oder einen Tablet-PC mit installiertem Android-Betriebssystem und möchten mehr über Android und dessen Bedienung erfahren? Oder Sie sind bei der Arbeit mit Android oder den Apps auf das eine oder andere Problem gestoßen und möchten wissen, wie Sie dieses umgehen können? Sie haben unbeantwortete Fragen rund um Android oder suchen einen »roten Faden« durch die Funktionsvielfalt, die von modernen Smartphones und Tablet-PCs angeboten wird?

Dieses Buch bietet Ihnen eine Hilfestellung zum Einstieg in Android. Ich zeige Ihnen auf den folgenden Seiten Schritt für Schritt, wie Sie das Betriebssystem und die wichtigsten Apps sinnvoll und produktiv verwenden. Mit diesen Kenntnissen ist es dann einfach, das Smartphone oder den Tablet-PC zur Verwaltung von Fotos, zum Surfen im Internet, für den E-Mail-Versand und vieles mehr zu nutzen. Die im Buch enthaltenen Informationen und Anleitungen machen sicher Lust auf mehr. Gehen Sie dabei die Sache locker an. Vieles lernen Sie durch Wiederholen quasi nebenbei.

G. Born

www.borncity.com

Für Linda und Thomas

So arbeiten Sie mit diesem Buch

Dieses Buch befasst sich mit dem Betriebssystem Android, das auf vielen Smartphones und Tablet-PCs installiert ist. Für die Beschreibungen und Abbildungen habe ich einen Tablet-PC verwendet. Auf einem Smartphone mit Android sieht das Ganze aber weitgehend identisch aus – wenngleich der Bildschirm schmaler ist.

Zum Schreiben des Texts standen Smartphones mit Android 8 und Android 11 sowie Tablet-PCs mit Android 6 zur Verfügung. Die Apps wurden auf den Stand Februar 2022 aktualisiert. Das Buch sollte sich daher mit allen Android-Versionen ab Version 6 verwenden lassen.

Nicht berücksichtigt werden die speziellen Anpassungen der Android-Benutzeroberfläche einiger Gerätehersteller. Es kann also sein, dass auf Ihrem Gerät leichte Unterschiede zur Beschreibung im Buch vorhanden sind. Ich habe in den letzten Jahren viele Android-Geräte in den Händen gehabt. Trotz unterschiedlicher Android-Versionen und -Anpassungen ist vieles gleich geblieben oder zumindest sehr ähnlich. Die von Google bereitgestellten Apps (Anwendungen) sind sowieso auf allen Geräten identisch – hier kann es lediglich sein, dass sich nach der Drucklegung dieses Buchs deren Aussehen aufgrund von Aktualisierungen etwas geändert hat. Ich bin aber sehr zuversichtlich, dass Sie anhand der Erläuterungen in diesem Buch auch mit älteren oder angepassten Android-Versionen sowie aktualisierten Apps zurechtkommen.

Sie können das Buch entweder von vorne bis hinten durchlesen oder sich einzelne für Sie interessante Kapitel herauspicken. Das Buch möchte den absoluten Anfänger an den Umgang mit einem Android-Gerät heranführen, aber auch Leserinnen und Leser mit Vorkenntnissen den roten Faden zeigen. Auch mit weitergehenden Kenntnissen kann das Buch noch Helfer oder Ratgeber sein.

1 Grundlagen

Das lernen Sie in diesem Kapitel:

- Android-Geräte im Überblick
- Android einrichten

Android läuft sowohl auf Smartphones als auch auf Tablet-PCs. Dieses Kapitel gibt Ihnen einen Überblick über das Betriebssystem Android und die Gerätetechnik für Smartphones sowie Tablet-PCs. Weiterhin zeige ich Ihnen die Schritte, um ein Android-Gerät erstmalig in Betrieb zu nehmen.

Android-Geräte im Überblick

Vor dem Einstieg in die Android-Bedienung in Kapitel 2 gebe ich Ihnen in den nachfolgenden Abschnitten einen kurzen Überblick über die Gerätetechnik (z. B. Kaufhilfen für Smartphone oder Tablet). Zudem erfahren Sie, was Sie in Bezug auf die unterschiedlichen Android-Versionen wissen sollten.

Smartphone, Tablet, Phablet

Android-Geräte gibt es in verschiedenen Varianten und von unterschiedlichen Herstellern. Falls Sie vor dem Kauf eines solchen Geräts stehen, hier zunächst eine kurze Übersicht über verschiedene Gerätevarianten bzw. -bezeichnungen:

- **Smartphones:** Derartige Geräte werden allgemein auch als Handy bezeichnet. Smartphones werden in der Regel dazu verwendet, um zu telefonieren und mobil ins Internet gehen zu können. Es gibt Angebote verschiedener Hersteller und mit unterschiedlicher Technik.
- **Tablets:** Ein Tablet (oder Tablet-PC) besitzt meist keine Funktionen zum Telefonieren, ist aber mit einem größeren Bildschirm (als Display bezeichnet) ausgestattet. Tablets werden bevorzugt zum Surfen im Internet, zum Versenden und Empfangen von E-Mails sowie zum Medienkonsum (Fotos und Videos ansehen, Musik hören) eingesetzt.
- **Phablets:** Hierbei handelt es sich um ein Kunstwort, zusammengesetzt aus den Begriffen Phone und Tablet. Ein Phablet ist nichts anderes als ein Smartphone, aber mit einer Bildschirmdiagonale über 5,2 Zoll bis ca. 6,5 Zoll (wobei 1 Zoll 2,54 Zentimetern entspricht).

Welches dieser Geräte Sie verwenden, ob Sie sowohl ein Smartphone als auch ein Tablet besitzen oder eher auf ein Phablet als Einzelgerät setzen, hängt vom persönlichen Geschmack und Einsatzzweck ab. Bei den Phablets gefällt mir, dass diese einerseits klein genug sind, um sie als Mobiltelefon immer dabei zu haben. Andererseits ist der Bildschirm schon so groß, dass viele Aufgaben eines Tablets (surfen, lesen etc.) bequem ausgeführt werden können. Man spart sich also ggf. die Anschaffung von zwei unterschiedlichen Geräten.

HINWEIS: Mir stehen zwar mehrere Tablet-PCs für berufliche Zwecke zur Verfügung. Persönlich greife ich aber zum Surfen, Lesen oder Musik hören häufig zu einem Smartphone.

Welche Geräteausstattung brauche ich?

Egal, ob Sie nun ein Smartphone, ein Tablet-PC oder ein Phablet bevorzugen, stehen Sie vor der Qual der Wahl. Es gibt eine ganze Reihe von Herstellern, die jeweils eine große Vielfalt an Modellen anbieten. Da fällt mitunter die Auswahl schwer. Im Folgenden finden Sie eine grobe Übersicht, an der Sie sich beim Kauf orientieren können, sowie Hinweise, worauf Sie ggf. achten sollten.

- **Bildschirmgröße:** Bei einem **Smartphone** empfehle ich Geräte mit einer Bildschirmdiagonale oberhalb von 5 Zoll. Denn ab dieser Diagonale ist das Display groß genug, um Eingaben über die Bildschirmtastatur halbwegs komfortabel vorzunehmen. Bei **Tablet-PCs** haben Sie die Entscheidung zwischen Bildschirmdiagonalen von 7, 8, 9 oder 10,1 Zoll (25,4 cm). Ein großes Display hat den Vorteil, dass man sehr gut surfen und lesen kann. Nachteilig ist diese Größe, wenn man solche Tablets auch mal unterwegs nutzen will. Auch beim Lesen von E-Books sind 10-Zoll-Tablets für meinen Geschmack eher etwas zu schwer. Je nach Modell stehen dabei auch unterschiedliche Bildschirmauflösungen zur Verfügung. Hier sollten Sie das Modell wählen, dessen Display die beste Lesbarkeit bietet.

(Bild: Medion)

- **Speichergröße:** Beim Speicher ist zwischen dem **Arbeitsspeicher** zum Betrieb des Geräts und dem **Speicher** zur Ablage von Fotos, Musik oder Daten zu unterscheiden. Der Arbeitsspeicher sollte nicht kleiner als 3 GByte sein, um mit mehreren Apps zügig arbeiten zu können. Die Größe des Speichers zur Ablage von Musik, Fotos, Videos und anderen Daten hängt von Ihren persönlichen Anforderungen ab. Geräte sind heute mit unterschiedlich großem Speicher (64 GByte und mehr) im Handel. Geräte mit weniger als 64 GByte Speicher würde ich persönlich nicht mehr kaufen, da man zu schnell an die Kapazitätsgrenze stößt.

- **Speicherkartenerweiterung:** Auch wenn Google die Speicherung von Daten im Internet propagiert, achten Sie darauf, dass das Smartphone oder das Tablet einen Einschub für Speicherkarten bietet. Viele Hersteller bieten sowohl bei Smartphones als auch bei Tablet-

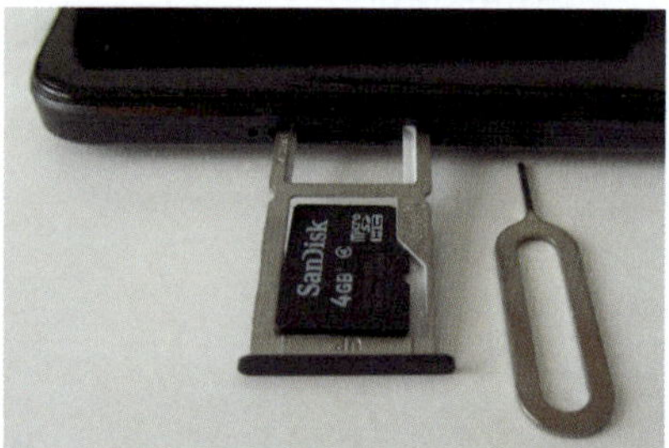

PCs einen sogenannten **Speicherkartenslot** für MicroSD-Speicherkarten an. Ob die MicroSD-Karte seitlich in den Speicherkartenslot eingeschoben (wie im Foto auf der vorherigen Seite zu sehen) oder bei abgenommener Rückwand in einen MicroSD-Steckplatz eingelegt wird (in folgendem Foto), hängt vom Hersteller ab. Sehen Sie ggf. im Gerätehandbuch nach, wie die Speicherkarte eingelegt wird.

- **Mobilfunkunterstützung und Dual-SIM:** Zum Telefonieren und für den mobilen Internetzugang ist mindestens eine SIM-Karte eines Mobilfunkanbieters notwendig. Manche Smartphones ermöglichen sogar, über einen sogenannten **Dual-SIM-Slot** zwei SIM-Karten (beruflich und privat oder eine SIM-Karte zum Telefonieren, eine für die Internetanbindung) zu verwenden. Bei neueren Smartphones muss man sich aber entscheiden, ob man eine zweite SIM-Karte oder eine MicroSD-Speicherkarte in den betreffenden Kartenschlitz einlegt. Falls Sie ein Tablet auch mobil mit Internetverbindung betreiben möchten, achten Sie auf eine entsprechende Mobilfunkunterstützung (meist als 4G oder LTE-Unterstützung beworben).

HINWEIS: Bei **SIM-Karten** gibt es verschiedene **Größen** (SIM, Micro-SIM und Nano-SIM, siehe *www.congstar.de/sim-karte/*). Moderne Geräte benötigen meist eine Nano-SIM-Karte. Der Begriff **SIM-Lock** signalisiert, dass das Gerät nur mit SIM-Karten eines bestimmten Anbieters funktioniert. Bei SIM-Lock-freien Geräten können Sie SIM-Karten beliebiger Mobilfunkanbieter verwenden. Bei Samsung gibt es noch ein sogenanntes **Region-Lock**, d. h., ein in Europa gekauftes Samsung-Gerät kann nur mit europäischen SIM-Karten betrieben werden. Meist gibt es aber die Möglichkeit, eine solche Sperre über den Mobilfunkanbieter aufheben zu lassen.

- **Kamera:** Smartphones und Tablets besitzen zudem meist noch jeweils eine Kamera an der Front- und Rückseite. In den Prospekten wird häufig mit Megapixel-Auflösung geworben. In meinen Augen ist die Fotoqualität der Kameraaufnahmen (muss man ausprobieren) eher ein Auswahlkriterium, auf das Sie achten sollten.
- **USB-Anschluss:** Smartphones und Tablets besitzen eine sogenannte Micro-USB-Buchse (oder inzwischen eine USB-3.1-C-Buchse). Über ein mitgeliefertes USB-Kabel kann das Gerät über ein USB-Steckernetzteil geladen werden. Das USB-Kabel lässt sich auch zum Datenaustausch mit einem PC verwenden. Gibt der Hersteller an, dass die Micro-USB-Buchse **OTG**-fähig ist? Dann können Sie über ein spezielles OTG-Adapterkabel Speichersticks oder USB-Geräte anschließen und diese unter Android verwenden. Wichtig ist, dass die USB-Geräte nicht zu viel Strom verbrauchen, da es sonst zu Problemen kommen kann.

Manche Smartphones besitzen noch einen Fingerabdrucksensor (z. B. auf der Gehäuserückseite), mit dem sich das Gerät vom Besitzer entsperren lässt.

TIPP: Bei einem **MHL**-fähigen Gerät lässt sich die Anzeige des Bildschirms über ein spezielles MHL-Kabel zur HDMI-Buchse eines TV-Geräts übertragen. Auf der Seite *www.borncity.com/blog/?p=145656* habe ich einige Hinweise zu MHL (Mobile High-Definition Link) veröffentlicht. Bei den von Google stammenden Nexus-Geräten kommt statt MHL die **SlimPort**-Technik zum Übertragen des Bildschirms zum Einsatz (siehe *www.borncity.com/blog/?p=145799*).

Ein weiteres wichtiges Kriterium zur Geräteauswahl ist die vom Hersteller angegebene **Akkulaufzeit**. Ein Smartphone sollte mindestens einen Arbeitstag mit 8 Stunden durchhalten. Ideal sind Akkulaufzeiten von 10 bis 12 Stunden und mehr. Bei Tablet-PCs mit ihren größeren Bildschirmen sind die Laufzeiten aber meist geringer.

Tipps zum Android-Gerätekauf

Liebäugeln Sie mit dem Kauf eines neuen Smartphones oder Tablets mit Android, stellt sich die Frage, welches Modell man wählt. Hier einige Hinweise, worauf Sie achten sollten:

- Ob Sie lieber ein **Smartphone**, ein **Phablet** oder doch ein **Tablet** verwenden und welche **Bildschirmgröße** das Gerät haben soll, hängt meiner Ansicht nach von Ihren persönlichen Vorlieben ab. Sind Sie häufiger mit dem Gerät unterwegs, wird ein kleineres Gerät Vorteile haben. Andererseits empfinde ich es zu Hause als angenehm, das große Display eines Tablets oder Phablets zum Surfen im Internet oder zum Betrachten von Fotos nutzen zu können.
- Auch die Frage, **wie viel Speicher** notwendig ist, hängt von den persönlichen Vorlieben ab. Wer sein Gerät nur zum Surfen nutzt, wird auch mit einem 64-GByte-Modell auskommen. Meine Empfehlung ist aber, bei einem neuen Gerät (speziell bei Tablets) eher die Variante mit mindestens 128 GByte zu wählen. Im Laufe der Zeit sammeln sich viele Fotos, Videos und Musikdateien an, und der Speicherplatz wird schnell knapp.

- Bei einem Tablet können Sie noch zwischen Modellen mit **WLAN-Unterstützung** und Geräten mit **zusätzlicher Mobilfunkfunktion** wählen. Die letztgenannten Modelle sind deutlich teurer. Ein Modell mit WLAN-Unterstützung (oft auch als **Wi-Fi** bezeichnet) kann nur in einer Umgebung mit einem WLAN (zu Hause oder an öffentlichen Plätzen mit sogenannten Hotspot-Internetzugängen) betrieben werden. Ohne WLAN in der Nähe lassen sich keine Funktionen, die einen Internetzugang erfordern, verwenden. Um auch unterwegs auf das Internet zugreifen zu können, gibt es Tablet-PC-Modelle mit einer sogenannten 4G-Unterstützung (LTE). Dann lässt sich eine Micro-SIM-Karte eines Mobilfunkanbieters verwenden, um mobiles Internet per LTE (Long Term Evolution) bereitzustellen. Ob Sie dies brauchen, weil Sie das Gerät häufig unterwegs verwenden oder als Navigationsgerät einsetzen, müssen Sie sich selbst beantworten.

Überlegen Sie sich vor dem Kauf, was Ihnen wichtig ist (großer Bildschirm, viel Speicher, mobiles Internet), und schreiben Sie sich die Kriterien auf.

TIPP: Persönlich würde ich versuchen, das Wunschgerät vor dem Kauf in einem der zahlreichen Elektronikmärkte oder in Telefonläden in Augenschein zu nehmen. Dort können Sie sich ggf. beraten lassen und ein Gefühl dafür bekommen, ob die Größe des Geräts und die Darstellung des Bildschirms Ihren Anforderungen genügen. Soll mobiles Internet genutzt werden, sollten Sie ein Gerät mit LTE-Unterstützung wählen, da es im ländlichen Raum oft nur schlechte 3G/UMTS-Unterstützung gibt und 3G von einigen Anbietern bald abgeschaltet wird.

TIPP: Noch ein kleiner Preistipp: Nicht immer muss es das neueste Gerätemodell sein. Oft genügt ein Vorgängermodell, das man meist wesentlich preisgünstiger bekommt. Allerdings sollten Sie kein Gerät mehr kaufen, das nicht mindestens mit der Android-Version 10 ausgestattet ist (siehe auch den folgenden Abschnitt »Android-Versionen, das sollten Sie wissen«).

HINWEIS: Nützliches Zubehör

Bei einem Smartphone empfehle ich Ihnen, sich unbedingt eine **Schutzhülle** (auch als Protector oder Case bezeichnet) über den Handel zuzulegen. Dies schützt das Gerät vor Kratzern oder kann bei einem Sturz möglicherweise vor Schäden wie einem Displaybruch bewahren. Wer auf einem Tablet häufig Texte eingeben oder bearbeiten möchte, sollte sich möglicherweise eine sogenannte **Bluetooth-Tastatur** zulegen. Entsprechende Tastaturen gibt es ebenfalls im Handel. Wie eine solche Tastatur per Bluetooth gekoppelt wird, ist in Kapitel 10 dieses Buchs beschrieben.

Android-Versionen, das sollten Sie wissen

Android ist der Name des Betriebssystems, um das es in diesem Buch geht und das auf Smartphones und Tablet-PCs läuft. Erst dieses Betriebssystem sorgt dafür, dass die Geräte überhaupt funktionieren und man auch kleine Programme (sogenannte Apps) verwenden kann.

Von Google wurden seit 2008 verschiedene **Android-Versionen** entwickelt, die durch Namen von Süßigkeiten (Cupcake, Donut, Éclair, Froyo, Gingerbread, Honeycomb, Ice Cream Sandwich, Jelly Bean, KitKat, Lollipop, Marshmallow, Nougat, Oreo etc.) oder durch eine Versionsnummer (... 8.x, 9.x, 10.x, 11.x etc.) unterschieden werden. Auf der Webseite *de.wikipedia.org/wiki/Liste_von_Android-Versionen* finden Sie eine Übersicht über die Versionen.

Hier **im Buch verwende ich** für die Abbildungen **Android 6 bis 11**. Da vieles in den unterschiedlichen Android-Versionen identisch oder weitestgehend ähnlich ist, lässt sich das Buch für Geräte mit unterschiedlichen Android-Versionen verwenden.

ACHTUNG: Auf die Verwendung älterer Android-Versionen sollten Sie möglichst verzichten. Hintergrund ist, dass für ältere Android-Geräte oft keine Updates bereitgestellt und **Sicherheitslücken** nicht mehr geschlossen werden.

Was ist was bei Ihrem Android-Gerät?

Ein Android-Smartphone oder -Tablet hat nur wenige Bedienelemente und Anschlüsse. In der folgenden Abbildung sind typische Bedien- und Anschlusselemente am Beispiel eines Android-Tablets (Medion Lifetab) zu sehen.

- Auf der Frontseite finden Sie drei Navigationstasten, die eine besondere Bedeutung während der Bedienung besitzen (siehe dazu auch Kapitel 2). Hier werden die Navigationstasten im Display eingeblendet. Es gibt aber Geräte (z. B. Samsung-Galaxy-Modelle), bei denen die **Home-Taste** als mechanische Taste ausgeführt ist.
- Viele Android-Smartphones und -Tablets besitzen auf der Frontseite noch die Linse der **Frontkamera**. Die Frontkamera wird zur Aufnahme von »Selbstbildnissen« (neudeutsch »Selfies«) sowie für Videounterhaltungen verwendet.
- Auf der Rückseite ist dann die Linse der **Rückseitenkamera** und manchmal noch eine Öffnung für den LED-Blitz zu sehen. Mit dieser Kamera lassen sich Fotos und Videos per Smartphone oder Tablet aufnehmen.
- Die meisten Geräte besitzen noch Öffnungen für ein Mikrofon und den Lautsprecher. Zudem ist meist eine **USB-C-** oder **Micro-USB-Buchse** zum Laden oder zum Datenaustausch mit dem PC vorhanden.

- Bei der 3,5-mm-Klinkenbuchse handelt es sich meist um einen kombinierbaren Mikrofoneingang und **Kopfhörerausgang**, über den sich Ohr- oder Kopfhörer anschließen lassen.
- Manche Geräte besitzen optional einen Einschub für den **MicroSD-Kartenleser** und ggf. auch einen Einschub für eine **SIM-Karte**. Ob der Speicherkarteneinschub wie hier direkt sichtbar ist oder sich hinter der abnehmbaren Rückseitenschale oder in einem Einschub an der Geräteseite befindet, ist gerätespezifisch.

- An der Seite des Smartphones oder Tablets finden Sie einen Wippschalter für die **Lautstärke** mit den Funktionen Lauter/Leiser. Zudem ist der **Ein-/Austaster** an der Geräteseite zu finden. Ob diese Tasten nebeneinander (wie hier im Foto gezeigt), an gegenüberliegenden Seiten oder an der Kopf- und Breitseite angebracht sind, ist ebenfalls gerätespezifisch. Manche Android-Geräte besitzen auch noch eine Taste oder einen Schiebeschalter, um z. B. die **Drehfunktion** (also das automatische Ausrichten auf Hoch- oder Querformat) der Bildschirmanzeige zu **sperren**.

Einige Smartphones und Tablets besitzen noch einen Fingerabdrucksensor zum Entsperren. Lesen Sie ggf. im Gerätehandbuch nach, um sich über die genaue Lage der Bedien- und Anschlusselemente zu informieren.

Gerät laden, das sollten Sie wissen

Der Ladezustand des Akkus wird im Betrieb durch Android am oberen Rand des Bildschirms durch ein stilisiertes Batteriesymbol angezeigt.

Ist der Akku weitgehend entladen, wird sich das Gerät automatisch abschalten. Dann sollten Sie den Akku des Geräts am Stromnetz aufladen.

TIPP: Um die Akkulebensdauer nicht unnötig zu reduzieren, laden Sie das Gerät nur dann auf, wenn der Akku weitgehend leer ist. Große Hitze wirkt sich ebenfalls negativ auf die Akkulebensdauer aus und sollte vermieden werden.

Zum Aufladen verbinden Sie das mitgelieferte Kabel über den passenden (Micro-USB-)Stecker mit dem Gerät. Das andere Ende mit dem USB-Stecker wird mit dem im Lieferumfang enthaltenen USB-Steckernetzteil verbunden. Dann lässt sich das Steckernetzteil zum Laden an eine Steckdose anschließen.

Bei ausgeschaltetem Gerät erscheint kurz eine Ladeanzeige auf dem Bildschirm. Bei eingeschaltetem Gerät zeigt Android den Ladezustand sowie das Aufladen in der rechten oberen Ecke des Home-Bildschirms in Form eines stilisierten Blitzsymbols an.

ACHTUNG: Vermeiden Sie es, den (Micro-USB-)Stecker mit Gewalt in die entsprechende Buchse zu drücken, da dies sonst zu Gerätebeschädigungen führen kann. Verwenden Sie, sofern möglich, das Original-Netzteil des Geräteherstellers. Die Micro-USB-Buchse ist zwar genormt. Ich hatte aber schon Fälle, wo das Laden nur mit dem Netzteil des Geräteherstellers funktionierte. Vorteilhafter ist die USB-C-Buchse mit rotationssymmetrischem Stecker moderner Smartphones, der künftig in der Europäischen Union vorgeschrieben werden soll. Legen Sie das Gerät beim Laden möglichst auf eine nicht brennbare Fläche. In vereinzelten Fällen ist es vorgekommen, dass Ladegeräte oder Akkus überhitzten und Feuer fingen.

Android einrichten

Wenn Sie ein neues Gerät zum ersten Mal einschalten, müssen Sie zunächst einige Schritte zum Einrichten von Android durchführen. Dabei wird das Gerät bei Google registriert bzw. für den Gerätebesitzer aktiviert, sodass es überhaupt erst benutzbar ist. Das Gleiche passiert, falls Sie Android bzw. Ihr Gerät auf die Werkseinstellungen zurückgesetzt haben. Diese Aktivierung können Sie ggf. beim Kauf im Laden vom Verkäufer vornehmen lassen. Achten Sie aber darauf, unbedingt die Zugangsdaten und Kennwörter zu notieren und sicher aufzubewahren.

Andererseits ist die Inbetriebnahme nicht sonderlich schwierig. Nachfolgend stelle ich Ihnen die wichtigsten Schritte zur Einrichtung von Android vor, die eigentlich bei allen Geräten weitgehend gleich sind. Beachten Sie aber, dass sich die Gestaltung der Einrichtungsseiten, abhängig von der Android-Version, leicht ändern kann.

Einschalten und Sprache wählen

Zum Einschalten des Geräts drücken Sie einfach die Einschalttaste für ein paar Sekunden. Manche Geräte vibrieren beim Starten, sodass man spürt, wann man die Einschalttaste loslassen kann. Oder Sie sehen eine Anzeige auf dem

Gerätedisplay, an der Sie erkennen, dass Android startet (man spricht auch von »booten«). Warten Sie, bis das Gerät mit Android »hochgefahren« ist. Anschließend werden Sie durch die Schritte zur Inbetriebnahme geführt.

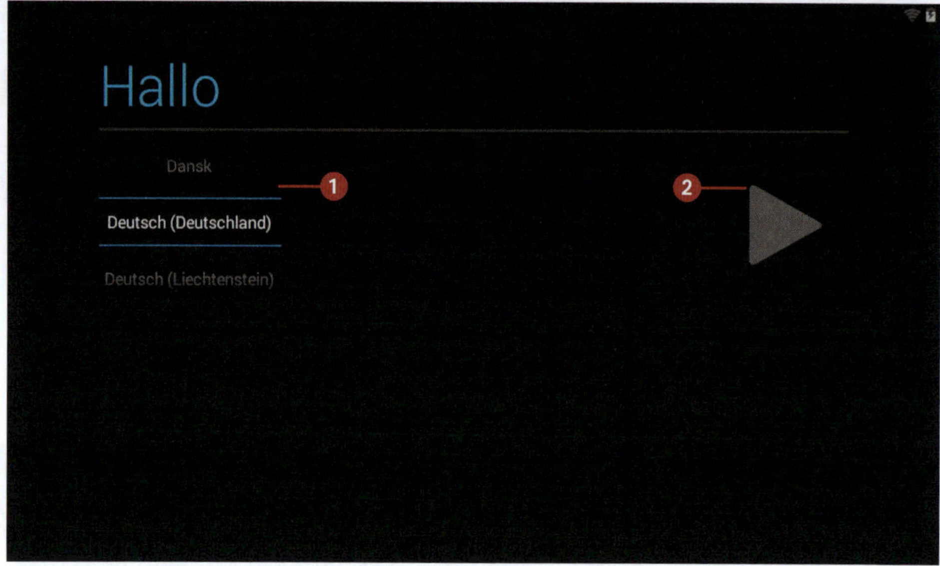

- Im ersten Schritt wählen Sie die **Sprache** in der angezeigten Seite aus. Wischen Sie mit dem Finger in der Sprachenliste nach oben oder unten über den Bildschirm, bis *Deutsch (Deutschland)* (1) oder die für Sie passende Variante angezeigt wird.
- Dann tippen Sie auf den Eintrag für die Sprache oder das ggf. angezeigte Dreieck (2).

Alle weiteren Einrichtungsschritte werden Ihnen anschließend in der gewählten Sprache angezeigt.

HINWEIS: Das genaue Aussehen der Einrichtungsseiten kann sich von Gerät zu Gerät unterscheiden. So kann die hier in der Abbildung gezeigte dreieckige Schaltfläche bei manchen Geräten mit *Weiter* und *Zurück* beschriftet sein. Funktional gibt es aber kaum Abweichungen, sodass Sie mit den folgenden Ausführungen sicherlich klarkommen werden.

Den WLAN-Zugang einrichten

Richten Sie im nächsten Schritt den WLAN-Zugang für das Android-Gerät ein. Auf dem Bildschirm des Android-Geräts sollten bereits die in Ihrer direkten Umgebung empfangbaren Wi-Fi-Netzwerke aufgelistet sein.

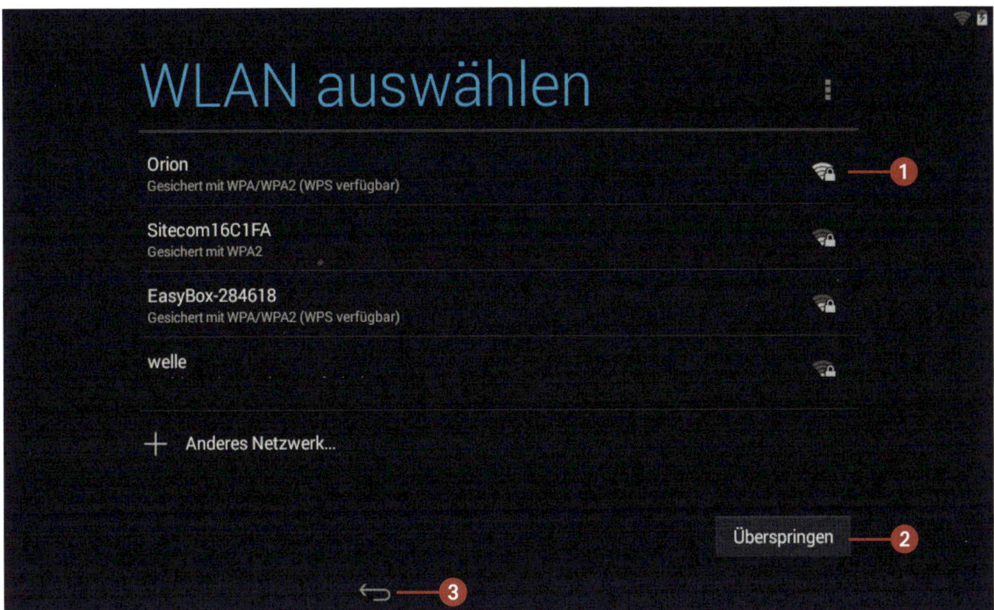

- Tippen Sie auf das Symbol des gewünschten **WLAN-Zugangs** (1). Falls Sie den Zugang in diesem Schritt nicht einrichten möchten, tippen Sie auf *Überspringen* (2). In diesem Fall lässt sich der WLAN-Zugang zu einem späteren Zeitpunkt über die App *Einstellungen* einrichten (siehe Kapitel 10).

TIPP: Sie können übrigens bei jedem Schritt über die *Zurück*-Schaltfläche (3) zur vorherigen Seite zurückwechseln und dort mit den Eingaben neu beginnen.

- Tippen Sie neben *Passwort* den Netzwerkschlüssel für den Zugang zum eigenen WLAN-Router in das betreffende Textfeld (4) ein. Sie finden den Schlüssel meist auf der Geräteunterseite des Routers angegeben. Möchten Sie sich an einem fremden WLAN anmelden, bitten Sie den Besitzer um den Netzwerkschlüssel bzw. das Passwort.

HINWEIS: Spätestens beim Antippen des Textfelds zur Passworteingabe wird die Bildschirmtastatur (5) eingeblendet. Über die Taste unten links (6) schalten Sie die Bildschirmtastatur zwischen der Buchstaben- und Zifferneingabe um. Haben Sie sich vertippt, lässt sich das zuletzt eingegebene Zeichen über die *Rück*-Taste (7) löschen. Tippen Sie auf das Kontrollkästchen *Passwort anzeigen* (8). Ist das Kontrollkästchen mit einem Häkchen markiert, wird das Passwort im Klartext angezeigt. Ein erneutes Antippen macht die Markierung und somit die Anzeige wieder rückgängig.

Sobald der korrekte Netzwerkschlüssel für Ihr WLAN eingetragen wurde, bestätigen Sie dies durch Antippen der dann freigegebenen *Verbinden*-Schaltfläche (9). Oder Sie tippen auf die Taste *Fertig* (10) der Bildschirmtastatur.

TIPP: Am unteren Rand der Bildschirmtastatur ermöglicht ein Symbol (⓫), die Tastatur auszublenden. Tippen Sie erneut auf ein Textfeld, wird die Bildschirmtastatur wieder angezeigt.

Nach Anwahl der *Verbinden*-Schaltfläche versucht das Gerät sich in das WLAN einzubuchen. Bei einem fehlerhaften WLAN-Schlüssel wird der Vorgang mit einem Fehlerhinweis abgelehnt. Dann wiederholen Sie die obigen Schritte zur Eingabe des Netzwerkschlüssels. Klappt das Einbuchen in das WLAN, werden Sie automatisch zum nächsten Inbetriebnahmeschritt weitergeleitet.

HINWEIS: Den erforderlichen Netzwerkschlüssel haben Sie beim Einrichten des Routers festgelegt. Falls Dritte die Einrichtung für Sie vorgenommen haben, notieren Sie sich den Namen und den Zugangsschlüssel des WLAN-Netzwerks. Falls trotz korrekt eingetipptem Schlüssel keine Verbindung hergestellt wird, ist erfahrungsgemäß die am WLAN-Router eingestellte MAC-Filterung die Fehlerursache. Lassen Sie sich bei Problemen nach Möglichkeit von erfahrenen Personen helfen. Bei Smartphones wird auch eine Seite zum Einrichten der Mobilfunkverbindung angezeigt, die sich aber überspringen lässt.

Anmeldung am Google-Konto

Android erwartet von Ihnen, dass Sie ein Benutzerkonto bei Google besitzen. Ein solches Konto besteht aus einer Gmail-Adresse und einem Kennwort und lässt sich gratis bei Google einrichten (siehe die folgenden Schritte). Über dieses Konto werden Einstellungen, App- und Medienkäufe verwaltet, und Sie können die Gmail-Adresse auch zum Versenden und Empfangen von E-Mails verwenden. Zudem verwendet Google das Konto, um ggf. eine Anmeldung an einen Google-Dienst zu bestätigen.

- Besitzen Sie bereits ein Google-Konto, dann tippen Sie auf der Seite *Nutzen Sie schon Google?* auf die Schaltfläche *Ja*.

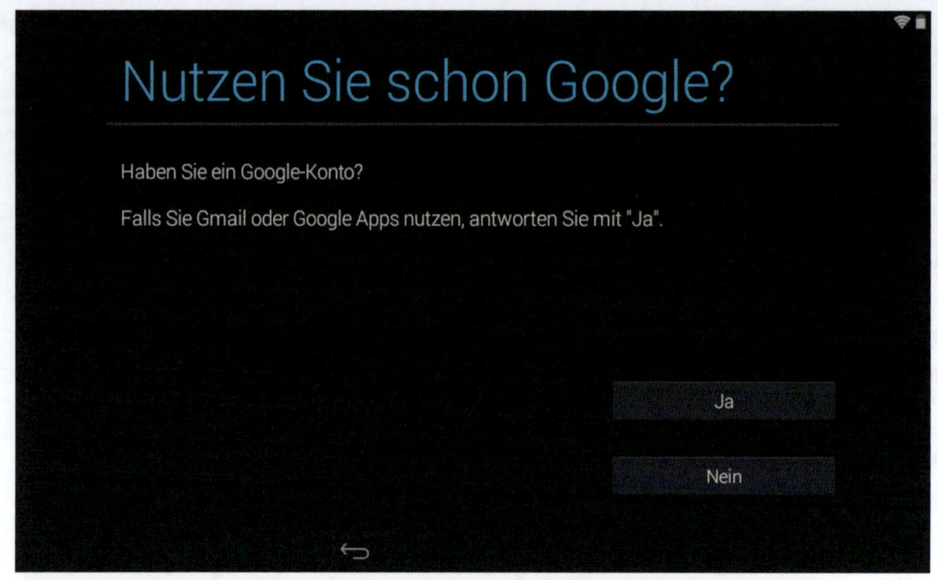
Nutzen Sie schon Google?
Haben Sie ein Google-Konto?
Falls Sie Gmail oder Google Apps nutzen, antworten Sie mit "Ja".
Ja
Nein

Anmelden
E-Mail
Passwort
gbtest4@gmail.com
Sobald Sie sich anmelden, erklären Sie sich mit den Nutzungsbedingungen und der Datenschutzerklärung von Google, den Nutzungsbedingungen und den Datenschutzhinweisen von Google Chrome sowie den Nutzungsbedingungen von Google Play einverstanden.
Abbrechen
OK
Fertig

- Tippen Sie auf der angezeigten Seite auf die Felder *E-Mail* (1) und *Passwort* (2) und geben Sie über die eingeblendete Bildschirmtastatur die E-Mail-Adresse des vorhandenen Google-Kontos und dessen Kennwort ein.
- Wenn Sie anschließend die Eingabe über die Schaltfläche *Fertig* (3) der Bildschirmtastatur oder über die Schaltfläche *Weiter* der angezeigten Seite bestätigen, wird ein Pop-up-Fenster eingeblendet. Tippen Sie dann auf die *OK*-Schaltfläche (4), um die Google-Nutzungsbedingungen anzuerkennen.

Anschließend werden Sie am Google-Konto angemeldet, um die nächsten Schritte durchzuführen. So kann eventuell ein Abgleich mit den im Konto gespeicherten Daten oder von Datum und Uhrzeit erfolgen. Möglicherweise erscheint auch eine Seite *Dieses Tablet gehört*, auf der Sie Ihren Vor- und Nachnamen zur Personalisierung eingeben. Zudem erhalten Sie Gelegenheit, Zahlungsinformationen festzulegen (siehe den folgenden Abschnitt).

HINWEIS: Bei der ersten Einrichtung wird auch der Name des Gerätebesitzers abgefragt. Über das Konto des Hauptbesitzers ist es möglich, das Android-Gerät später über die App *Einstellungen* auf den Werksauslieferungszustand zurückzusetzen.

Abhängig vom Hersteller werden ggf. auch Schritte zur Einrichtung spezieller Apps auf dem Gerät durchlaufen. Verfügen Sie noch nicht über ein Google-Konto, wählen Sie auf der ersten Seite die Schaltfläche *Nein* und befolgen die Schritte, die Android Ihnen vorgibt (siehe den Abschnitt »Ein Google-Konto erstellen«).

ACHTUNG: Auf manchen Geräten ist ein Virenschutz von Herstellern wie McAfee, Kaspersky etc. installiert. Die Apps bieten Ihnen beim ersten Aufruf das Festlegen einer PIN und fragen eine E-Mail-Adresse ab. Notieren Sie die PIN und die E-Mail-Adresse und achten Sie darauf, dass die E-Mail-Adresse korrekt ist. Später werden Sie unter Umständen vom Gerät nach der PIN gefragt, um dessen Funktionen zu entsperren. Haben Sie die PIN vergessen, lässt sich eine Einmal-PIN zum Zurücksetzen der Sperre über die registrierte E-Mail-Adresse anfordern. Kennen Sie die E-Mail-Adresse nicht oder ist diese ungültig, lässt sich das Gerät bei vergessener oder (nach zehn Fehleingaben) gesperrter PIN nicht mehr nutzen. Die Sperre kann eigentlich nur noch durch den Gerätehersteller kostenpflichtig entfernt werden.

Einrichten der Zahlungsinformationen

Beim Festlegen eines Google-Kontos auf Ihrem Android-Gerät wird Ihnen auch die Seite *Zahlungsinformationen einrichten* gezeigt.

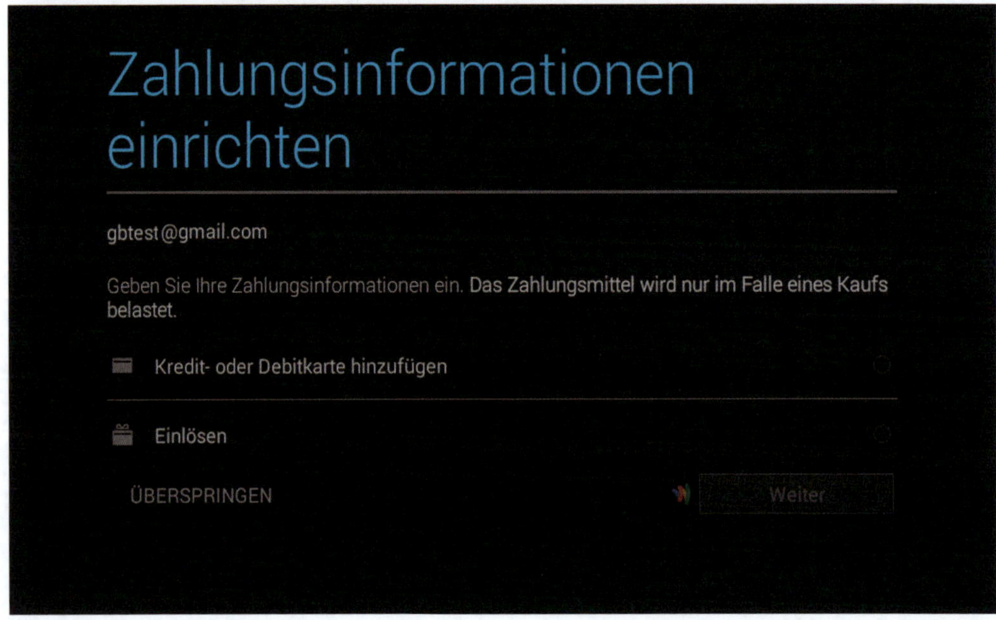

Auf dieser Seite können Sie sowohl Kreditkartendaten für Zahlungen angeben als auch einen Gutschein zum Auffüllen eines Guthabens einlösen. Beim Einrichten eines Google-Kontos wähle ich allerdings immer *ÜBERSPRINGEN* als Option. Die Zahlungsinformationen lassen sich später bei Bedarf jederzeit nachtragen (siehe auch in Kapitel 2 den Abschnitt »Apps beziehen und verwalten«).

Ein Google-Konto erstellen

Haben Sie noch kein Konto bei Google? Beim Einrichten besteht die Möglichkeit, sich ein solches Google-Konto kostenlos anzulegen:

- Besitzen Sie kein Google-Konto, tippen Sie in der Seite *Nutzen Sie schon Google?* auf die Schaltfläche *Nein.*

- Tippen Sie auf der Seite *Google nutzen* auf die Schaltfläche *Konto erstellen* und befolgen Sie die nachfolgenden Schritte.

Falls Sie sich unsicher sind, können Sie auch auf *Später* tippen und die Kontoeinrichtung zu einem späteren Zeitpunkt in der App *Einstellungen* nachholen.

Ohne Google-Konto lassen sich nur die Grundfunktionen und einige Apps verwenden.

ACHTUNG: Sofern Sie die folgenden Schritte zum Anlegen eines neuen Google-Kontos durchführen, **notieren Sie** sich die **E-Mail-Adresse** und auch das festgelegte **Kennwort** des **Google-Kontos**. Diese Notiz bewahren Sie an einem sicheren Ort auf, um im Fall der Fälle darauf zurückzugreifen. Ohne die Zugangsdaten für das Google-Konto kommen Sie nicht an die Daten bei Google heran und sind in der Nutzung des Geräts ebenso eingeschränkt wie bei einem fehlenden Google-Konto.

Beim Einrichten eines neuen Google-Kontos werden Sie durch die erforderlichen Schritte geführt. Als Erstes wird der Name des Gerätebesitzers abgefragt.

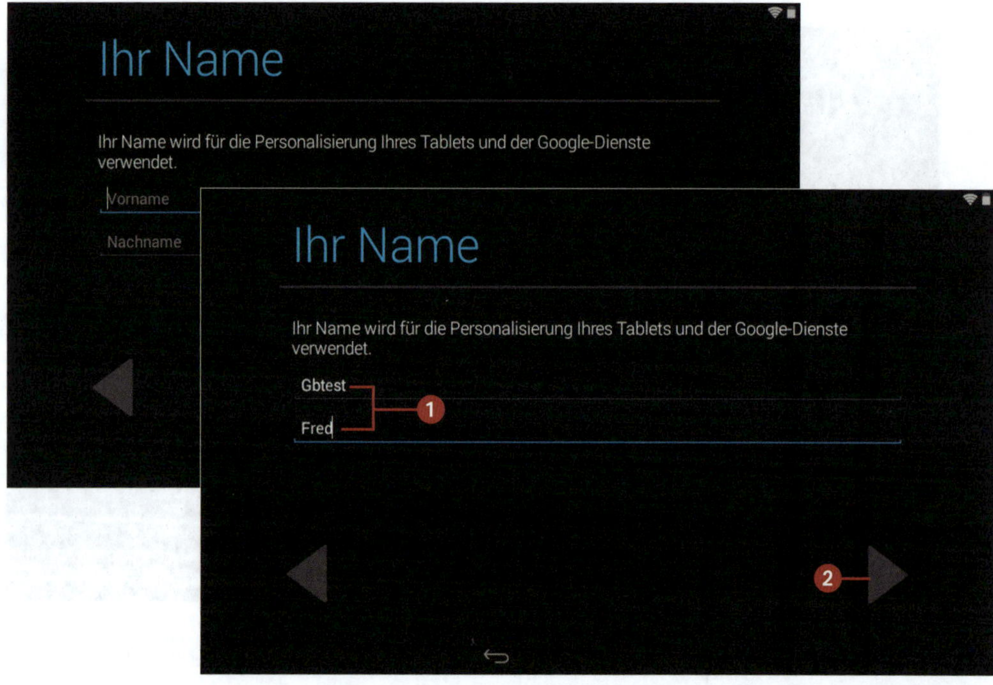

- Tippen Sie auf der Seite *Ihr Nachname* nacheinander die beiden Felder *Vorname* und *Nachname* (1) an, geben Sie die Daten über die eingeblendete Bildschirmtastatur ein und tippen Sie entweder auf die *Weiter*-Schaltfläche (2) oder auf die *Fertig*-Taste der Bildschirmtastatur.

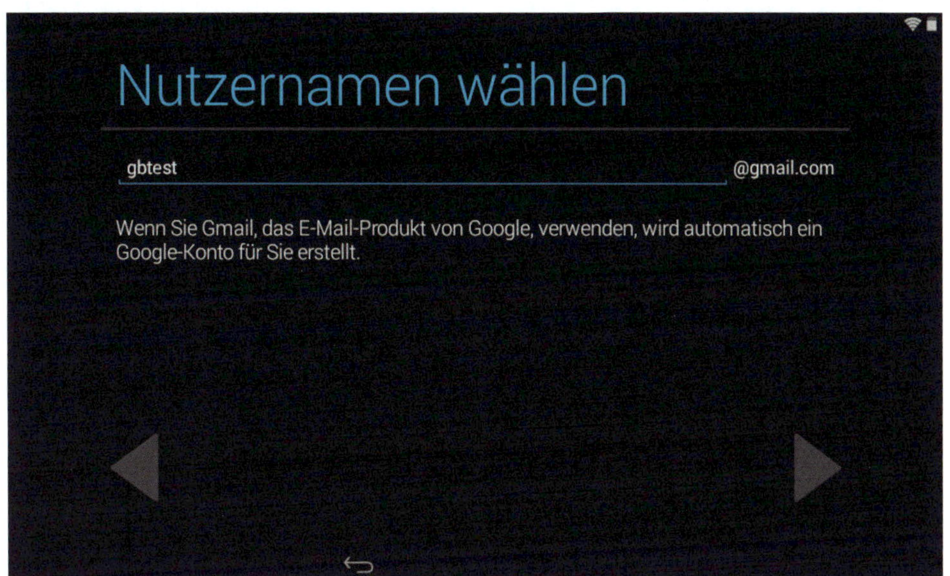

- Geben Sie auf der Seite *Nutzernamen wählen* den Namen für das Google-Konto bzw. die zugehörige E-Mail an oder passen Sie den angezeigten Namen an. Da es sich beim Google-Konto um eine gültige E-Mail-Adresse handeln muss, wird der Teil *@gmail.com* automatisch vorgegeben. Im festzulegenden Teil des Namens sind nur Ziffern, Buchstaben, ein Punkt sowie ein Minuszeichen und der Unterstrich zulässig. Weiterhin darf der Nutzername für das Google-Konto noch nicht durch einen anderen Benutzer belegt sein. Andernfalls wird die Eingabe abgewiesen. Sie können den Namen aber korrigieren (z. B. »4711« anhängen).

Über die angezeigte *Weiter*-Schaltfläche geht es dann zum nächsten Schritt. Android prüft dabei, ob der Benutzername gültig und eindeutig ist. Bei ungültigen Eingaben gelangen Sie wieder zur Eingabeseite des Benutzernamens zurück.

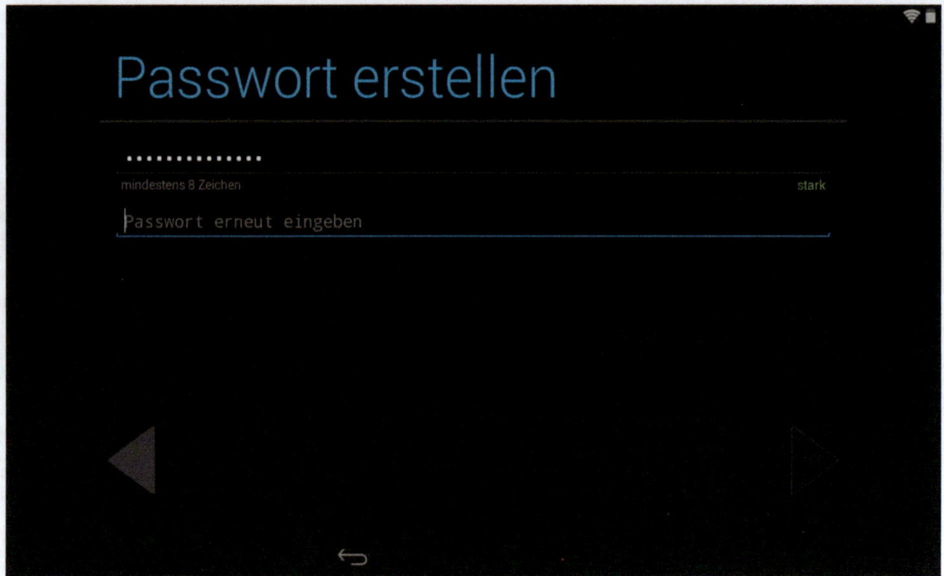

- Wird der Benutzername akzeptiert, öffnet sich die Seite *Passwort erstellen*. Tippen Sie auf das erste Passwortfeld und geben Sie ein Kennwort mit einer Länge von mindestens acht Stellen ein. Verzichten Sie auf Kennwörter der Art »12345678«. Ich selbst verwende beispielsweise immer eine Kombination aus Zeichen, Ziffern und Punkten oder Bindestrichen. Gute Kennwörter werden mit dem Hinweis »stark« auf der Seite bestätigt.
- Im zweiten Schritt geben Sie das Kennwort erneut im zweiten Passwortfeld ein und tippen dann auf die nun wählbare *Weiter*-Schaltfläche.

Für den Fall, dass Sie das Kennwort für Ihr Google-Konto vergessen haben und dieses zurücksetzen möchten, bietet Android beim Einrichten die Seite *Wiederherstellung des Google-Passworts* an:

- Tippen Sie auf der Seite auf die Schaltfläche *Wiederherstellungsoptionen einrichten* (1).
- Anschließend geben Sie auf der angezeigten Folgeseite (2) eine Telefonnummer sowie eine alternative E-Mail-Adresse an und legen das Land fest.

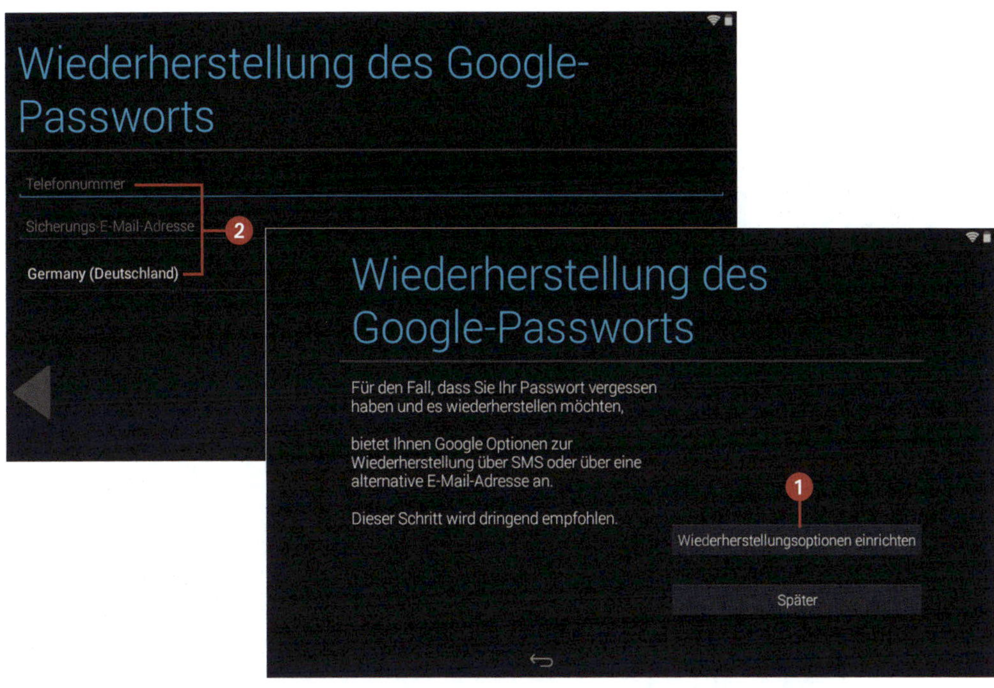

Sollten Sie das Kennwort für Ihr Google-Konto vergessen haben, können Sie dieses zurücksetzen lassen. Daraufhin schickt Ihnen Google ein Rücksetzkennwort entweder per SMS an die festgelegte Telefonnummer oder in einer E-Mail an die angegebene Adresse.

Das Google-Konto ermöglicht Ihnen nicht nur die Verwaltung der erworbenen Apps und Medieninhalte. Sie können auch Einstellungen des Android-Geräts in diesem Konto sichern lassen. Beim erneuten Einrichten des Geräts können dann die Einstellungen automatisch vom Google-Konto abgerufen und auf das Smartphone bzw. den Tablet-PC übertragen werden. Diese und weitere Einstellungen werden auf der Seite *Google-Dienste* festgelegt:

- Legen Sie auf der Seite *Google-Dienste* fest, welche Google-Dienste Sie im betreffenden Google-Konto verwenden möchten. Markieren Sie dazu die Kontrollkästchen (3) der gewünschten Dienste.

- Über die nach unten zeigende Schaltfläche (4) blättern Sie ans Ende der Seite, um weitere Optionen einsehen zu können. Tippen Sie auf die *Weiter*-Schaltfläche (5), um diesen Schritt abzuschließen.

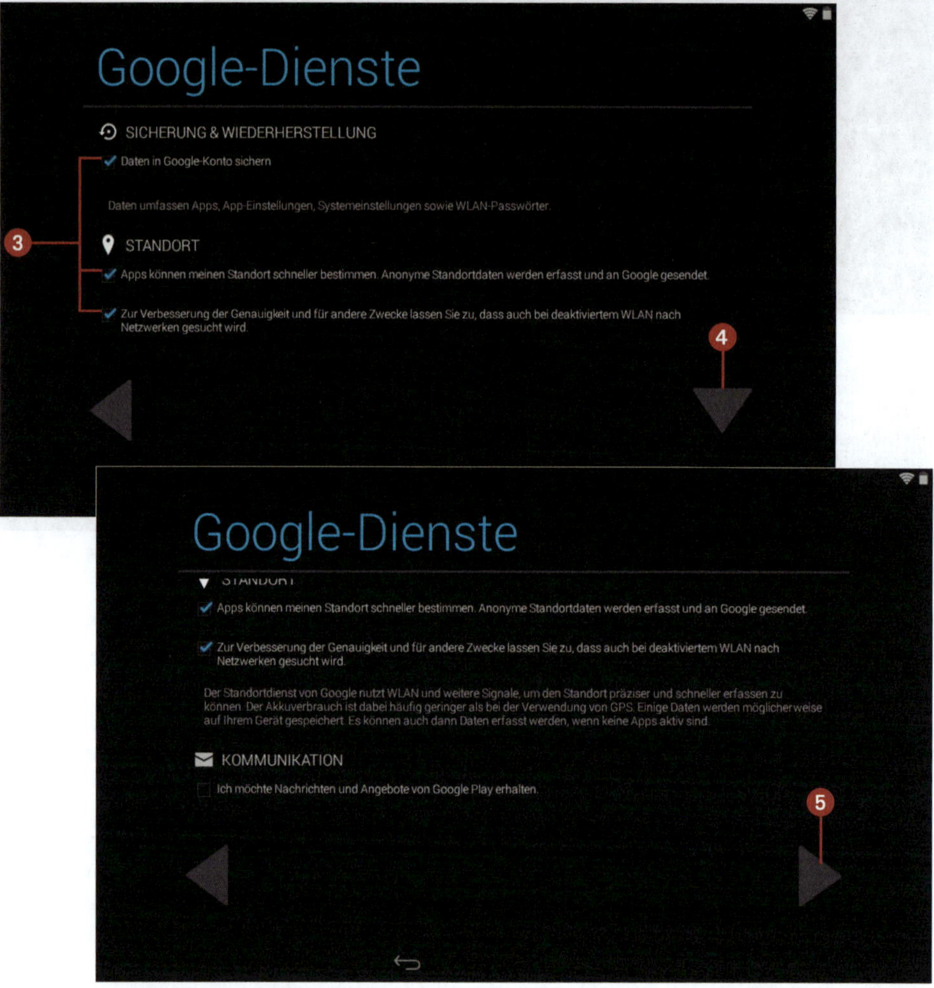

Sobald die Seite *Konto fertigstellen* angezeigt wird, tippen Sie auf die Schaltfläche *Ich stimme zu*.

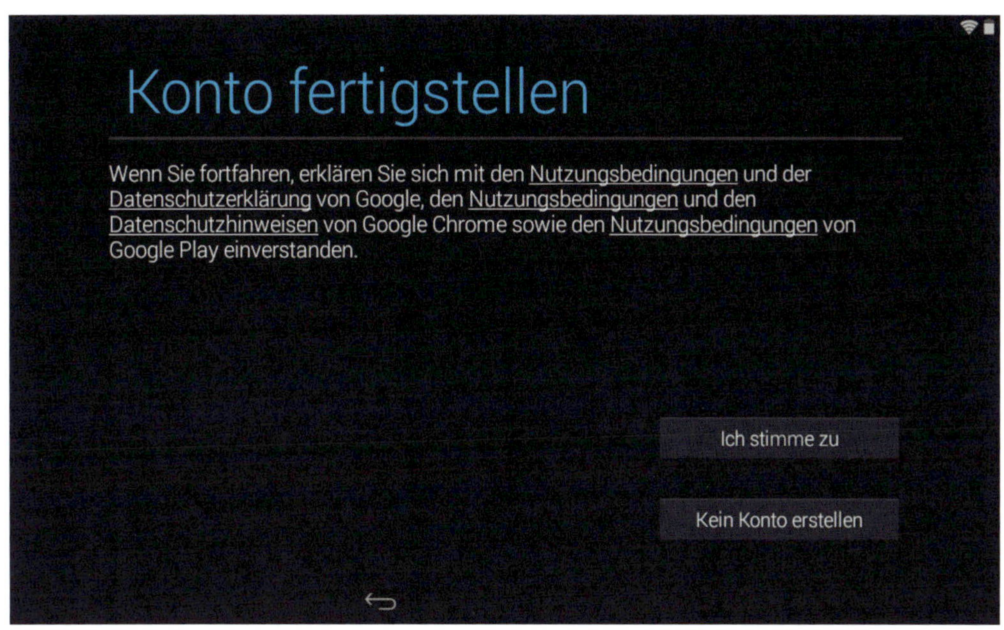

Das betreffende Benutzerkonto wird nun angelegt. Im Anschluss werden Ihnen die im obigen Abschnitt »Anmeldung am Google-Konto« gezeigten Seiten angeboten. Sie können sich dann am neuen Google-Konto anmelden und die betreffenden Schritte durchlaufen.

Beachten Sie, dass die Einrichtungsschritte je nach Gerät und Android-Version von der Beschreibung auf den vorherigen Seiten leicht abweichen können. Lassen Sie sich ggf. vom Händler oder von Familienangehörigen bei der Ersteinrichtung helfen, wenn es Probleme gibt.

In diesem Kapitel haben Sie eine Übersicht über Android-Geräte erhalten und die Schritte zum Einrichten eines Android-Geräts sowie das Anlegen eines Google-Kontos kennengelernt. Im nächsten Kapitel lernen Sie die Bedienung von Android kennen und erfahren, wie Sie Apps im Google Play Store kaufen.

2

Start und erste Schritte

Das lernen Sie in diesem Kapitel:

- Android-Bedienung
- Bedienung für Fortgeschrittene
- Apps beziehen und verwalten

Im vorherigen Kapitel haben Sie eine Übersicht über Android-Geräte sowie die Schritte zur Inbetriebnahme erhalten. Dieses Kapitel vermittelt Ihnen nun das Grundwissen zum Umgang mit Android. Sie erfahren, wie der Startbildschirm bedient wird, wie Sie Apps aufrufen oder wie Sie diese aus dem Google Play Store beziehen können.

Android-Bedienung

In diesem Abschnitt möchte ich den absoluten Einsteigern unter Ihnen noch ein wenig Basiswissen zum Umgang mit Android an die Hand geben. Wer bereits über Grundkenntnisse verfügt, kann den Abschnitt überfliegen. Sie lernen, wie ein Android-Gerät ausgeschaltet wird, was ein Sperrbildschirm ist oder was sich hinter dem Startbildschirm verbirgt. Weiterhin beantworte ich die Frage, wie man mit den unter Android vorhandenen Apps arbeitet.

Einschalten und entsperren

Zum Einschalten des Smartphones oder Tablet-PCs drücken Sie einfach die Ein-/Austaste am Gehäuserand für ein paar Sekunden (siehe auch in Kapitel 1 den Abschnitt »Was ist was bei Ihrem Android-Gerät«).

HINWEIS: Voraussetzung ist lediglich, dass der Akku des Geräts so weit aufgeladen ist, dass ein Start von Android möglich ist.

Nach dem Einschalten erscheint vermutlich ein Logo auf dem Bildschirm, bis Android vollständig gestartet ist. Das dauert einige Sekunden. Dann wird in den meisten Fällen der sogenannte Sperrbildschirm (auch als **Lock-Screen** bezeichnet) erscheinen. Dieser Sperrbildschirm hat die Aufgabe, das ungewollte Auslösen von Funktionen beim unbenutzten Gerät zu verhindern (z. B. wird das Gerät in der Tasche transportiert, Dritte sollen das Gerät nicht benutzen können).

Der Sperrbildschirm ist gerätespezifisch gestaltet und kann zudem vom Benutzer noch angepasst werden. In der folgenden Abbildung ist der Sperrbildschirm eines Tablet-PCs mit Android 6 zu sehen.

- Der Sperrbildschirm weist in der Regel immer die Uhrzeit- und Datumsanzeige (1) auf.
- Zudem sollte die Statusleiste am oberen Bildschirmrand (2) erscheinen. In der Statusleiste sehen Sie den Ladezustand des Akkus und ob eine WLAN-Verbindung besteht. Möglicherweise zeigt Ihnen der Hinweis »Aufgeladen« (3) an, dass der Akku des Geräts zu 100 % geladen ist.
- Oft wird ein **Kamerasymbol** (4) angezeigt. Tippen Sie mit dem Finger auf dieses Symbol und ziehen Sie den Finger über das Display, wird das Gerät entsperrt und gleichzeitig die Kamera-App zur Aufnahme von Fotos gestartet. Dies ist hilfreich, wenn es für Fotoaufnahmen schnell gehen soll.

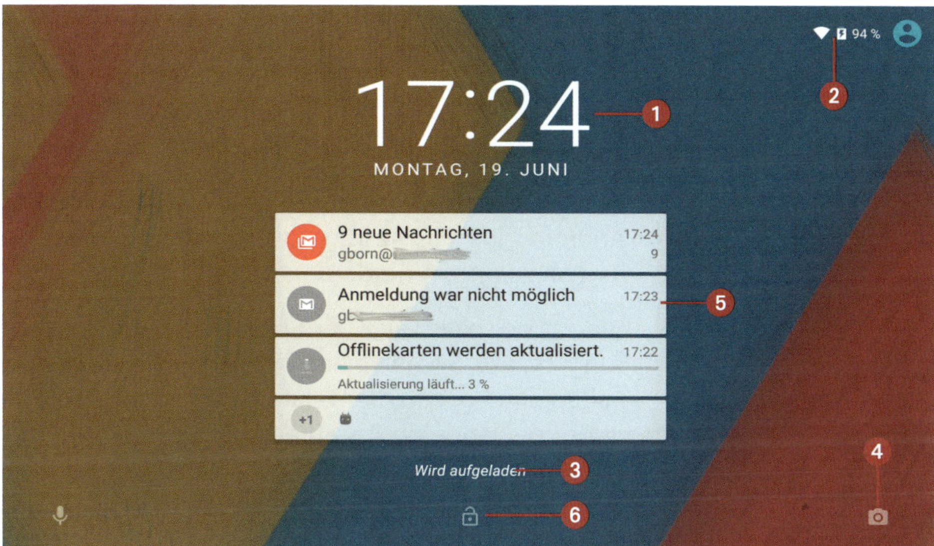

- Je nach Gerät und Android-Version können auf dem Sperrbildschirm noch Statusmeldungen (5) angezeigt werden. Diese informieren Sie über Fehler, eingegangene Nachrichten und so weiter. Eine Statusmeldung lässt sich oft mit dem Finger nach rechts zum Rand verschieben und damit löschen bzw. ausblenden.

Ziehen Sie zum Entsperren des Geräts einfach das Symbol des Schlosses (6) oder den Bereich mit den Benachrichtigungen (5) mit dem Finger nach rechts oder nach oben in Richtung Bildschirmrand. Anschließend gelangen Sie (in den Standardeinstellungen) zum Android-Startbildschirm. Wurde dagegen ein Kennwort, ein PIN-Code oder ein Entsperrmuster vom Benutzer eingerichtet, muss dieses stattdessen zum Entsperren eingegeben werden.

HINWEIS: Der Sperrbildschirm

Bei Smartphones werden der Sperrbildschirm und auch die nachfolgend vorgestellte Startseite immer im Hochformat angezeigt, während sich bei Tablet-PCs die Darstellung an die Lage des Geräts anpasst und sowohl im Hoch- als auch im Querformat angezeigt werden kann.

Das Gerät lässt sich aber in der App *Einstellungen* über die Befehlsfolge *Sicherheit/Displaysperre* so einrichten bzw. schützen, dass zum Entsperren ein PIN-Code, eine Fingergeste oder eine andere Methode wie ein Passwort erforderlich ist (siehe letztes Kapitel).

SIM-Sperre bei Smartphones

Bei Smartphones kann zudem nach jedem Starten von Android eine PIN-Abfrage durch die eingelegte SIM-Karte erzwungen werden.

Hier ist beispielsweise der Sperrbildschirm eines Samsung Galaxy S4 mit einer PIN-Abfrage zu sehen. Sie haben dann genau drei Versuche, um die SIM-PIN über die eingeblendeten Tasten einzutippen und mit *OK* zu bestätigen. Nach dem dritten Fehlversuch lässt sich die gesperrte PIN nur noch mit dem PUK (Personal Unblocking Key) der SIM-Karte aufheben. Ohne entsperrte SIM-Karte sind nur Notrufe möglich. Die SIM-Sperre ist aber unabhängig von der Anzeige des Sperrbildschirms.

Je nach Smartphone kann das Entsperren auch per Fingerabdrucksensor erfolgen. Dieser wird beim Einrichten von Android vom Benutzer erfasst. Zum Entsperren reicht es dann, den Finger auf den betreffenden Sensor zu legen.

Stand-by-Modus und Gerät ausschalten

Ein unbenutztes Android-Gerät wird nach einer kurzen Zeit (wenige Sekunden bis Minuten) zum Energiesparen in den Ruhezustand (**Stand-by**) versetzt. Der Bildschirm ist in diesem Zustand dunkel geschaltet. Den gleichen Zustand erreichen Sie, wenn Sie die Ein-/Ausschalttaste kurz drücken. Beenden lässt sich der Stand-by-Modus durch erneutes Drücken der Ein-/Ausschalttaste.

HINWEIS: Die Wartezeit bis zur Aktivierung des Ruhezustands lässt sich in der App *Einstellungen* über *Display – Ruhezustand* festlegen (siehe letztes Kapitel).

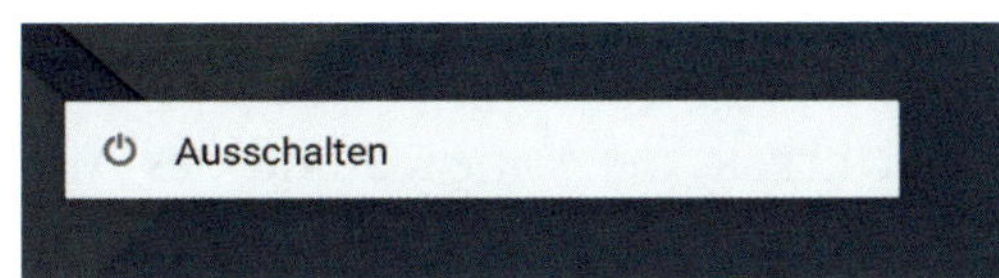

Zum richtigen **Ausschalten** des Geräts halten Sie die Ein-/Ausschalttaste ein paar Sekunden gedrückt. Sobald die hier gezeigte oder eine ähnliche Darstellung erscheint, tippen Sie mit dem Finger auf den Text *Ausschalten*. Nach ein paar Sekunden ist das Gerät komplett abgeschaltet.

HINWEIS: Je nach Android-Version und Gerät können weitere Befehle wie *Neustart* etc. im eingeblendeten Fenster neben dem Befehl *Ausschalten* angezeigt werden.

TIPP: Drücken Sie Ihren Finger ein paar Sekunden auf den Befehl *Ausschalten*, zeigt Android ein sogenanntes Pop-up-Fenster mit der Bezeichnung *Im abgesicherten Modus starten*. Tippen Sie auf *OK*, werden beim nächsten Start von Android nur noch die vorinstallierten Apps des Herstellers automatisch gestartet (siehe auch *www.borncity.com/blog/?p=160800*). Dies ist ggf. zur App-Deinstallation hilfreich, falls eine App mit Schadfunktionen auf das Gerät gelangt ist und die Gerätefunktionen blockiert.

Der Startbildschirm im Überblick

Sobald Sie das Gerät entsperrt haben, erscheint der sogenannte Startbildschirm (im Englischen auch als Home-Screen bezeichnet). Dieser Startbildschirm ist quasi der Arbeitsbereich und die Regiezentrale, um auf die Android-Funktionen und die Apps zuzugreifen:

- Der gesamte, in der folgenden Abbildung sichtbare Bereich der Anzeige wird als **Startbildschirm** bezeichnet. Sie können mit dem Finger nach rechts oder links wischen, um weitere »Seiten« des Startbildschirms einzusehen. Einige Elemente des Startbildschirms bleiben aber immer in der Anzeige an einer festen Position.
- Am oberen Rand werden **Statusinformationen** wie beispielsweise die Uhrzeit, der Ladezustand des Akkus oder der Status der WLAN-Anbindung (bzw. bei Mobilfunkverbindung der Status der SIM-Karte) in der **Statusleiste** eingeblendet.
- Am unteren Bildschirmrand sehen Sie drei **Navigationstasten**, über die Sie verschiedene Android-Funktionen abrufen können. Auf die Belegung der Navigationstasten gehe ich gleich noch detaillierter ein.

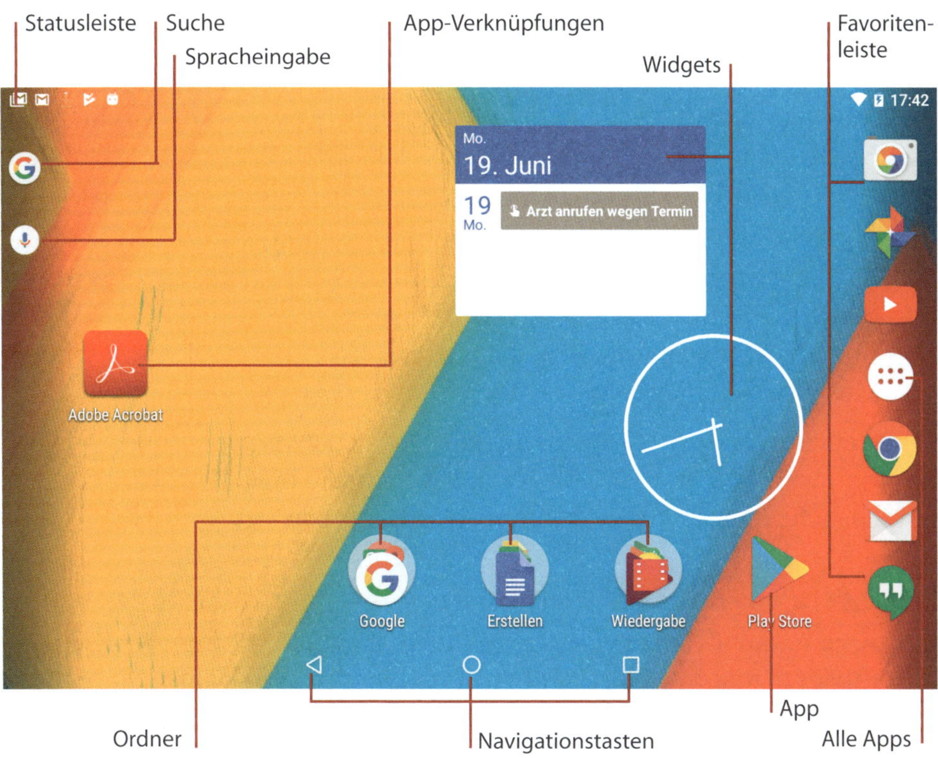

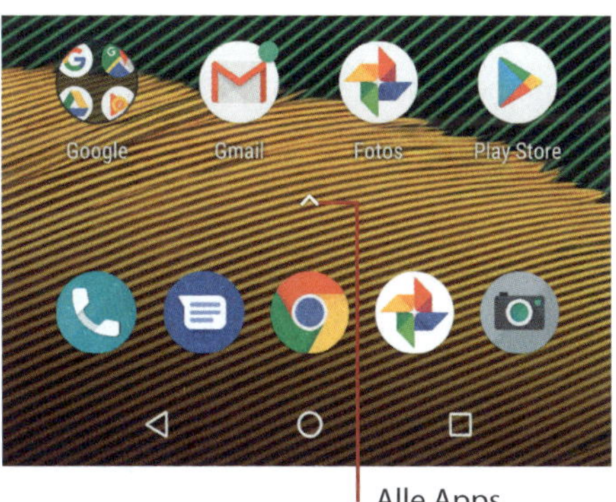

- Am linken (oder oberen) Rand erscheint ggf. die Leiste mit dem *Google*-App-Symbol und dem Mikrofonsymbol zur **Sprachsuche und -bedienung**. Am rechten (oder unteren) Rand wird zudem die **Favoritenleiste** eingeblendet. Diese nimmt die Symbole häufig benötigter Apps wie Mail, Browser, Kamera, Telefon sowie *Alle Apps* auf. Ab Android 7 verzichten manche Hersteller aber auf das Symbol *Alle Apps* und stellen ein eigenes Symbol zum Zugriff auf die betreffende App-Seite zur Verfügung. In einigen Android-Versionen lässt sich auch vom unteren Rand nach oben wischen, um von der Startseite zur Seite mit allen Apps zu wechseln. Hier ist der

Startbildschirm des Motorola Moto G5 mit Android 8 zu sehen. Beim Moto G30 mit Android 11 sieht es genauso aus.

- Auf dem Startbildschirm sehen Sie zudem die **Symbole** ausgewählter **Apps** (kleine Programme), die auf dem Gerät installiert sind. Android bietet zudem die Möglichkeit, mehrere App-Symbole der Startseite in einem sogenannten **Ordner** abzulegen.
- Auf dem Startbildschirm können zudem noch sogenannte **Widgets** angeordnet sein. Widgets sind kleine Programme, die als Fenster sichtbar sind und Informationen (z. B. Wetterdaten, Uhrzeit, Datum, abgespielte Musiktitel etc.) anzeigen.

Wischen Sie auf dem Startbildschirm, lässt sich zwischen den App-Symbolen blättern, während Status- und Navigationsleiste sowie die Favoriten und die Sprachsuche dauerhaft am Bildschirm sichtbar bleiben.

HINWEIS: Mehrere Startbildschirme

Je nach Android-Variante kann es mehrere **Startbildschirme** geben. Wie viele Startbildschirme das sind, erkennen Sie oft an mehreren kleinen Pünktchen im unteren Bereich der Anzeige. Wischen Sie mit dem Finger auf dem Display nach links oder nach rechts, um zwischen den Startbildschirmen zu blättern.

HINWEIS: Drehen der Anzeige

Android-Geräte besitzen meist einen Rotationssensor, mit dem die Lage im Raum erkannt werden kann. Dadurch besteht die Möglichkeit, dass die Darstellung auf dem Bildschirm abhängig von der Haltung des Geräts im Hoch- oder Querformat angezeigt wird. Bei Smartphones werden der Sperrbildschirm und die Startseite oft im Hochformat angezeigt, egal, wie das Gerät gehalten wird. Nur bei Apps dreht sich die Anzeige zwischen Hoch- und Querformat. Bei Tablet-PCs passt sich die Anzeige des Displays auch beim Sperrbildschirm und bei der Startseite der Lage des Geräts automatisch an. Diese Drehfunktion kann bei manchen Geräten über eine Taste an der Seite gesperrt werden. Alternativ lässt sich die Sperre in der App *Einstellungen* über *Display* bzw. *Bildschirm/Bei Drehung des Geräts* ein-/ausschalten. Beim Motorola Moto G30 mit Android 11 habe ich in den Einstellungen unter *Display/Hintergrund* noch die Option *Display automatisch drehen* gefunden. Damit kann das Drehen der Startseite am Smartphone zugelassen werden.

Belegung der Navigationstasten

Am unteren Rand des Bildschirms finden Sie bei Android drei Navigationstasten. Die nachfolgende Abbildung zeigt die Navigationstasten ab Android 5 (Lollipop).

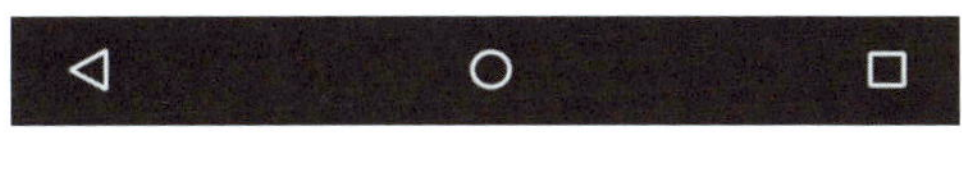

- *Zurück:* Das linke Symbol steht für die *Zurück*-Taste, die Sie immer einen Bedienschritt zurück bringt.
- *Start:* Das mittlere Symbol (manchmal auch als Home-Taste oder als Startbildschirm bezeichnet) bringt Sie beim Antippen zur Startseite.
- *Übersicht:* Das rechts angeordnete viereckige Symbol öffnet eine Liste mit Miniaturansichten laufender Apps und ermöglicht Ihnen, zwischen Apps umzuschalten oder diese zu beenden.

Auf die Funktion dieser Tasten gehe ich im Verlauf dieses Kapitels noch häufiger ein.

HINWEIS: Beachten Sie auch, dass die Navigationstasten bei manchen Android-Geräten (z. B. Samsung Galaxy) nicht auf dem Bildschirm eingeblendet werden, sondern als Tasten ausgeführt sind. Hier sehen Sie die Tasten bei einem älteren Samsung Galaxy S4-Smartphone.

Es gibt eine feste Taste *Start* sowie zwei beleuchtete Symboltasten für *Zurück* und *Übersicht*, wobei diese beiden Tasten gegenüber der obigen Anordnung vertauscht sind (*Zurück*-Taste ist hier rechts).

Bediengesten im Überblick

Zum Arbeiten mit Android braucht man eigentlich recht wenig zu wissen. Es genügt, die folgenden Bediengesten zu kennen.

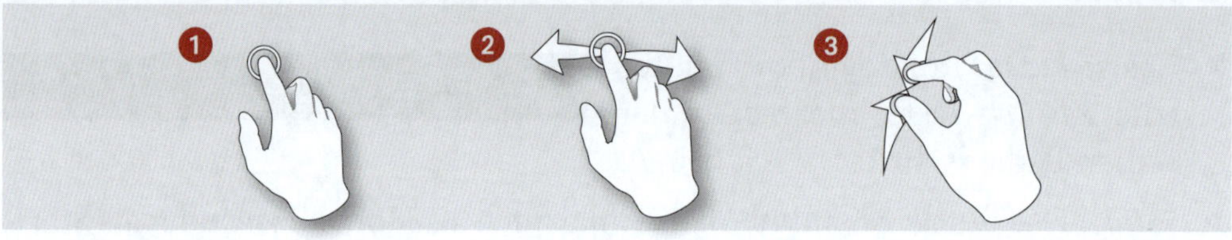

- ❶ Einfach ein Objekt (ein App-Symbol, ein Bedienelement in einer App etc.) antippen, um eine Reaktion auszulösen. In ganz wenigen Fällen kommt noch »halten« (den Finger ein paar Sekunden auf einem App-Symbol belassen) dazu.
- ❷ Mit dem Finger nach links oder rechts, in Apps auch von oben nach unten bzw. umgekehrt auf dem Bildschirm wischen, um zu blättern oder ein App-Symbol zu ziehen.
- ❸ Bei einigen Apps (z. B. Foto- oder Browser-App) können Sie Daumen und Zeigefinger zusammenziehen oder spreizen, um die Darstellung innerhalb der App (z. B. ein Foto oder eine Webseite) zu vergrößern bzw. zu verkleinern.

Mehr brauchen Sie eigentlich nicht zu wissen, um Android oder die Apps zu bedienen.

HINWEIS: Bei manchen Tablet-PCs oder Smartphones (z. B. Galaxy Note) liegt noch ein Stift bei. Der Stift ist lediglich ein etwas »feinerer Finger« für Eingaben. Falls Apps Handschrifteingaben oder Zeichenfunktionen unterstützen, kann mit dem Stift auch geschrieben oder gemalt werden.

Apps starten, umschalten, beenden

Das Starten und der Umgang mit Apps sind eigentlich ziemlich einfach. Hier kurz und knapp, was Sie wissen sollten:

- Zum Starten einer App tippen Sie auf dem Startbildschirm auf deren Symbol (1).
- Ist die App in einem Ordner (2) untergebracht, tippen Sie auf dieses Ordnersymbol. Sobald sich das Ordnerfenster (3) öffnet, tippen Sie auf das Symbol der App (4).
- Um auf ein Widget (z. B. den Kalender) zuzugreifen, tippen Sie auf dessen Anzeige (5).
- Anschließend öffnet sich die App oder das Widget, und der Startbildschirm verschwindet. Sie können nun die Funktionen der App oder des Widgets verwenden.

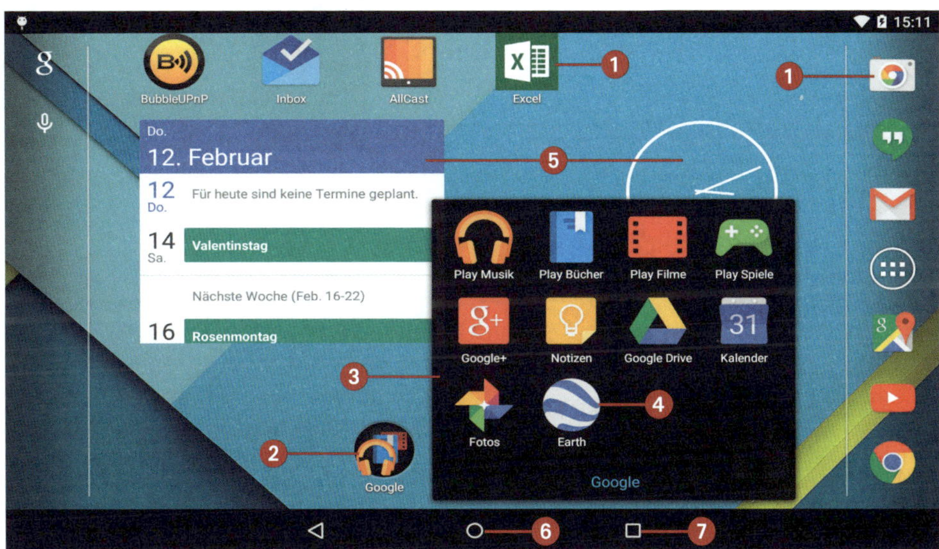

- Um zum Startbildschirm zurückzukehren, tippen Sie einfach auf die *Startbildschirm*-Taste (6) des Geräts.

Sie können nun eine neue App aufrufen, um mit dieser zu arbeiten. Die Rückkehr zur vorherigen App klappt genauso, Sie gehen zum Startbildschirm zurück und wählen das Symbol der App erneut an. Aber es geht bei vielen Android-Geräten noch einfacher:

- Tippen Sie auf die Taste *Übersicht* (7) des Geräts. Android zeigt die Miniaturansichten der laufenden Apps und Widgets an. Die genaue Darstellung hängt von der Android-Version ab.
- Durch Wischen mit dem Finger nach oben oder unten (bzw. je nach Android-Version nach rechts und links) blättern Sie in der Liste der Miniaturansichten nach oben oder unten.
- Tippen Sie die Miniaturanzeige der App oder des Widgets mit dem Finger an, um die App oder das Widget zu öffnen.
- Schieben Sie eine Miniaturanzeige mit dem Finger einfach nach rechts (bzw. bei Android 9 und späteren Versionen nach oben) über den Bildschirmrand hinaus, um die App bzw. das Widget gezielt zu schließen. Alternativ tippen Sie in der rechten oberen Ecke der Miniaturansicht auf das *Schließen*-Symbol (das x, sofern vorhanden).

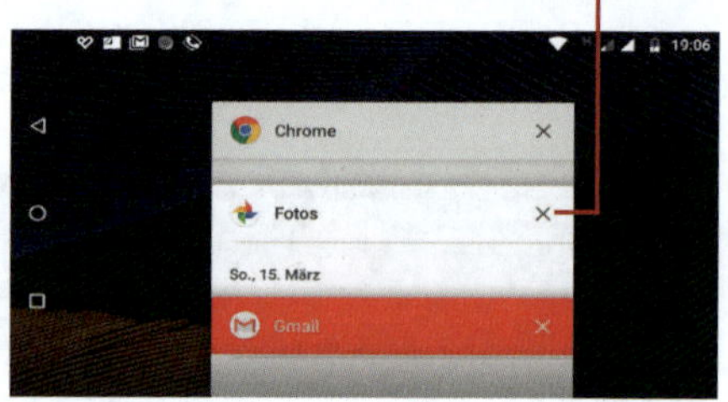

Sie sehen also, mit »gewusst wie« lässt sich noch eleganter mit Apps und Widgets unter Android umgehen – das ist eigentlich gar nicht mal so schwierig, und Sie müssen sich fast nichts merken.

Zugriff auf »Alle Apps«

In Android gibt es noch eine Besonderheit in Form der Seite *Alle Apps*. Hier werden alle auf dem Android installierten Apps und Widgets angezeigt.

Tippen Sie in der Favoritenleiste auf das Symbol *Alle Apps*, um zur Anzeige *Alle Apps* zu gelangen. Bei manchen Geräten findet sich ab Android 7

nur ein kleines Dreieck zum Aufruf der Seite *Alle Apps* in Nähe der Favoritenleiste. Bei manchen Android-Versionen fehlen die Symbole. Dann können Sie vom unteren Rand nach oben wischen, um von der Startseite zur Seite mit allen Apps zu wechseln.

Die auf der Seite *Alle Apps* gezeigten Symbole gehören zu den Apps, die von Google oder dem Gerätehersteller unter Android vorinstalliert oder vom Anwender nachträglich hinzugefügt wurden. Allerdings hängt die Darstellung der Seite etwas von der Android-Version ab, und auf einem Smartphone erscheint die Anzeige im Hochformat.

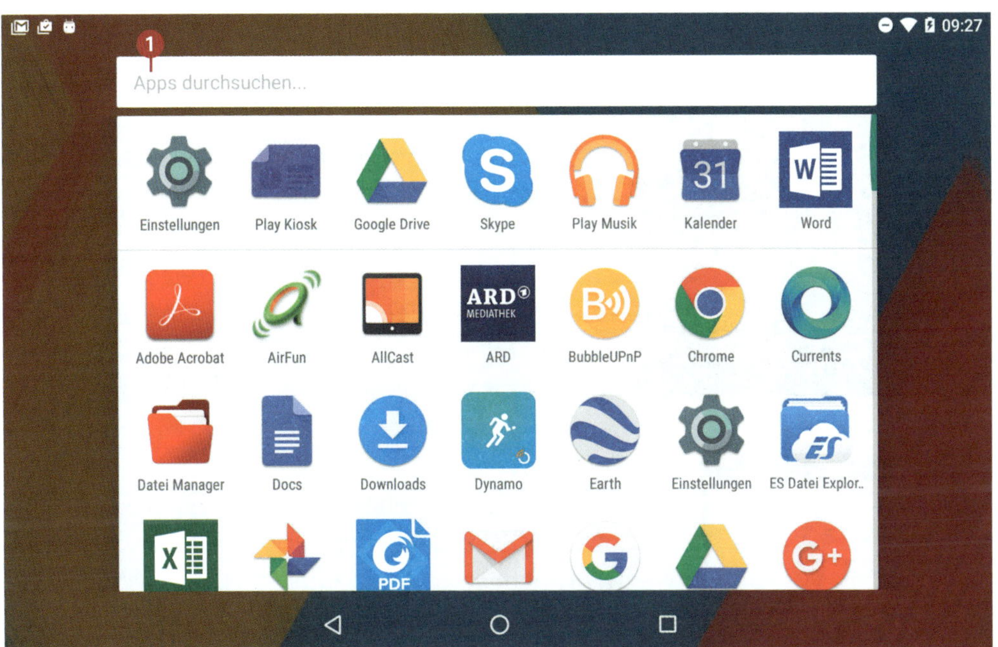

- Ab Android 6 wird die hier im Vordergrund sichtbare Seite mit einem Suchfeld *Apps durchsuchen* (bzw. *Apps finden*) (1) angezeigt. Tippen Sie einen App-Namen in das Suchfeld, um nach dieser zu suchen.
- Meist sind mehr Apps (bzw. Widgets) auf dem Gerät vorhanden, als der Bildschirm darstellen kann. Dann blättern Sie durch Wischen nach links oder rechts oder von oben nach unten (je nach Android-Version) durch die Liste der Elemente.

Um ab Android 6 auf Apps und Widgets zuzugreifen, sind folgende Schritte erforderlich:

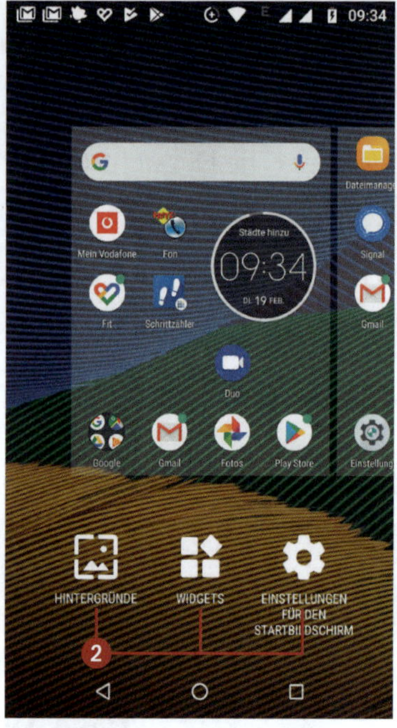

1 Drücken Sie den Finger ein paar Sekunden auf eine freie Stelle des Startbildschirms und heben Sie den Finger ab.

Android blendet dann Symbole (**2**) zum Anpassen des Startseitenhintergrunds, zum Zugriff auf die Einstellungen sowie zum Wechsel zur Widgets-Seite ein. Die genaue Darstellung der Optionen hängt von der Android-Version ab.

2 Tippen Sie auf das eingeblendete Symbol *WIDGETS*, um die zugehörige Seite zu öffnen.

3 Drücken Sie den Finger etwas länger auf das eingeblendete Symbol für ein bestimmtes *WIDGET* (**3**) und ziehen Sie das Widget mit dem Finger zur Startseite, sobald diese angezeigt wird.

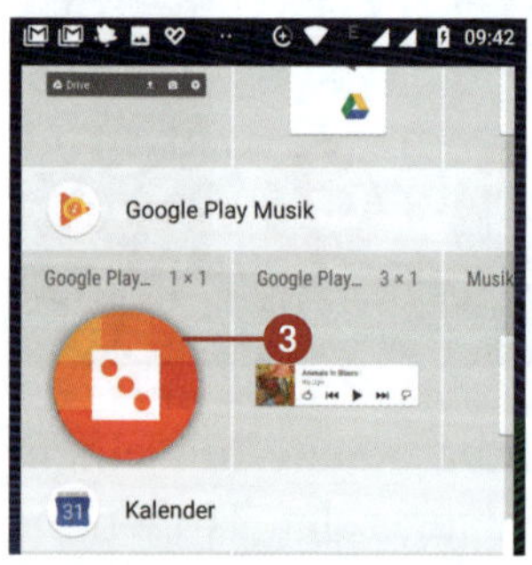

Wird der Finger abgehoben, verankert Android das Widget an der aktuellen Position auf der Startseite. Mehr braucht man über *Alle Apps* und Widgets eigentlich nicht zu wissen.

HINWEIS: Unter *Alle Apps* stehen die Symbole wirklich für Apps. Bei den Symbolen auf dem Startbildschirm handelt es sich letztendlich um Verweise auf die Apps unter *Alle Apps*. Die App *Einstellungen* ermöglicht Ihnen den Zugriff auf Einstellungen, die Android selbst betreffen (siehe letztes Kapitel).

Bedienung für Fortgeschrittene

Mit den auf den vorherigen Seiten vorgestellten Techniken können Sie schon ganz gut mit einem Android-Gerät arbeiten und Apps aufrufen. In diesem Abschnitt stelle ich den Umgang mit der Bildschirmtastatur, die Suche samt Spracheingabe, Techniken zum Anpassen der Startseite und mehr vor.

Apps anordnen und aufräumen

Gefällt Ihnen die Anordnung der Apps auf dem Startbildschirm nicht? Möchten Sie Apps mit ähnlichen Funktionen eventuell »gruppieren«? Oder soll eine App zum Startbildschirm hinzugefügt oder wieder von dort entfernt werden? Das ist alles möglich:

1 Um eine App auf dem Startbildschirm zu verschieben, drücken Sie den Finger einfach ein paar Sekunden auf das App-Symbol.

2 Anschließend ziehen Sie das App-Symbol (1) mit dem Finger zur gewünschten Position auf der Startseite.

Sobald Sie den Finger vom App-Symbol abheben, wird dieses an der aktuellen Position auf der Startseite verankert. Auf diese Weise ordnen Sie App-Symbole und auch Widgets (sofern vorhanden) auf der Startseite nach Belieben an.

TIPP: Es ist auch möglich, das Symbol der App aus dem sichtbaren Bereich des Startbildschirms über den linken oder rechten Rand des Bildschirms hinaus zu ziehen. Dann wird das Symbol in diesem Bereich des Startbildschirms angeordnet. Sie können sich das quasi als nebeneinander angeordnete Folge von mehreren Startseiten vorstellen.

Sie können die in obigen Schritten beschriebene »Schiebetechnik« für weitere Anpassungen verwenden:

- Ziehen Sie ein App-Symbol aus der Favoritenleiste zur gewünschten Position auf der Startseite (2). Dann wird die Position in der Favoritenleiste frei.
- Schieben Sie das Symbol einer häufig benötigten App von der Startseite an eine freie Position in der Favoritenleiste (3). Dieses App-Symbol wird in der Favoritenleiste verankert und bleibt sichtbar, falls Sie in der Startseite blättern.
- Um ein App-Symbol oder ein Widget vom Startbildschirm zu entfernen, drücken Sie kurz mit dem Finger darauf. Danach schieben Sie das Element zum auf der Startseite eingeblendeten *Entfernen*- bzw. *Löschen*-Symbol (4).

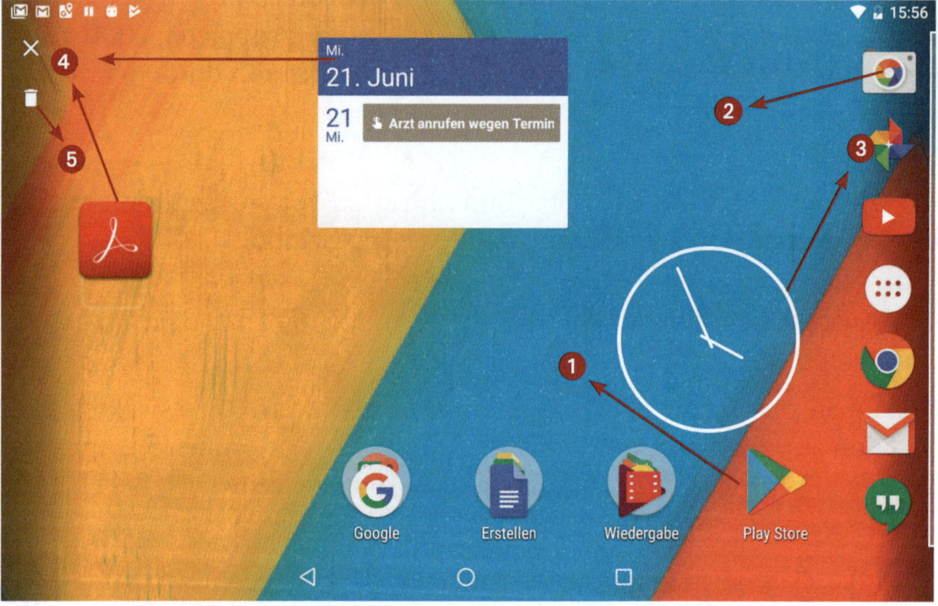

Das *Löschen*-Symbol (4) kann, je nach Android-Version, als X oder ggf. auch mit dem Text *Entfernen* am linken oder oberen Rand angezeigt werden.

HINWEIS: Das Löschen eines App-Symbols auf dem Startbildschirm entfernt lediglich die Verknüpfung. Die App bleibt weiterhin auf dem Android-Gerät installiert und lässt sich über *Alle Apps* aufrufen und später erneut als Verknüpfung zum Startbildschirm hinzufügen.

Beachten Sie aber: Wird sowohl das *Löschen*-Symbol (4) als auch das Symbol der stilisierten Mülltonne (5) angezeigt (ab Android 6 der Fall), verändert sich das Verhalten. Das *Löschen*-Symbol (4) entfernt dann lediglich die Verknüpfung. Das Symbol der stilisierten Mülltonne (5) ermöglicht das Deinstallieren (also das Entfernen) der App vom Android-Gerät. Dieser Vorgang löst aber eine Nachfrage aus, und Sie müssen das Deinstallieren explizit bestätigen.

Auf diese Weise ordnen Sie die Apps oder Widgets neu an oder verschieben diese zwischen einzelnen Startbildschirmen.

Verknüpfungen und Ordner anlegen

Verknüpfungen sind Verweise auf Apps, die mit dem Symbol und dem Titel der App auf dem Startbildschirm oder in der Favoritenleiste angelegt werden können. Um eine Verknüpfung auf eine App oder ein Widget auf dem Startbildschirm anzulegen, gehen Sie in folgenden Schritten vor:

1 Wechseln Sie über das Symbol *Alle Apps* (1) der Favoritenleiste zur App-Seite (2).

2 Ziehen Sie die gewünschte App (3) etwas. Sobald die Startseite erscheint, **schieben** Sie die **App** an die gewünschte Position (4) **auf** der **Startseite**.

Bei Bedarf wechseln Sie über das Symbol für die Widgets (5) zur Widget-Seite. Dann lässt sich ein Widget (z. B. die Uhr oder der Kalender) wie ein App-Symbol zur Startseite verschieben. Beim Abheben des Fingers ordnet Android die Verknüpfung auf die App oder das Widget an der betreffenden Position innerhalb des Startbildschirms an.

TIPP: Größe eines Widgets anpassen

Um die Größe eines Widgets auf dem Startbildschirm zu verändern, drücken Sie den Finger einige Sekunden auf das Widget.

Sobald Sie den Finger abheben, werden die Widget-Ränder mit Punkten (Ziehmarken) gekennzeichnet. Verschieben Sie die Ziehmarken mit dem Finger, um das Widget zu vergrößern oder zu verkleinern.

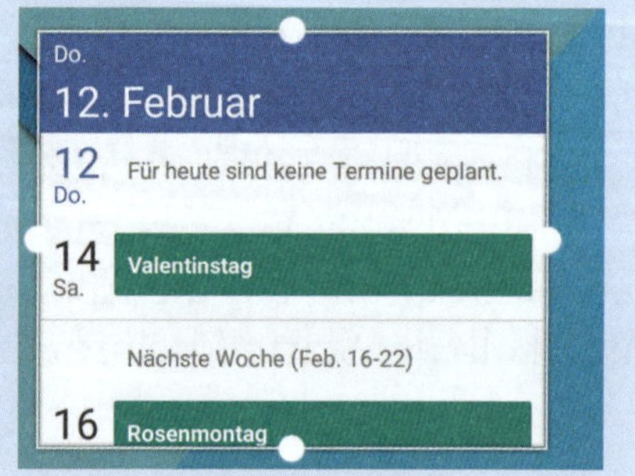

Aber es geht noch mehr: Sie können thematisch verwandte **Apps** auch **über** sogenannte **Ordner gruppieren**.

- Schieben Sie das Symbol einer App-Verknüpfung (6) per Finger über ein anderes Symbol des Startbildschirms und heben Sie den Finger ab.
- Android fasst dann die beiden Apps zu einer Gruppe zusammen und legt die App-Symbole in einem benannten Ordner (7) ab.

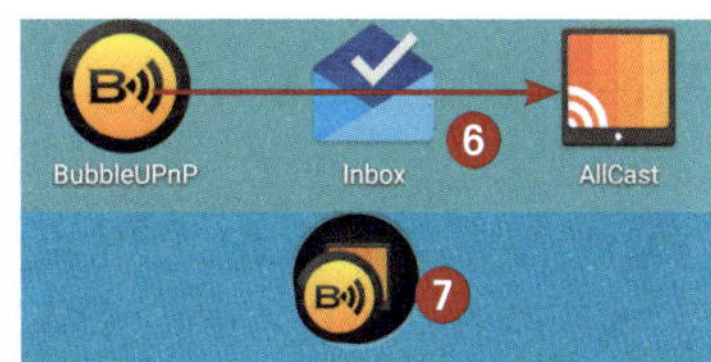

HINWEIS: Das Anlegen eines Ordners ist manchmal etwas kniffelig, da das zweite Symbol wegrutscht. Versuchen Sie es in dem Fall mehrmals und schieben Sie das erste Symbol zügig über das zweite.

- Ist ein Ordnersymbol (7) auf dem Startbildschirm sichtbar, ziehen Sie Apps einfach über dieses Ordnersymbol, um diese dort einzufügen.
- Tippen Sie auf das Symbol eines Ordners, wird dessen Inhalt mit den App-Verknüpfungen als Fenster eingeblendet.
- Um eine App aus dem Ordnerfenster zu entfernen, legen Sie den Finger ein paar Sekunden im Ordner auf das Symbol der App. Dann schieben Sie das Symbol mit dem Finger auf den Startbildschirm zurück und heben den Finger ab.
- Ein leerer Ordner wird automatisch durch Android vom Startbildschirm entfernt. Um die Ordneranzeige zu schließen, tippen Sie im Startbildschirm auf eine freie Stelle neben dem Ordnerfenster.
- Ein Ordner lässt sich mit einem Namen versehen, indem Sie im geöffneten Ordnerfenster auf *Unbenannter Ordner* bzw. *Name bearbeiten* tippen und dann den Ordnernamen per Bildschirmtastatur eingeben (siehe den folgenden Abschnitt).

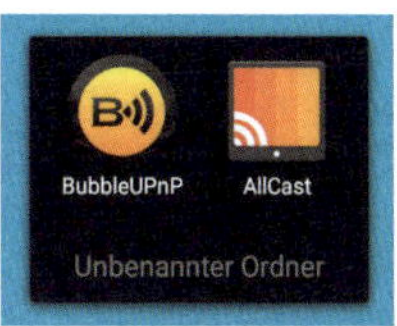

Mit diesen Techniken können Sie die Anordnung der Apps oder Widgets anpassen und den Startbildschirm ordnen. Ordner bieten Ihnen die Möglichkeit, Apps thematisch zu gruppieren.

Arbeiten mit geteiltem Bildschirm

Normalerweise wird auf dem Bildschirm eines Smartphones oder Tablet-PCs nur eine App oder die Startseite oder die Seite *Alle Apps* etc. angezeigt. Ab Android 7 (Nougat) lässt sich der Bildschirm aber teilen, sodass zwei Apps oder eine App und die Startseite angezeigt werden (der sogenannte Splitscreen-Modus). Um die unten gezeigte geteilte Bildschirmdarstellung mit zwei Apps nebeneinander aufzurufen, gehen Sie folgendermaßen vor:

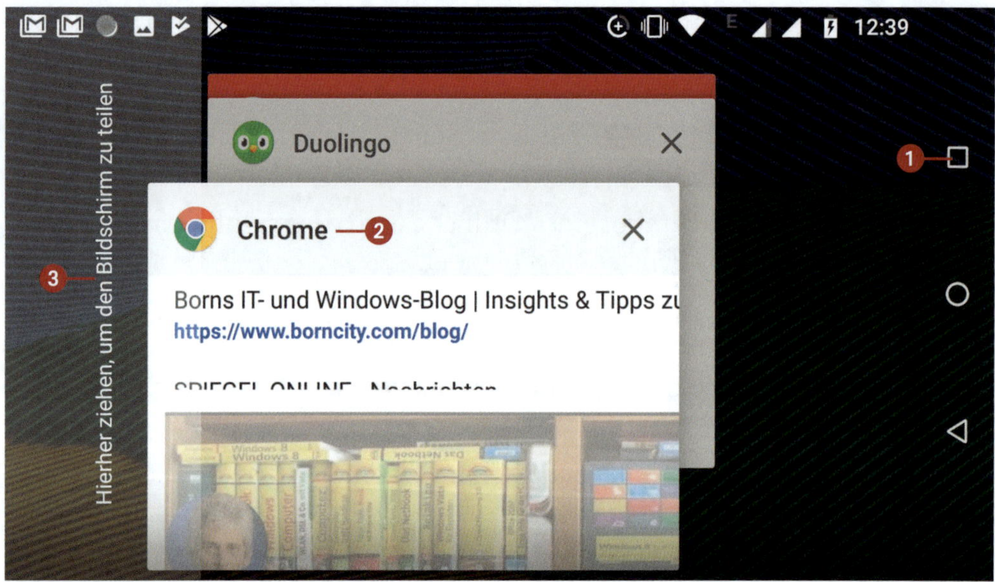

1 Tippen Sie im Navigationsbereich auf die Taste (1), um die Liste mit den Apps aufzurufen.

2 Drücken Sie mit dem Finger auf eine App (2) und ziehen Sie diese ebenfalls mit Ihrem Finger langsam nach links in den Bereich *Hierher ziehen, um den Bildschirm zu teilen* (3).

Wenn Sie dann den Finger vom Bildschirm nehmen, sollte die App in der linken Hälfte des geteilten Bildschirms angezeigt werden. In der rechten Bildschirmhälfte ist weiterhin die App-Liste zu sehen. Durch Antippen lässt sich dann eine zweite App in diesem Bereich anzeigen (4).

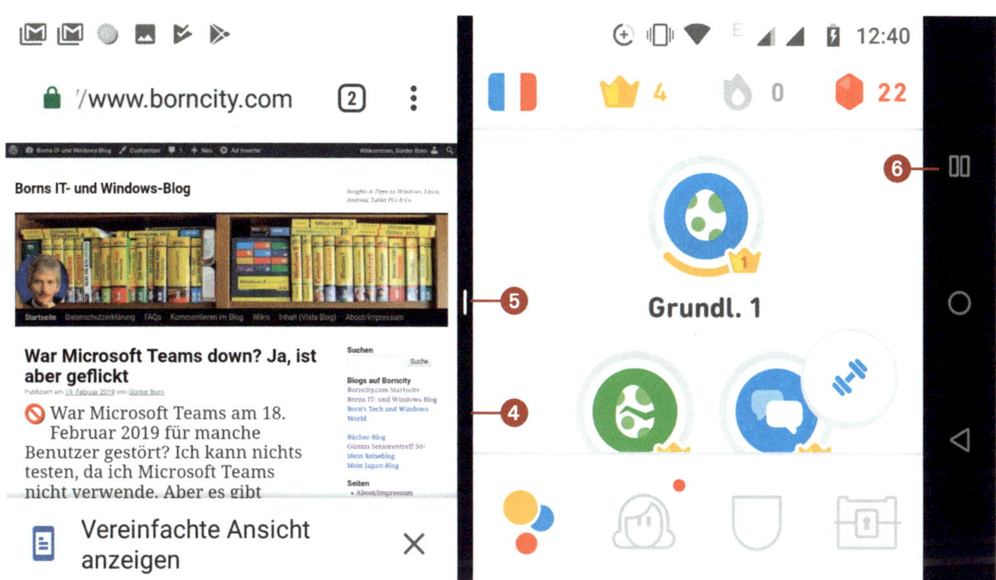

HINWEIS: Schieben Sie das Teilerfeld (5) mit dem Finger zum linken oder rechten Rand, um die App-Anzeige zu vergrößern und die Bildschirmteilung aufzuheben. Bei geteiltem Bildschirm wird im Navigationsbereich das Symbol (6) angezeigt. Bei dessen Anwahl erscheint die Liste der laufenden Apps im geteilten Fenster.

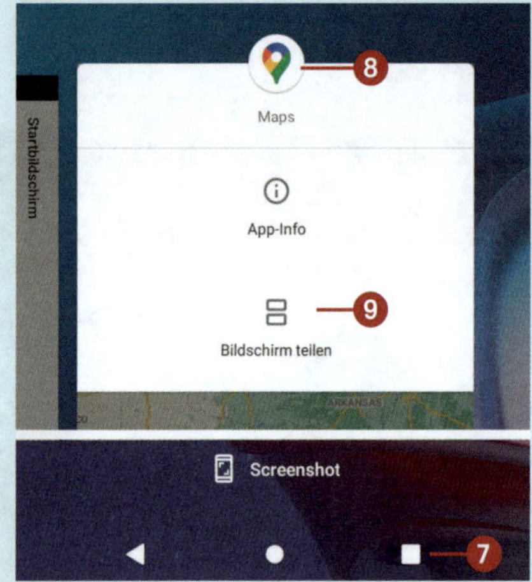

In Android 11 tippen Sie auf das Symbol (7), um die Übersicht mit den laufenden Apps einzublenden. Dann tippen Sie auf das am oberen Rand der App-Vorschau sichtbare Symbol (8) und bestätigen im angezeigten Menü den Befehl *Bildschirm teilen* (9).

Arbeiten mit der Bildschirmtastatur

Sobald Sie in Android oder in einer App auf ein Element zur Texteingabe tippen, wird die Bildschirmtastatur zur Texteingabe eingeblendet. Hier noch einige Tipps und Hinweise zum Arbeiten mit der Bildschirmtastatur am Beispiel der Benennung eines Ordners.

1 Tippen Sie auf das Textfeld (hier der Ordnername »Unbenannter Ordner«) (1), um mit der Eingabe zu beginnen.

2 Tippen Sie auf der nun automatisch angezeigten Bildschirmtastatur (2) die gewünschten Ziffern, Zahlen und Symbole ein.

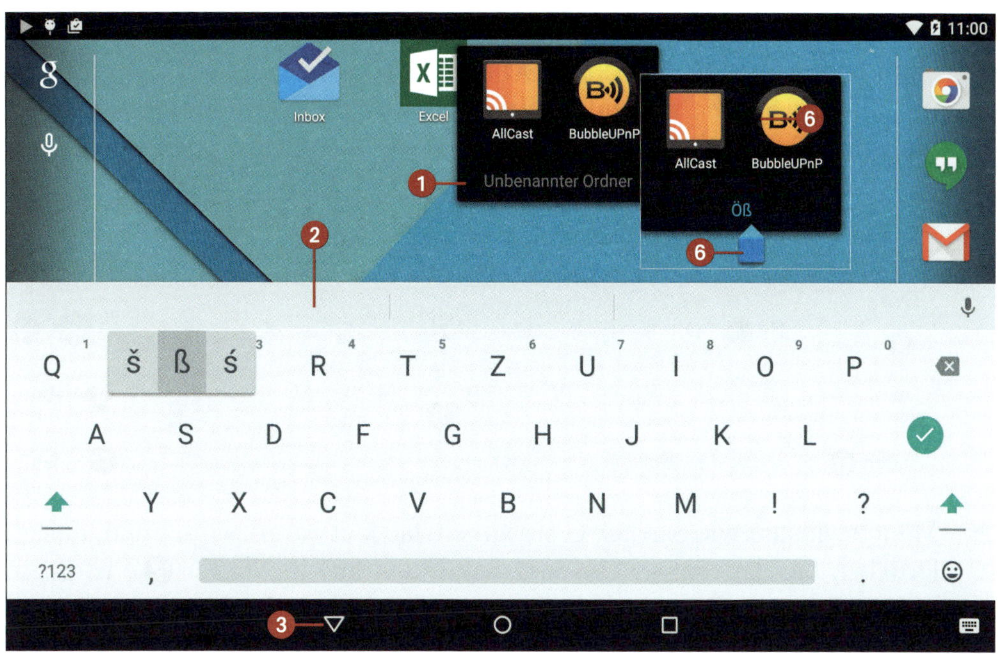

HINWEIS: Mit der *Zurück*-Taste (3) im Navigationsbereich lässt sich eine irrtümlich eingeblendete Bildschirmtastatur wieder ausblenden. Das Gleiche passiert, wenn Sie einen Bereich neben dem Textfeld antippen.

Hier einige Tipps und Hinweise, was Sie bei der Texteingabe vielleicht wissen und beachten sollten:

- Tippen Sie die Buchstabentasten, um das jeweilige Zeichen einzugeben. Diese erscheinen im Textfeld links neben der als senkrecht blinkender Strich angezeigten Einfügemarke.
- Drücken Sie die Umschalttaste (4), um Großbuchstaben einzutippen. Hat die Tastatur (nach einem Punkt) bereits auf Großbuchstaben umgeschaltet, wechselt ein Antippen der Umschalttaste zur Eingabe von Kleinbuchstaben zurück.
- Über die *Rück*-Taste (5) löschen Sie Zeichen links von der Einfügemarke (blinkender Strich).

- Um die Einfügemarke im Text zu positionieren, legen Sie den Finger an die betreffende Position. Sobald der Marker (6) (siehe obiges Bild) erscheint, verschieben Sie diesen und damit die Textmarke zeichenweise mit dem Finger im Text (siehe auch Kapitel 5).

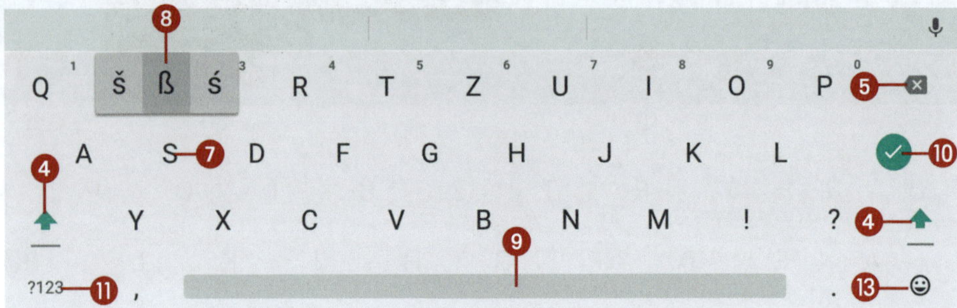

- Manche Tasten wie S, A, O, U sind mehrfach, etwa mit Umlauten, belegt. Drücken Sie den Finger ein paar Sekunden auf die Taste (7), wird ein kleines Fenster (8) mit Akzent- oder diakritischen Zeichen eingeblendet. Wischen Sie einfach zur gewünschten Taste, um das Zeichen abzurufen.
- Die längliche Taste (9) am unteren Rand der Bildschirmtastatur ist die Leertaste, mit der sich Leerzeichen im Text einfügen lassen.
- Über die mit einem Häkchen, Pfeil oder ähnlich versehene Taste (10) wird eine Texteingabe abgeschlossen.
- Die Taste (11) schaltet die Bildschirmtaste auf numerische Eingaben um. Die numerische Tastatur weist eine mit ABC beschriftete Taste (12) zum Wechsel auf die alphanumerische Anzeige auf (siehe folgende Abbildung).

- Über die Taste (13) (siehe Seite 66) schalten Sie zur Darstellung (14) der Tastatur um, über die Sie Symbole und Emojis (das sind Symbole wie lachende Gesichter etc.) abrufen können. Die Symbolzeichensätze werden über die Symbole am oberen Rand (15) der Bildschirmtastatur gewechselt, mit ABC (12) schalten Sie zur alphanumerischen Anzeige zurück.

Das Mikrofon 🎤 am oberen rechten Rand der Tastatur schaltet die Diktierfunktion per Spracheingabe ein (siehe den folgenden Abschnitt).

> **HINWEIS:** Durch Antippen des ggf. angezeigten Symbols ⌨ in der rechten unteren Ecke des Bildschirms blenden Sie ein Fenster ein, in dem Sie die Sprache der Bildschirmtastatur (Deutsch, Englisch) auswählen können.
>
> Beachten Sie, dass sich der Aufbau der Bildschirmtastatur je nach Android-Version, Hersteller und installierter Tastatur geringfügig von der obigen Beschreibung unterscheiden kann.

Spracheingabe geht auch

Android unterstützt Sie mit einer Spracheingabefunktion, mit der sich sowohl Texte diktieren als auch Suchvorgänge durchführen, Befehle ausführen oder Fragen stellen lassen. Bei Fragen versucht ein Sprach-Assistent, eine Antwort zu finden.

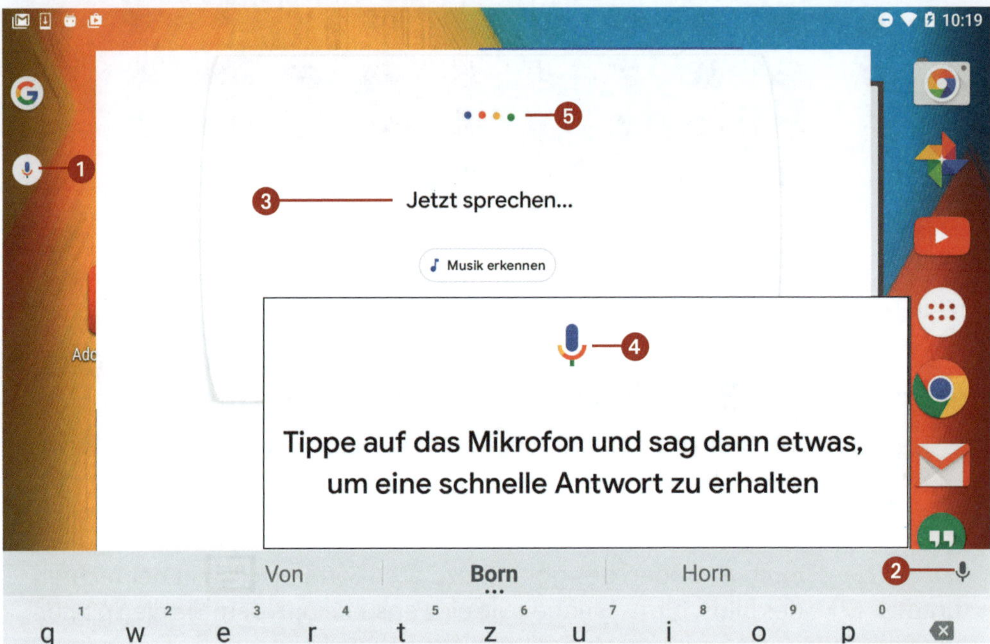

Die Aktivierung der Spracheingabefunktion ist auf verschiedene Arten möglich:

- Auf dem Startbildschirm sehen Sie in der Suchleiste das Mikrofonsymbol (1). Bei eingeblendeter Bildschirmtastatur ist dieses ggf. auch dort (2) sichtbar. Manche Apps (z. B. der Chrome-Browser) unterstützen die Spracheingabe und zeigen das Mikrofon ebenfalls an.
- Tippen Sie einfach auf das Mikrofonsymbol (1) oder (2), um die Spracheingabe zu starten. Ist die Tastatur eingeblendet, verschwindet diese, und ein Spracheingabefenster (3) wird angezeigt. Ist die Anzeige *Jetzt sprechen* zu sehen, sprechen Sie einfach die Wörter, Befehle, Fragen ein.

- Die Spracherkennung wird nach einigen Sekunden deaktiviert. Dann erscheint die Anzeige (4). Tippen Sie einfach auf den Spracheingabebereich, um die Erkennung erneut zu starten. Ein erneutes Tippen auf die bunten Pünktchen (5) deaktiviert die Spracherkennung wieder.

HINWEIS: Je nach Android-Version wird ein Tastatursymbol oder ein Symbol *Schließen* ✕ in der Anzeige eingeblendet, über das Sie die Spracheingabe beenden und zur Bildschirmtastatur zurückschalten. Wird das Symbol einer Weltkugel oder ein Zahnrad angezeigt? Dieses öffnet ein sogenanntes Pop-up-Fenster, über dessen Befehle Sie Einstellungen vornehmen können.

Wartet die Spracheingabe und ist die Anzeige *Jetzt sprechen* zu sehen, diktieren Sie einfach die Wörter. Werden diese erkannt, übernimmt der Spracheingabe-Assistent diese. Abhängig von der verwendeten App werden die gesprochenen Wörter in Text umgewandelt und in den Textbereich eingefügt.

HINWEIS: Mit der Spracheingabe von Texten sollten Sie selbst etwas experimentieren. Ich selbst verwende diese Funktion so gut wie gar nicht.

Die Spracheingabe von Android lässt sich auch verwenden, um dem Sprach-Assistenten Fragen zu stellen oder Anweisungen zu geben:

1 Tippen Sie auf dem Startbildschirm oder im Spracheingabebereich auf das Mikrofon (1), um die Spracherkennung zu aktivieren.

Alternativ können Sie auf dem Startbildschirm das am linken Rand oberhalb des Mikrofons sichtbare *G*-Symbol antippen. Oder Sie sagen »Ok Google« (2).

2 Stellen Sie nun einfach Ihre Frage oder formulieren Sie die gewünschte Anweisung (3).

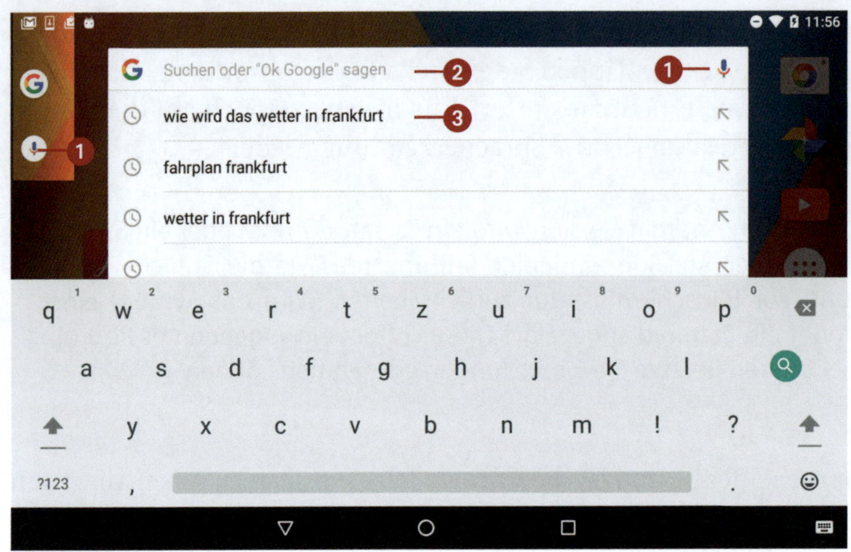

Der Assistent zeichnet Ihre Sprache durch das interne Mikrofon des Geräts auf und versucht, eine Antwort zu finden oder Ihre Anweisung auszuführen. Die erkannte Frage wird in der Seite mit der Antwort eingeblendet. Tippen Sie auf das Mikrofonsymbol, um die nächste Frage zu stellen oder Anweisung zu formulieren.

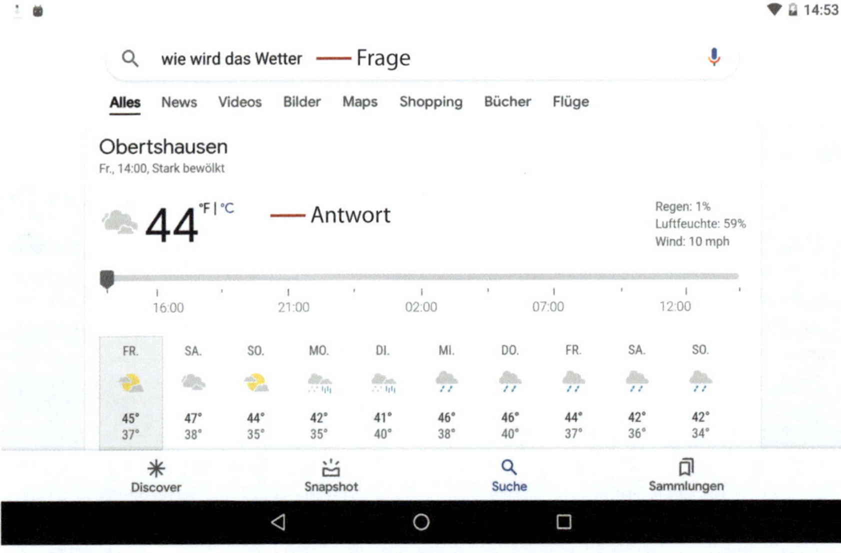

Versuchen Sie mal die Frage »Fahrplan Frankfurt« einzusprechen. Auch die Frage »Wie wird das Wetter in Frankfurt?« sollte beantwortet werden. Um den Sprach-Assistenten zu beenden, tippen Sie am unteren Bildschirmrand auf das *Startbildschirm*-Symbol des Navigationsbereichs.

HINWEIS: Bei der Spracheingabe werden die gesprochenen Fragen oder Anweisungen standardmäßig an Google-Server übertragen, dort einer Erkennung unterzogen und als Information per Internet an das Gerät zurückgeschickt. Nicht jeder möchte das aus Datenschutzgründen. Zudem ist die Funktion unterwegs nur bei Geräten mit Mobilfunkunterstützung verfügbar. Der ständige Datenaustausch mit dem Internet kann dann aber schnell recht teuer werden, wenn der Mobilfunktarif nur ein geringes Datenvolumen beinhaltet. In den Einstellungen lässt sich aber auch eine **Offline-Spracherkennung** definieren.

Benachrichtigungen ansehen

Android zeigt Benachrichtigen über eintreffende E-Mails, Weckzeiten, App-Updates, SMS, Kalenderereignisse etc. auf dem Sperrbildschirm an (siehe zu Beginn dieses Kapitels). Zudem werden in der Statusleiste Benachrichtigungssymbole am oberen Bildschirmrand eingeblendet.

- Um die Details einzusehen, wischen Sie im Benachrichtigungsbereich der Statusleiste nach unten. Bei Smartphones ist es egal, von wo in der Statusleiste Sie nach unten wischen. Bei meinem mit KitKat bestückten Tablet muss im linken Teil der Statusleiste (1) nach unten gewischt werden (probieren Sie ggf., wo zu wischen ist).
- Daraufhin werden alle Benachrichtigungen angezeigt (2). Tippen Sie auf einen Eintrag, um die zugehörige App (z. B. *Mail*, *Kalender* etc.) zu öffnen.

- Bei Bedarf können Sie den Benachrichtigungseintrag mit dem Finger nach rechts über den Displayrand verschieben. Die Benachrichtigung wird dann gelöscht.

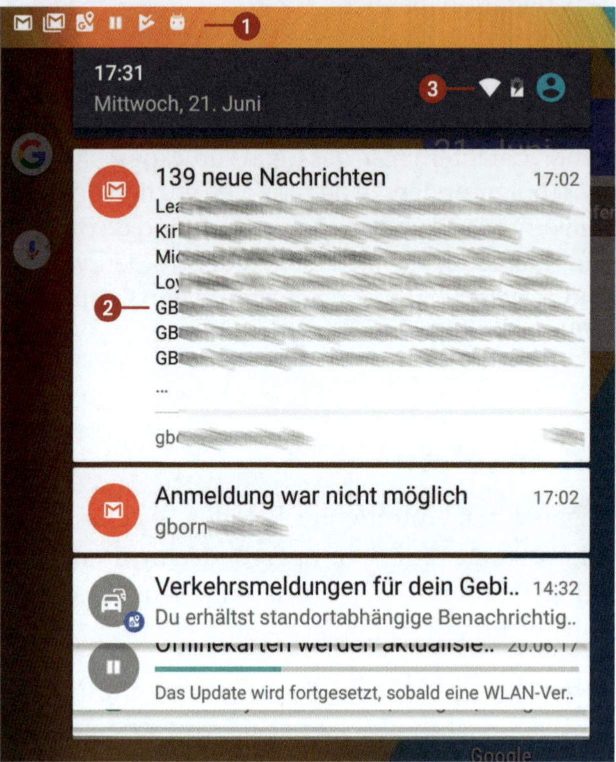

Tippen Sie am oberen Rand der Benachrichtigungen auf den Symbolbereich (3), werden die nachfolgend beschriebenen Schnelleinstellungen angezeigt.

HINWEIS: Benachrichtigungen verwalten

Um festzulegen, welche Benachrichtigungen auf dem Sperrbildschirm oder in der Statusleiste erscheinen dürfen, rufen Sie die App *Einstellungen* auf. Dann wählen Sie die Kategorie *Ton & Benachrichtigungen*.

Über diese Seite lässt sich für jede der aufgeführten Apps festlegen, ob Mitteilungen angezeigt werden sollen oder nicht. Der Befehl *Bei gesperrtem Gerät* öffnet ein Menü, über dessen Befehle Sie die Anzeige von Benachrichtigungen ein- oder ausschalten können.

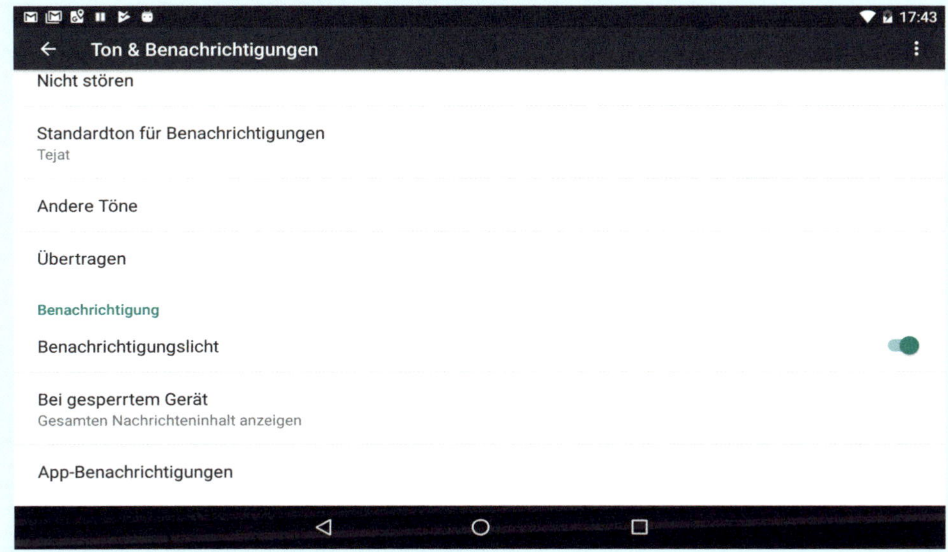

Ein Befehl wie *App-Benachrichtigungen*, *Apps & Benachrichtigungen* oder ähnlich zeigt eine Seite mit installierten Apps. Wählen Sie eine App an, können Sie auf einer weiteren Seite festlegen, ob Benachrichtigungen blockiert oder angezeigt werden sollen. Weiterhin können Benachrichtigungen als »Wichtig« eingestuft werden. Dann werden diese ganz oben in der Benachrichtigungsliste aufgeführt.

Zugriff auf die Schnelleinstellungen

Über die Schnelleinstellungen erhalten Sie einen schnellen Zugriff auf bestimmte Einstellungen (WLAN, die Bildschirmhelligkeit und mehr). Das Abrufen der Schnelleinstellungen hängt etwas von der Android-Version ab.

- Zum Einblenden wischen Sie mit dem Finger von der Statusleiste am oberen Bildschirmrand nach unten. Bei manchen Android-Geräten erscheinen die Schnelleinstellungen (1) sofort, wenn von der rechten oberen Hälfte der Statusleiste nach unten gewischt wird.
- Bei anderen Android-Geräten wird aber der Bereich mit den Benachrichtigungen angezeigt, egal von welcher Position der Statusleiste Sie nach unten wischen. Tippen Sie in diesem Fall dann auf die am oberen Rand des Benachrichtigungsfelds angezeigten Symbole (2), um die Schnelleinstellungen (1) einzublenden.

Der angezeigte Inhalt der Schnelleinstellungen (3) hängt etwas vom Android-Gerät und von der Android-Version ab. Die weiter unten folgende Abbildung zeigt die Schnelleinstellungen auf meinen Google-Nexus-Geräten:

- Zur Helligkeitsanpassung schieben Sie den am oberen Rand sichtbaren Regler nach links oder rechts.
- Weitere Felder ermöglichen Ihnen, die WLAN-Funktion ein-/auszuschalten, das Gerät in den Flugmodus (Mobilfunkteil abgeschaltet) zu versetzen oder die Bluetooth-Funktion ein-/auszuschalten.
- Über *Automatisch drehen* lässt sich die Bildschirmrotation beim Kippen des Geräts im Hoch- und Querformat freigeben oder sperren.
- Über *Standort* kann die Ortserfassung per GPS-Signal ein- oder ausgeschaltet werden.

Tippen Sie auf das Symbol mit dem Zahnrad (4), gelangen Sie direkt zur App *Einstellungen* und können dort Einstellungen anpassen (siehe Kapitel 10).

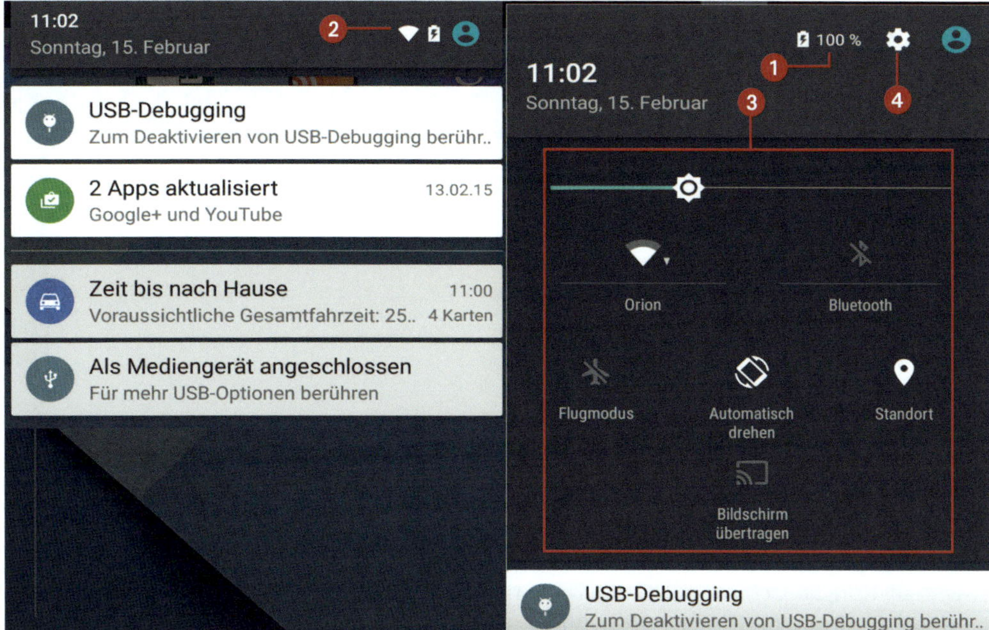

HINWEIS: Abweichungen bei diversen Android-Versionen

Je nach Gerät weist der Bereich der Schnelleinstellungen wesentlich mehr Symbole auf. Meist lässt sich aber anhand des Symbols und des Symboltitels erkennen, um welche Option es sich handelt.

Bei anderen Android-Versionen werden die Schnelleinstellungen als eine Art Band und als Palette angezeigt. Dann benutzen Sie den Finger, um im Band nach links oder rechts zu wischen und so verdeckte Optionen in das Display zu schieben. Wischen Sie bei angezeigtem Band mit dem Finger nach unten, um die Darstellung zu erweitern. Das Symbol eines Zahnrädchens ermöglicht den Zugriff auf die Einstellungen.

Ab Android 7 befindet sich am rechten oberen Rand der Schnelleinstellungen das Symbol *Erweitern*. Tippen Sie auf das Symbol, um die Palette mit den Schnelleinstellungen anzuzeigen.

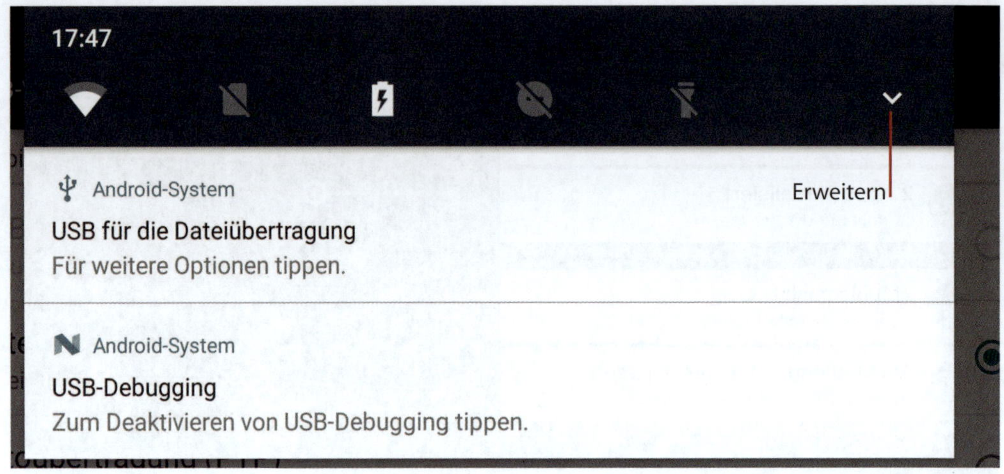

HINWEIS: Bildschirmübertragung auf das TV-Gerät

Die Option *Bildschirm übertragen* ist nicht bei allen Geräten vorhanden. Über diese Option können Sie den Bildschirm des Geräts drahtlos per **Miracast-Standard** auf einen geeigneten Empfänger übertragen. Diese Funktion wird in diesem Buch aber nicht behandelt. In meinem Blog finden Sie unter *http://www.borncity.com/blog/?p=144134* einige Artikel, die sich mit dem Thema beschäftigen.

Lautstärke anpassen

Zur Anpassung der Lautstärke bei der Audioausgabe des Android-Geräts verwenden Sie die Lautstärkewippe an der Gehäuseseite.

Drücken Sie die Leiser- oder Lauter-Taste an der Lautstärkewippe, wird auf dem Bildschirm eine Lautstärkeanzeige sichtbar.

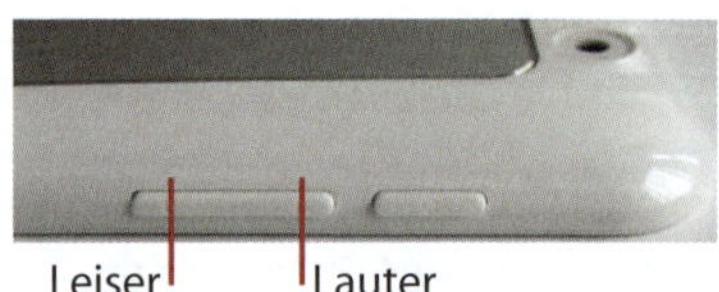

Durch erneutes Antippen der Lautstärkewippen lässt sich die gewünschte Lautstärke einstellen. Bei angeschlossenem Ohr- oder Kopfhörer erscheint allerdings eine Warnung, sobald die Lautstärke eine bestimmte Grenze überschreitet.

HINWEIS: Die Soundausgabe von Smartphones und Tablets ist nicht immer besonders gut. Mit Ohr- oder Kopfhörern lässt sich die Soundqualität verbessern. Weiterhin gibt es im Handel externe Lautsprecher, die eine bessere Klangqualität bieten. Bei Bluetooth-Lautsprechern ist sogar eine drahtlose Übertragung von Musik möglich. Die vielen Smartphones beiliegenden Ohrhörer fungieren gleichzeitig auch als Mikrofon, um Telefonate führen zu können. Wie Sie ein Gerät unter Android in den Lautlosmodus schalten, ist im Blogbeitrag *http://www.borncity.com/blog/?p=161325* erklärt.

Den Startbildschirm-Hintergrund anpassen

Sie haben die Möglichkeit, den auf dem Startbildschirm angezeigten Hintergrund anzupassen:

1 Hierzu reicht es, den Finger ein paar Sekunden auf eine freie Stelle des Startbildschirms zu drücken.

2 Wählen Sie den angezeigten Eintrag *Hintergründe* (1) (Symbol oder Menü) und bestätigen Sie, sofern nachgefragt, über den angezeigten Befehl *Immer*.

3 Wählen Sie auf den angezeigten Seiten (2) den gewünschten Hintergrund aus und bestätigen Sie dies über die dargestellten Optionen (z. B. das Häkchen oder den Befehl *Als Hintergrund* festlegen).

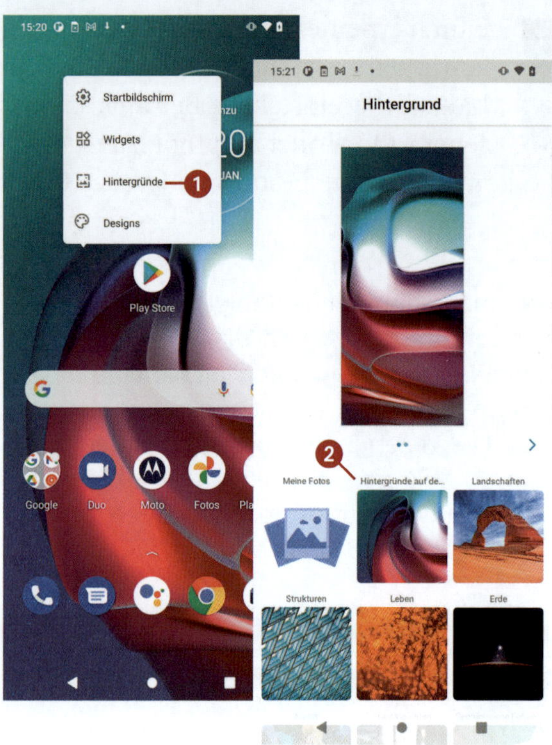

Sie können aus einer Sammlung von Android-Hintergrundbildern, Hintergründen und Fotos das gewünschte Motiv auswählen und dem Startbildschirm zuordnen. Anschließend tippen Sie auf den am oberen oder unteren Bildrand angezeigten Befehl *Hintergrund auswählen* bzw. *Hintergrund festlegen*. Die genaue Abfolge und die Befehlsnamen hängen von der Android-Version ab.

Apps beziehen und verwalten

Die Funktionen eines Android-Geräts werden im Wesentlichen durch die sogenannten Apps (kleine Programme) bereitgestellt. Apps werden von Google im sogenannten Play Store angeboten. In diesem Abschnitt zeige ich Ihnen, was Sie rund um den Bezug von Apps aus dem App-Store (Google Play Store) und deren Verwaltung wissen müssen.

Wo gibt's die Apps?

Mit jedem Android-Gerät wird eine Reihe von Apps mitgeliefert. Deren Anzahl hängt dabei vom Gerätehersteller ab:

- Einmal gibt es die Google-Apps wie *Chrome-Browser*, *Mail*, *Maps* etc.
- Zudem fügen die Gerätehersteller häufig noch eine Auswahl eigener Apps hinzu.

Aber mit der Zeit möchten Sie vielleicht zusätzliche Apps verwenden. Diese Apps können gratis oder kostenpflichtig sein und lassen sich über sogenannte App-Stores beziehen. Bei Android gibt es verschiedene Möglichkeiten, auf App-Stores zuzugreifen:

- **Google Play Store:** Die Firma Google, die Android entwickelt, stellt einen App-Store zur Verfügung, der sich auch in einem Browser unter der Internetadresse *https://play.google.com/store* abrufen lässt.
- **Alternative App-Stores:** Es gibt alternative Anbieter, die Android-Apps in einem App-Store bereitstellen. Beispielsweise betreibt der Versender Amazon.de einen solchen Android-App-Store. Auch Gerätehersteller wie Samsung betreiben eigene App-Stores.
- **Apps als Download per Internet:** Weiterhin bieten manche Webseiten Android-Apps als sogenannte *.apk*-Dateien zum Download an. Dann reicht es, zur Installation die *.apk*-Datei in einer Datei-Manager-App per Doppeltippen anzuwählen, um die Installation zu starten.

In diesem Buch behandele ich aus Umfangsgründen lediglich den App-Store von Google.

ACHTUNG: Apps können Schadsoftware enthalten, Sie sollten deshalb auf den Bezug von Apps aus diversen App-Stores besser verzichten. Daher würde ich Apps, die in chinesischen Stores oder direkt im Internet zum Download angeboten werden, eher meiden. Ich versuche, auf meinen Geräten so wenige zusätzliche Apps wie möglich zu installieren – und wenn, dann nur von bekannteren Firmen.

Um Apps aus alternativen App-Stores oder als eine heruntergeladene *.apk*-Datei installieren zu können, muss in der App *Einstellungen* unter dem Punkt *Sicherheit* die Option *Unbekannter Herkunft* eingeschaltet sein. Nur dann lassen sich Apps installieren. Diese Option lasse ich aus Sicherheitsgründen auf der Werkseinstellung, also abgeschaltet.

Google Play Store im Überblick

Um nach Apps zu suchen und diese ggf. herunterzuladen und zu installieren, stellt Android die App *Play Store* zur Verfügung. Gehen Sie zum Zugriff auf den Google Play Store folgendermaßen vor:

1 Tippen Sie auf dem Startbildschirm das Symbol *Alle Apps* an, suchen Sie auf der Seite *Alle Apps* das Symbol *Play Store* und tippen Sie das App-Symbol an.

Die Schritte können natürlich entfallen, falls bei Ihnen das Symbol der *Play Store*-App auf dem Startbildschirm oder sogar in der Favoritenleiste zu sehen ist.

2 Wählen Sie auf der Seite des App-Stores die gewünschte Kategorie (1) wie zum Beispiel *Für mich* und dann die App an.

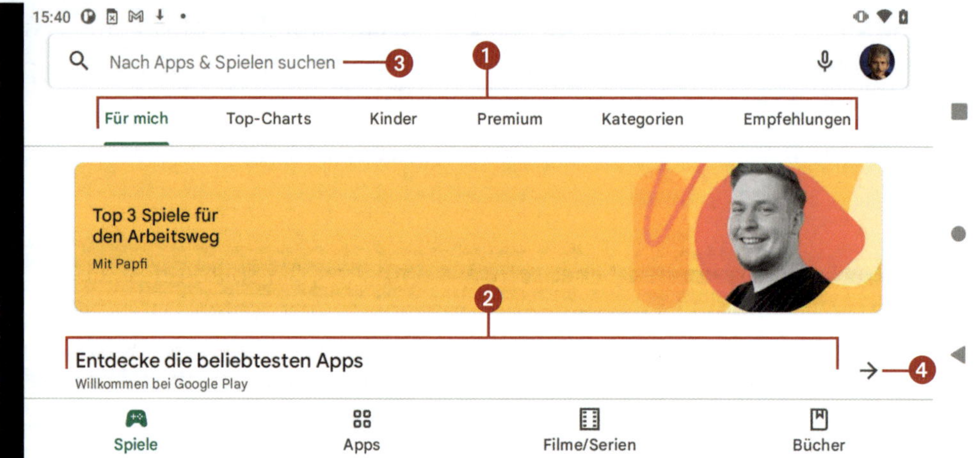

3 Führen Sie die erforderlichen Schritte durch, um die App zu beziehen, herunterzuladen und zu installieren.

Der App-Store zeigt nach dem Start die Eingangsseite mit den Angebotskategorien (1) und diversen App-Symbolen sowie Empfehlungen (2) an.

- Im Play Store lassen sich neben Android-Apps also auch Spiele, Bücher und Filme und Zeitschriften erwerben.
- Durch Antippen der Angebotskategorien (1) filtern Sie das Angebot (z. B. nach Apps, nach Musik etc.).
- Bei Bedarf können Sie mit dem Finger nach oben oder unten bzw. nach links/rechts wischen, um im Angebot des Play Stores zu blättern.
- Oder Sie tippen Sie auf das Suchfeld (3) und geben einen Suchbegriff ein. Dann werden alle passenden Angebote zur Auswahl angezeigt.
- Die Übersichtsseite listet dann alle gefilterten Angebote (z. B. Apps) in Form von Symbolen auf. Der Pfeil (4) auf der Seite ermöglicht Ihnen, weitere Angebote in der Übersichtsseite einzublenden.

HINWEIS: Wenn im nachfolgenden Text von Apps die Rede ist, gelten die Ausführungen weitgehend auch für Angebote wie Bücher und Filme etc.

Auf den Übersichtsseiten des Play Stores erhalten Sie einen schnellen Überblick über das Angebot. Für jede App oder für jedes Angebot werden ein Symbol, der App-Name und weitere Informationen wie beispielsweise eine Zahl mit der Bewertung (1 bis 5) eingeblendet.

Tippen Sie auf das Symbol einer App oder eines Angebots, erscheint die Detailseite mit weiteren Informationen.

- Apps und Medienangebote können kostenlos oder kostenpflichtig sein. Bei kostenpflichtigen Angeboten wird neben dem (App-)Symbol ein Preis (5) in der Übersichtsseite eingeblendet.
- Bei Gratis-Apps steht in der Schaltfläche der Begriff *Installieren*. Auch Gratis-Apps können letztendlich kostenpflichtig sein. Findet sich in der Detailseite der Begriff »In-App-Käufe«, bedeutet dies, dass Zusatzfunktionen aus der App heraus kostenpflichtig zugekauft werden können oder müssen.

- Ein Infofeld (6) gibt Ihnen Hinweise, wie häufig eine App bereits heruntergeladen wurde, wie gut diese bewertet ist (maximal 5.0) etc.

Blättern Sie bei Bedarf durch Wischen mit dem Finger durch die Beschreibung der Detailseite der jeweiligen App. Tippen Sie auf einen Eintrag *Weitere Infos*, um zusätzliche Informationen abzurufen.

HINWEIS: Es lassen sich nur solche Apps im Google Play Store finden und installieren, die auch für Ihr Android-Gerät kompatibel sind. Fehlt eine App bei der Suche im Play Store, kann es also sein, dass diese nicht auf Ihrem Gerät nutzbar ist. Beachten Sie auch, dass sich die Darstellung des Google Play Stores mit der Zeit ändern kann und manches eventuell etwas anders dargestellt wird.

Eine App kaufen und installieren

Haben Sie eine App im Google Play Store gefunden, die Sie auf dem Gerät installieren möchten, führen Sie die zum App-Kauf vorgesehenen Schritte durch. Diese hängen davon ab, ob es sich um eine kostenpflichtige oder eine kostenlose App handelt.

- Wählen Sie bei einer kostenlosen App den in der Detailseite angezeigten Eintrag *Installieren* (❶).

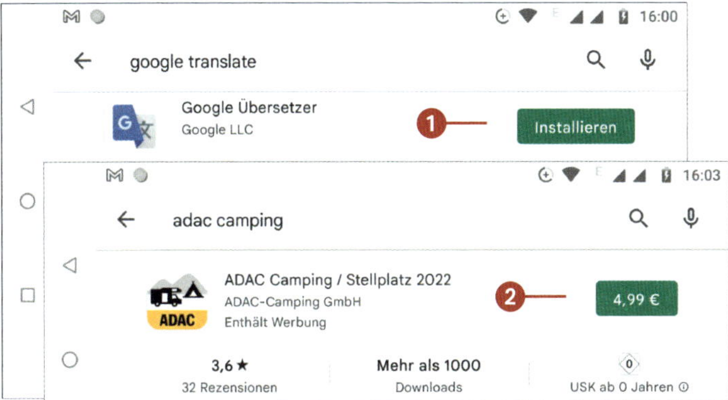

- Bei einer kostenpflichtigen App tippen Sie in der Detailseite auf den angezeigten Preis (❷) und bestätigen die ggf. angezeigten Pop-up-Fenster zum Kauf, zur Zahlungsmethode etc.
- Bei manchen Apps erscheint vor der Installation oder beim ersten Aufruf eine Abfrage, um Berechtigungen zuzuweisen. Erteilen Sie die Berechtigungen oder lehnen Sie sie ab.

TIPP: Was Sie über Berechtigungen wissen sollten

Normalerweise verwehrt Android allen Apps den Zugriff auf Daten des Betriebssystems oder anderer Apps. **Berechtigungen** regeln in Android, was eine App an Funktionen und Daten anfordern darf.

Achten Sie bei der Installation von Apps darauf, dass möglichst wenige Berechtigungen erforderlich sind. Will eine App über sehr viele Berechtigungen (z. B. Zugriff auf Kontakte oder die Identität des Geräts) verfügen, suche ich weiter im Play Store. Oft findet man Apps mit gleichen Funktionen, die dann aber weniger Berechtigungen möchten.

Berechtigungen für Apps lassen sich nachträglich ändern. Wählen Sie in der *Einstellungen*-Seite den Punkt *Apps & Benachrichtigungen*, dann die App und danach den Befehl *App-Berechtigungen*. Jetzt lassen sich die erteilten Berechtigungen einsetzen und anpassen (z. B. entziehen).

Aus Sicherheitsgründen verzichte ich inzwischen auf die Installation vieler Apps, da diese zu viele Berechtigungen anfordern oder möglicherweise sogar Benutzerdaten ausspionieren.

Beim App-Kauf durchlaufen Sie vor dem Download die angezeigten Schritte, um die Zahlung zu bestätigen bzw. zu autorisieren (siehe folgenden Abschnitt). Danach beginnt der Download. Bei kostenlosen Apps erfolgt der Download sofort nach dem Antippen von *Installieren*. Dieser Download kann, je nach App-Größe und Geschwindigkeit der Internetleitung, durchaus eine ganze Weile dauern.

Sobald die App erfolgreich heruntergeladen ist, wird diese automatisch installiert, und anschließend erscheint ein Fenster mit der Schaltfläche *Öffnen*. Tippen Sie darauf, um die App zu starten. Über die Schaltfläche *Deinstallieren* können Sie die App auch sofort wieder entfernen lassen.

Ist die *Play Store*-App nicht mehr in der Anzeige zu sehen? Android legt die App unter *Alle Apps* ab, d.h., Sie können die App über diese Seite jederzeit finden und aufrufen. Weiterhin erzeugt Android (solange Platz vorhanden ist) bei der Installation einer App eine Verknüpfung auf dem Startbildschirm. Sie können die App also auch über diese Symbole aufrufen.

Was muss ich über App-Käufe wissen?

Zum Kaufen von Apps im Google Play Store benötigen Sie eine Internetverbindung und ein Google-Konto. Über dieses Konto werden alle Ihre Einkäufe bei Google im Play Store verwaltet. Zur Begleichung des Kaufpreises ist zudem die Angabe einer **Zahlungsmethode** erforderlich.

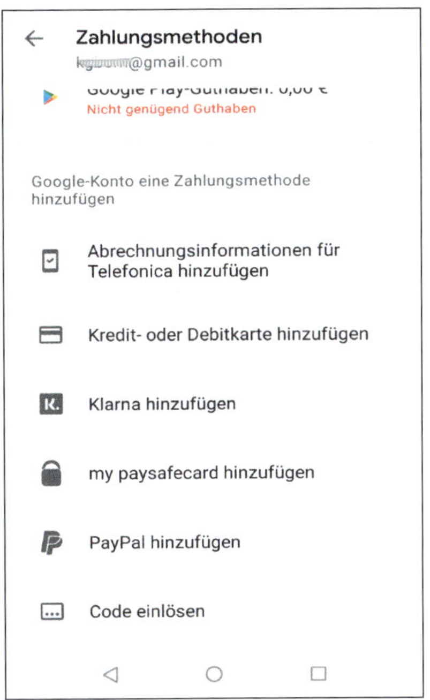

Sobald der Kauf durch Antippen der Schaltfläche mit dem Preis und über *Weiter* etc. im Folgefenster bestätigt ist, wird ein Pop-up-Fenster mit dem Google-Konto und den Zahlungsmethoden angezeigt. Wählen Sie dann eine der Zahlungsmethoden (z.B. den Zahlungsdienstleister Klarna) durch Antippen aus.

- *Kreditkarte:* Die Zahlungsmethode wird bereits beim Einrichten des Geräts vorgeschlagen. Aus Sicherheitsgründen gebe ich beispielsweise keine Kreditkartendaten an, um einem eventuellen Missbrauch einen Riegel vorzuschieben. Falls Sie eine (Prepaid-)Kreditkarte für Ihre App-Käufe verwenden, lassen sich die Kreditkartendaten über den Punkt *Kredit- oder Debitkarte hinzufügen* in einem Formular eintragen.
- *PayPal:* Besitzen Sie ein Benutzerkonto beim Zahlungsdienstleister PayPal, können Sie durch Anwahl des Eintrags *PayPal hinzufügen* die E-Mail-Adresse und das Zugangskennwort Ihres PayPal-Kontos als Zahlungsmittel eintragen. PayPal bucht dann den Kaufpreis von Ihrem Girokonto ab.
- *Gutscheinkarte:* Um kostenpflichtige Angebote wie beispielsweise Apps ohne Kreditkarte oder PayPal zu kaufen, gibt es eine einfache Lösung. Google bietet über den Handel **Geschenkkarten** zum Einlösen im Play Store an. Sie können also, ähnlich wie bei Handy-Prepaid-Karten, ein Guthaben von 15, 25 und 50 Euro in Form einer Geschenkkarte erwerben. Zum **Einlösen** dieser **Geschenkkarte** wählen Sie im Fenster der Zahlungsauswahl den Befehl *Code einlösen* und geben danach im angezeigten

Pop-up-Fenster den Gutscheincode ein. Sobald Sie auf *Einlösen* tippen, wird das Google-Konto mit dem Guthaben in der angegebenen Höhe aufgeladen. Dann sind Käufe möglich, bis das Guthaben aufgebraucht ist.

Sofern Sie lediglich Gratis-Apps beziehen möchten, verzichten Sie auf die Angabe einer Zahlungsmethode und belassen die Einstellung, indem Sie jeweils die Option *Überspringen* in den angezeigten Pop-up-Fenstern wählen.

Verwalten der Play-Store-Daten

Der Google Play Store ist quasi die Buchhaltung aller Ihrer Einkäufe bei Google. Über die Play-Store-App können Sie auf die gespeicherten Daten, die gekauften Apps, die Zahlungsinformationen und mehr zugreifen.

1 Rufen Sie die *Play Store*-App auf und tippen Sie auf das Symbol des Benutzerkontos (❶).

2 Wählen Sie im eingeblendeten Menü (❷) den gewünschten Befehl, um die Daten einzusehen oder anzupassen.

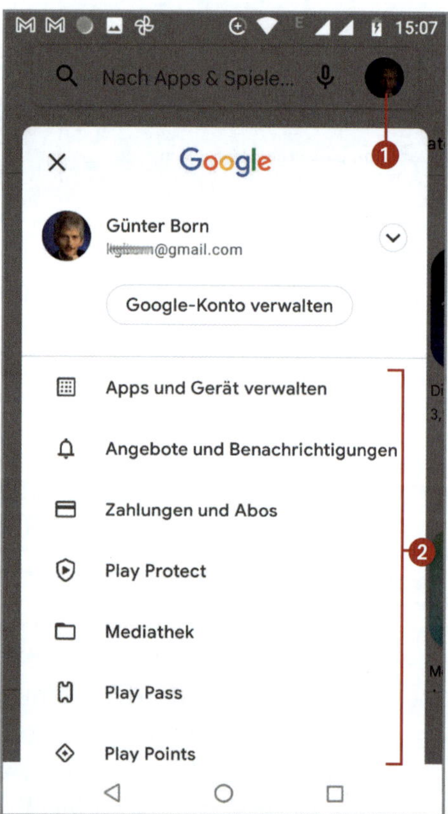

Am oberen Rand des Menüs wird der Name des Google-Kontos angezeigt, für das die Einstellungen gelten. Tippen Sie auf eine Stelle außerhalb des Menüs, wird dieses geschlossen. Bei Bedarf lässt sich durch Wischen nach oben/unten im Menü blättern. Hier noch ein Überblick über einige Menükategorien.

- *Apps und Gerät verwalten:* Wählen Sie diesen Befehl, um alle über dieses Konto erworbenen Apps aufzulisten.

- *Zahlungen und Abos:* Dieser Befehl öffnet eine Seite, über die Sie ein Zahlungsmittel hinzufügen und den Bestellverlauf für Käufe einsehen können.
- *Einstellungen:* Der Befehl öffnet eine Seite, über die Sie diverse Einstellungen festlegen.

Weitere Befehle ermöglichen Ihnen, auf die Mediathek oder ähnliche Funktionen zuzugreifen.

HINWEIS: Über den Befehl *Hilfe & Feedback* des Menüs lässt sich eine Seite mit zusätzlichen Informationen einsehen.

App-Updates

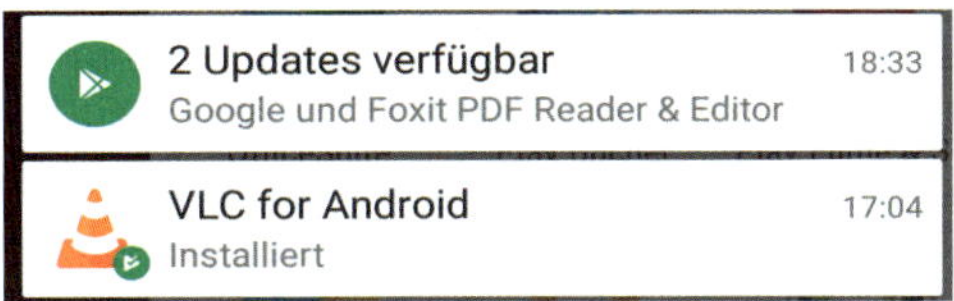

Apps werden von ihren Entwicklern von Zeit zu Zeit aktualisiert, um Fehler zu beheben oder neue Funktionen zu bedienen. Normalerweise müssen Sie sich um App-Updates nicht kümmern, Android stellt fest, dass es Updates gibt, und lädt die Apps bei bestehender Internetverbindung automatisch herunter.

Die App-Aktualisierung wird auf dem Sperrbildschirm sowie in der Statusleiste angezeigt. Dort sehen Sie auch, ob App-Downloads erfolgen.

Tippen Sie auf die Benachrichtigung oder rufen Sie die *Play Store*-App auf und gehen über das Benutzerkontensymbol zur Kategorie *Apps und Geräte verwalten* (siehe vorherige Seiten), werden dort Updates angezeigt. Manchmal erfordert die Aktualisierung dann die manuelle Zustimmung des Benutzers, da neue Berechtigungen oder Ähnliches akzeptiert werden müssen. Bei Bedarf können Sie über *Details ansehen* die Liste der zu aktualisierenden Apps abrufen.

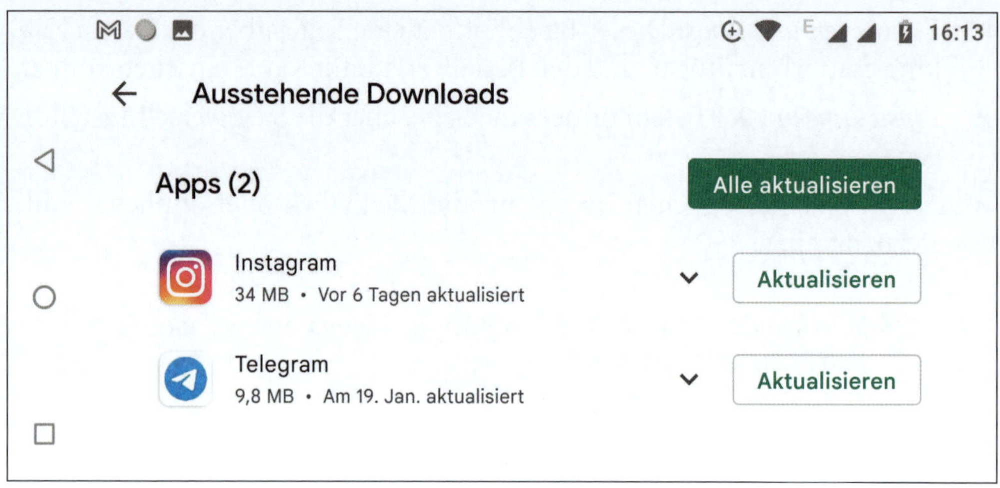

Apps deinstallieren

Benötigen Sie eine installierte App nicht mehr, können Sie diese deinstallieren. Das geht über eine *Deinstallieren*-Schaltfläche in der *Play Store*-App (siehe vorhergehenden Abschnitt zur App-Installation). Dies erfordert aber, dass Sie die App-Seite im Play Store (z. B. über *Meine Apps und Spiele*) aufrufen. Ich bevorzuge aber die folgenden Schritte:

1 Rufen Sie die App *Einstellungen* über *Alle Apps* oder die Schnelleinstellungen auf.

2 Tippen Sie in der App *Einstellung* auf den Eintrag *Apps & Benachrichtigungen* (❶) und wählen Sie anschließend in der App-Liste die gewünschte App (❷) durch Antippen aus.

3 Tippen Sie im Detailfenster der App auf die Schaltfläche *Deinstallieren* (❸).

4 Anschließend bestätigen Sie die Deinstallation der App im angezeigten Pop-up-Fenster.

Daraufhin entfernt Android die App aus dem Speicher und vom Gerät. Die App-Daten bleiben aber im Speicher erhalten.

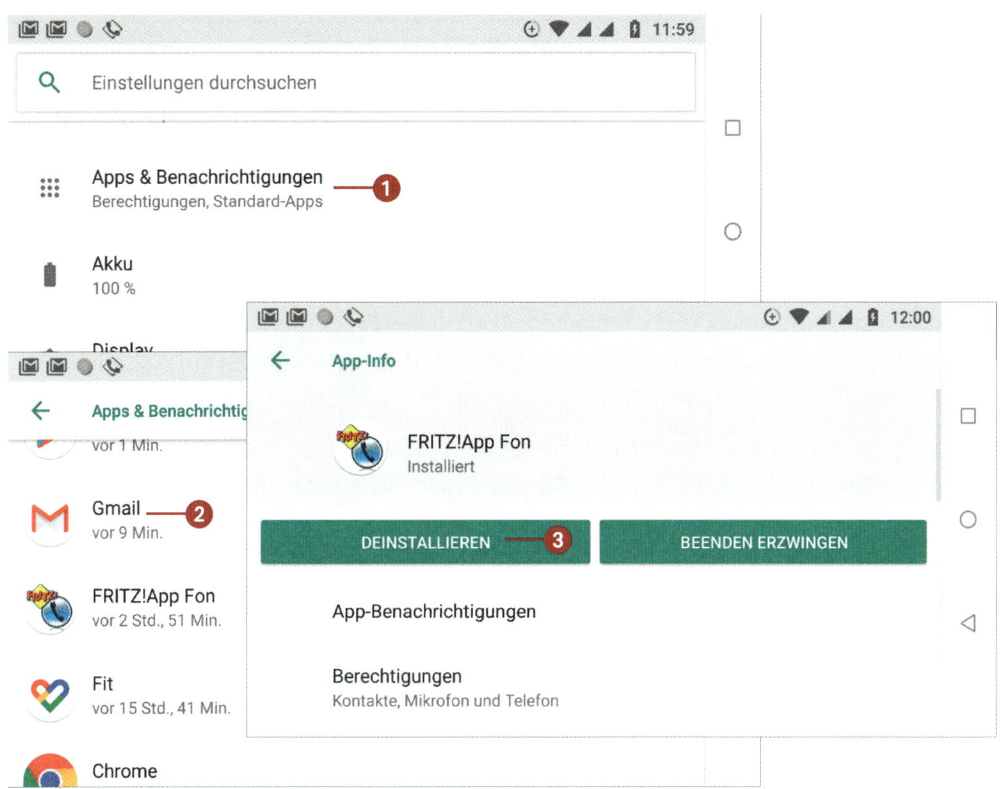

HINWEIS: App-Cache und Daten löschen

Bei älteren Android-Versionen enthält die Seite *App-Info* Schaltflächen, um den Cache (Zwischenspeicher) oder die Daten der App vor der Installation zu löschen. Das ist hilfreich, falls es beim Betrieb einer App Probleme gibt. Zudem existiert eine Schaltfläche, um die App zwangsweise zu beenden.

HINWEIS: Apps erneut installieren

Haben Sie eine App deinstalliert, können Sie diese vom Gerät entfernte App aber jederzeit neu aus dem Play Store herunterladen. Über Ihr Google-Konto wird festgehalten, welche Apps Sie jemals gekauft oder heruntergeladen haben. Suchen Sie im geöffneten Play Store erneut die App und lassen Sie diese wieder installieren. Wahlweise können Sie dabei auch das Burger-Menü öffnen und den Punkt *Meine Apps und Spiele* wählen. Unter *Mediathek* werden alle jemals installierten und dann deinstallierten Apps (allerdings nicht in alphabetischer Reihenfolge) aufgelistet. Bei kostenpflichtigen Apps sollte dann zur Installation kein erneuter Kauf erforderlich sein.

Bei der ersten Inbetriebnahme eines Android-Geräts kann es sein, dass noch zwei Seiten zur Auswahl des Standardbrowsers (z. B. Google Chrome) und der Standardsuchmaschine (z. B. Google, Bing) angezeigt werden.

In diesem Kapitel haben Sie die Grundlagen zum Arbeiten mit Android und Apps kennengelernt. Mit diesem Wissen können Sie mit dem Gerät arbeiten. Sie wissen nun auch, wie Sie Apps aus dem Google Play Store beziehen und diese starten. In den folgenden Kapiteln lernen Sie einzelne Apps kennen und erfahren, wie Sie diese sinnvoll nutzen können.

3

Surfen mit Google Chrome

Das lernen Sie in diesem Kapitel:

- Einstieg in Google Chrome
- Surfen für Fortgeschrittene

Android-Geräte wie Smartphones und Tablets lassen sich zum Surfen im Internet, also dem Abrufen von Internetseiten verwenden. Es ist lediglich eine Internetverbindung erforderlich, denn Android bringt mit der Google-Chrome-App einen Browser mit. In diesem Kapitel erfahren Sie, wie Sie mit dem Google-Chrome-Browser surfen und welche Funktionen die App sonst noch bereithält.

Einstieg in Google Chrome

Zum Surfen im Internet benötigen Sie ein als Browser bezeichnetes Programm. In diesem Kapitel beziehe ich mich auf den **Google-Chrome-Browser**, der in Android entweder als App bereits integriert ist oder kostenlos aus dem App-Store (siehe Kapitel 2) installiert werden kann. Sobald eine Internetverbindung besteht, können Sie loslegen.

HINWEIS: Ob eine WLAN- oder Mobilfunkverbindung existiert, sehen Sie in der rechten oberen Bildschirmecke in der Statusleiste. Die **Empfangsqualität** wird durch die Anzahl der angezeigten Balken signalisiert. Wie Sie eine **Mobilfunk-** oder **WLAN-Verbindung einrichten,** erfahren Sie in Kapitel 10 dieses Buchs.

Die erste Webseite abrufen

Zum Abrufen von Webseiten (oft auch als »surfen im Internet« bezeichnet) sind nur wenige Schritte durchzuführen:

1 Tippen Sie in der Favoritenleiste des Startbildschirms (oder auf der Seite *Alle Apps*) auf das Symbol *Chrome*, um den Browser zu starten.

2 Tippen Sie auf das Adressfeld und geben Sie die gewünschte Internetadresse über die Bildschirmtastatur ein.

TIPP: Bei der Eingabe einer Adresse wird das Element *Adressfeld löschen* am rechten Rand des Adressfelds sichtbar. Tippen Sie auf *Adressfeld löschen*, um den Text in der Eingabezeile komplett zu entfernen.

Hier sehen Sie die Browser-App auf einem Android-Tablet-PC. Bei einem Smartphone sieht die Seite geringfügig anders aus (z. B. keine Angabe »Neuer Tab« und keine Symbole auf der Registerkarte).

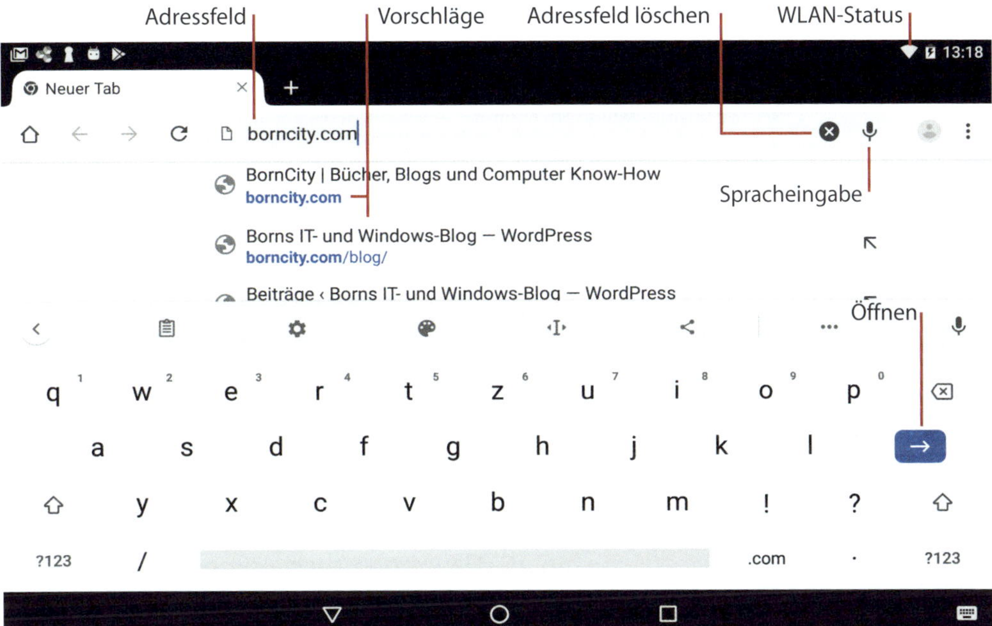

Bereits beim Eingeben der Internetadresse werden Vorschläge mit ähnlichen Seitenadressen angezeigt. Entspricht eine dieser Adressen der gewünschten Suche, übernehmen Sie diese durch Antippen.

3 Bestätigen Sie die Eingabe der Internetadresse auf der Bildschirmtastatur über die *Öffnen*-Taste (Eingabetaste).

Der Browser wird dann die betreffende Internetseite anfordern und anzeigen.

HINWEIS: Tippt man auf das Adressfeld und ist bereits eine URL eingetragen, verschwindet diese, und es werden die hier sichtbaren Bedienelemente eingeblendet.

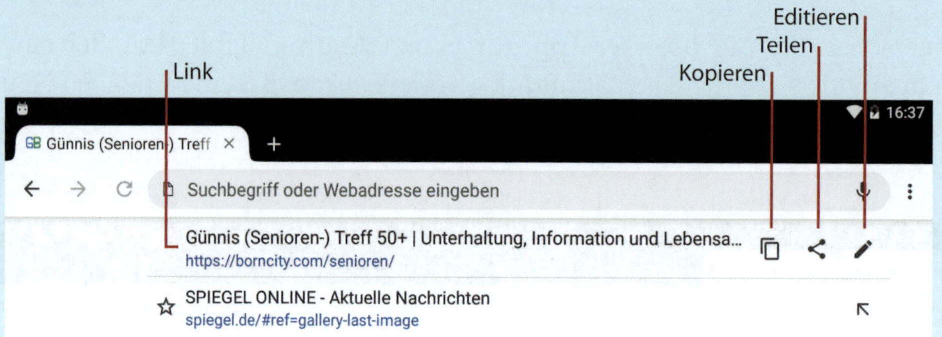

Um den Link per Tastatur zu ändern, tippen Sie auf das Symbol *Editieren*. Die URL wird in das Adressfeld übernommen und kann über die eingeblendete Bildschirmtastatur korrigiert werden.

TIPP: Webadressen verstehen

Webadressen (auch als **URL**, die Abkürzung für »Uniform Resource Locator«, bezeichnet) aus dem World Wide Web besitzen einen festgelegten Aufbau und werden in Zonen (als Domänen oder Domains bezeichnet) unterteilt. Die Kennung am Ende einer Webadresse gibt die Hauptzone, auch als Top-Level-Domain bezeichnet, an (*.com* steht für Unternehmen, *.org* für Organisationen, *.net* für Netzwerk, *.de* für Deutschland, *.ch* für die Schweiz, *.at* für Österreich etc.). Davor steht ein eindeutiger Domänenname wie *google*, *zdf*, *spiegel*, *borncity* etc. Die Zeichenfolge *www* signalisiert noch, dass es sich um den »Haupteingang« (die Startseite, auch als Homepage oder Website bezeichnet) handelt. Die URL *www.google.de* ist die Suchseite der Suchmaschine von Google. Manchmal gibt es auch noch sogenannte Subdomänen zu bestimmten Themen (z. B. leitet *tv.web.de* Sie zum TV-Programm, während *www.web.de* das Hauptangebot abruft). An diese Adresse können sich noch weitere Angaben (z. B. *https://www.borncity.com/senioren/*) anschließen. Das Webadressen vorangestellte Kürzel *http://* bzw. *https://* können Sie bei der Adresseingabe weglassen, da Google Chrome dieses ergänzt.

- Um weitere Webseiten abzurufen, tippen Sie einfach auf den betreffenden **Hyperlink** (also den Verweis auf die Folgeseite).
- Sobald die Folgeseite erscheint, tippen Sie ggf. auf der Seite enthaltene Hyperlinks erneut an, um eine weitere Seite aufzurufen.
- Bei einem Tablet-PC blättern Sie über *Zurück* und *Vorwärts* der Browser-App zwischen bereits besuchten Webseiten vor und zurück. Ist die jeweils erste bzw. letzte Seite erreicht, sperrt der Browser das betreffende Element (diese wird dann abgeblendet angezeigt). Am Smartphone fehlen diese Schaltflächen in der Darstellung. Dort können Sie das *Zurück*-Symbol am unteren Rand des Android-Bildschirms verwenden, um eine Seite zurückzublättern.

Das war schon (fast) alles, was Sie zum Surfen im Internet wissen müssen. Bei Bedarf können Sie jetzt ja Webadressen wie *www.spiegel.de* oder ähnliche Adressen eintippen (versuchen Sie einfach Zeitschriften- oder Firmennamen wie *www.stern.de*, *www.focus.de*, *www.aldi.de*).

TIPP: Die Kunst ist es, die **Hyperlinks** zu **erkennen** und mit dem Finger zu treffen. Hyperlinks werden häufig durch eine andere Farbe und manchmal unterstrichen im Text dargestellt. Beim Antippen des Hyperlinks wird auf jeden Fall die Seite geöffnet, auf die der Hyperlink verweist.

Ist Ihnen die **Anzeige** der **Webseite** zu klein, spreizen Sie einfach die auf dem Bildschirm aufgelegten Daumen und Zeigefinger. Google Chrome vergrößert dann die Darstellung der angezeigten Seite, und Sie treffen die Hyperlinks besser. Ziehen Sie Daumen und Zeigefinger auf dem Bildschirm zusammen, um die Darstellung wieder zu verkleinern. Alternativ vergrößern und verkleinern Sie die Darstellung durch Doppeltippen auf die Webseite. Dieses Vergrößern per Finger funktioniert aber bei Webseiten, die für Mobilgeräte optimiert wurden, in der Regel nicht.

Durch Wischen mit dem Finger nach oben oder unten lässt sich **innerhalb der Webseite blättern**. Die **Leiste** mit dem **Adressfeld** und den Elementen *Zurück* bzw. *Vorwärts* verschwindet beim Blättern des Inhalts nach unten (siehe vorherige Abbildung). Wischen Sie den Bildschirminhalt nach unten, um die Leiste erneut einzublenden.

Surftipps zu Google Chrome

Das Wissen aus dem vorherigen Abschnitt ist bereits zum Surfen im Internet ausreichend. Zum Abrufen von Webseiten in Google Chrome (oder in anderen Browser-Apps) können Sie sich mit den richtigen Techniken das Leben aber erleichtern. Hier ein kurzer Überblick samt Wiederholung, welche Funktionen Google Chrome im Allgemeinen bietet:

- Das Adressfeld dient nicht nur zur Eingabe der Adresse, sondern lässt sich auch zur Eingabe von Suchbegriffen verwenden (siehe auch die folgenden Abschnitte).
- Im Adressfeld finden Sie ganz rechts das Mikrofonsymbol. Durch Antippen aktivieren Sie die **Spracheingabe**. Anschließend können Sie die Webadresse einsprechen (z. B. »borncity Punkt com«).

- Beim Laden der Webseite zeigt die App eine Fortschrittsanzeige im Adressfeld an. Dauert das Abrufen der Webseite zu lange, wählen Sie das Symbol *Abbrechen* am linken Rand des Adressfelds.

- Möchten Sie die Anzeige der Webseite aktualisieren, tippen Sie am linken Rand des Adressfelds auf das dann angezeigte Symbol *Neu laden.*

Diese Techniken sind ziemlich leicht zu merken, und mehr verwende ich beim täglichen Gebrauch des Browsers eigentlich nicht. Beachten Sie auch hier, dass die Schaltflächen *Neu laden* und *Abbrechen* am Smartphone im Chrome-Browser nicht angezeigt werden. Ich tippe auf das Adressfeld und drücke auf der Bildschirmtastatur die Eingabetaste, um die Seite neu zu laden.

HINWEIS: Abgesicherte Webseiten

Beim Aufruf von Bankseiten, E-Mail-Konten, Webshops etc. ist es wichtig, dass die übertragenen Daten (Benutzername, Kennwort, Kontodaten) vertraulich bleiben. Die Daten sollen also abgesichert und verschlüsselt über die Internetleitung übertragen werden. Auf diese Weise wird verhindert, dass Dritte im Internet diese Informationen unbefugt einsehen können.

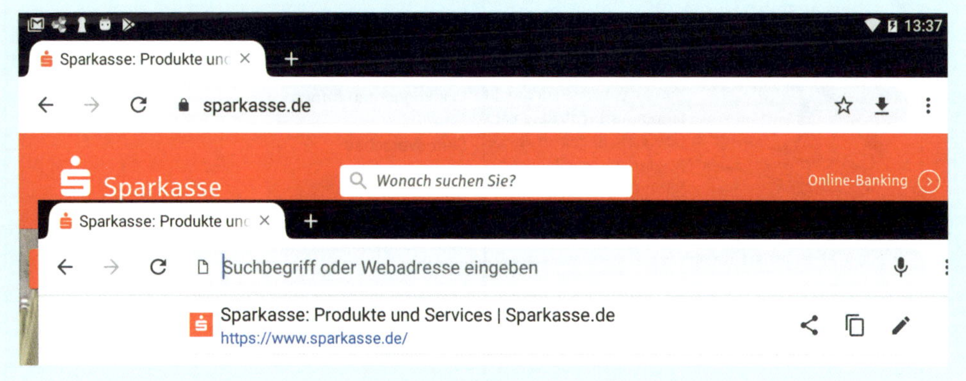

Besuchen Sie eine solche (Bank-)Seite, sollte vor der eigentlichen Webadresse *https://* (statt *http://*) und ein kleines Schloss auftauchen. Dies signalisiert, dass die in der Webseite eingegebenen Daten verschlüsselt zum Anbieter übertragen werden und durch unbefugte Dritte nicht einsehbar sind. Inzwischen sind *https*-Seiten Standard, und der Google-Chrome-Browser kennzeichnet *http*-Seiten als unsicher.

Mehrere Webseiten in Tabs öffnen

Die Google-Chrome-App bietet die Möglichkeit, **gleichzeitig mehrere Webseiten** zu **öffnen**. Diese werden auf verschiedenen **Registerkarten** (auch als **Tabs** bezeichnet) angezeigt (siehe die folgende Abbildung).

- Tippen Sie beim Tablet am oberen Rand der App auf das Symbol (❶), wird ein **neuer Tab** (❷) angelegt. Tippen Sie dann im Adressfeld eine neue Webadresse ein, um die Webseite auf diesem Tab anzuzeigen.
- Tippen Sie auf die Registerkarte (❷) der einzelnen Tabs, um deren **Inhalt in** den **Vordergrund** zu **holen**.

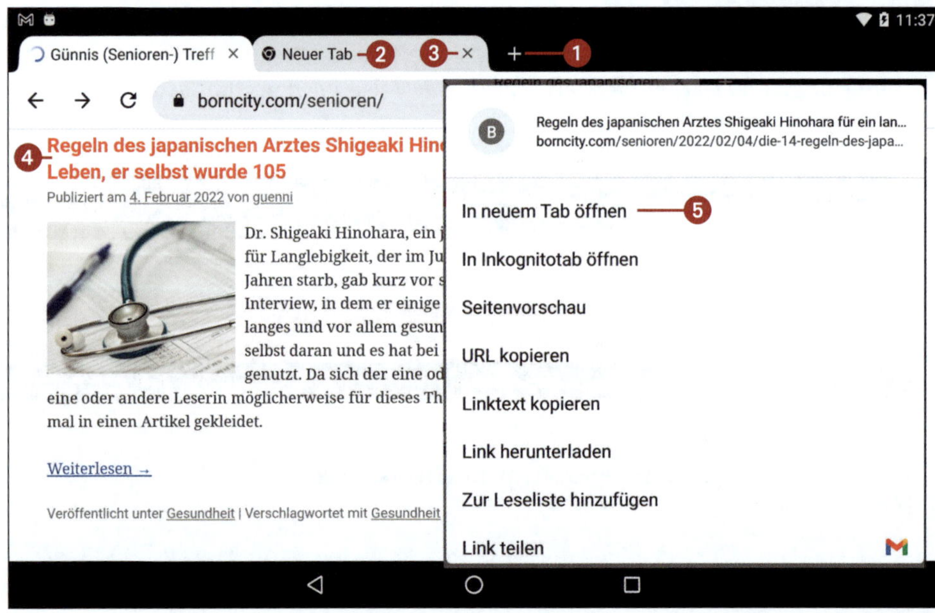

- Tippen Sie auf das am rechten Rand einer Registerkarte angezeigte Symbol x (3), um den **Tab** zu **schließen**.
- Drücken Sie den Finger etwas länger auf einen Hyperlink (4), öffnet sich ein Pop-up-Fenster. Über den Befehl *In neuem Tab öffnen* (5) wird die Folgeseite direkt auf einem neuen Tab (2) geöffnet.

Bei Smartphones zeigt das Kontextmenü der Chrome-App bei Links den Befehl *In neuem Tab in Gruppe öffnen*. Bei Anwahl des Befehls wird die Seite in einem Tab geöffnet und gleichzeitig mit anderen Seiten gruppiert.

- Für die gruppierten Tabs werden am unteren Rand kleine Kreise angezeigt. Fehlt die Leiste mit den Kreisen für die geöffneten Tabs, schieben Sie die Anzeige der geöffneten Seite nach unten, bis die Symbole eingeblendet werden.
- Tippen Sie auf einen Kreis, um die jeweilige Seite in die Anzeige zu holen. Über das Symbol *Tab schließen* im Kreis der aktuellen Tabseite wird diese geschlossen.

Auf einem Smartphone zeigt die Chrome-App auch keine Registerkarten an. Tippen Sie rechts neben dem Adressfeld auf das Viereck *Tabs einblenden*, in dem die Zahl der geöffneten Seiten angezeigt wird. Die Chrome-App zeigt dann die geöffneten Tabulatorseiten als Miniaturen in Einzeltabs oder Gruppentabs an.

- Tippen Sie auf die Miniatur einer Tabgruppe, um deren Darstellung mit den Einzeltabs einzublenden. Über *Zurück* gelangen Sie wieder zur vorherigen Darstellung.
- Tippen Sie auf die Miniatur eines Tabs, um die zugehörige Seite in der App anzuzeigen.
- Mit *Neuer Tab* legen Sie einen neuen Tab an. Über das Symbol *Tab schließen* beenden Sie einen Tab, mit *Gruppe schließen* beenden Sie alle geöffneten Tabs der Gruppe.

Über die drei Pünktchen öffnen Sie jeweils ein Menü mit Befehlen, um neue Tabs zu öffnen, alle Tabs zu schließen oder auf die Einstellungen zuzugreifen.

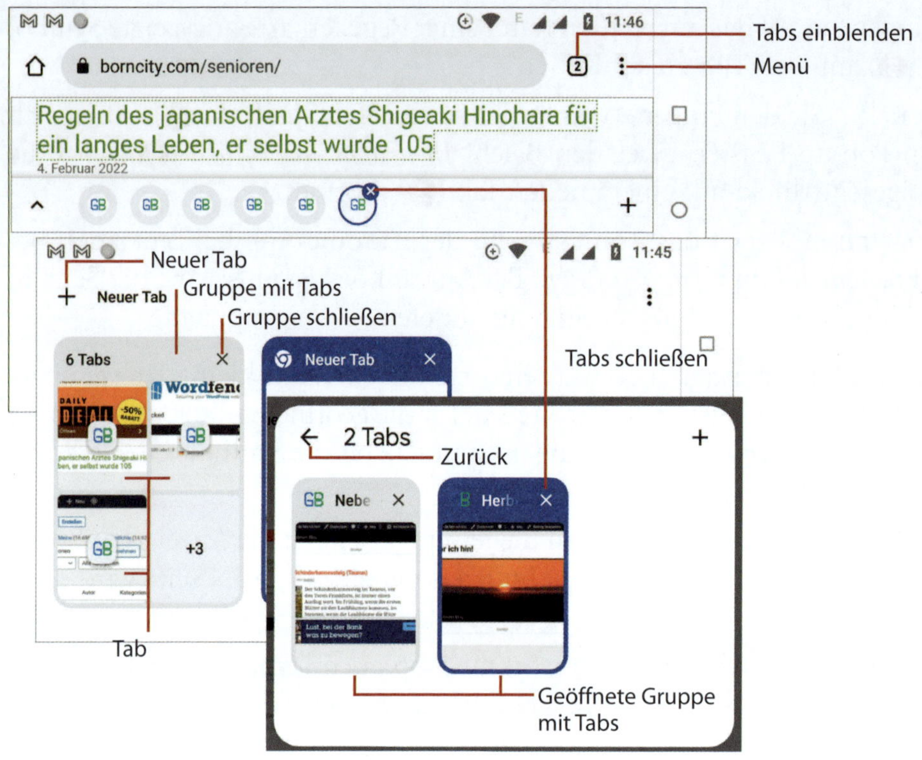

HINWEIS: Beachten Sie, dass es andere Browser-Apps wie etwa Vivaldi gibt, die geöffnete Seiten in Tabs darstellen. Ich nutze die Vivaldi-App ganz gern am Smartphone, weil sie akkuschonender als die Chrome-App ist. Die Bedienung der App weicht leicht von der der Chrome-App ab.

Beim Surfen können die Betreiber von Webseiten unter Umständen mitverfolgen, welche Angebote Sie sich ansehen und von welchen Seiten Sie gerade kommen. Um mehr Privatsphäre beim Surfen zu erzwingen, finden Sie im Pop-up-Fenster (sowie im nachfolgend gezeigten Menü) einen Befehl, um die **Webseite** in einem **Inkognito-Tab** zu **öffnen**. Inkognito-Tabs stellen sicher, dass Google Chrome Ihre besuchten Webseiten und Ihre Downloads nicht speichert.

Bei aktivem Inkognito-Modus wird ein stilisiertes Logo (Schlapphut mit Fernglas) in der App eingeblendet.

Geschlossene Tabs erneut öffnen

Haben Sie irrtümlich einen Tab geschlossen, tippen Sie auf die drei senkrechten Pünktchen (1) rechts neben dem Adressfeld. Dann öffnet sich ein **Menü der Chrome-App**, in dem Sie neben Befehlen zum Öffnen eines neuen Tabs im Normal- und Inkognito-Modus auch den Befehl *Zuletzt geöffnete Tabs* (2) wählen können.

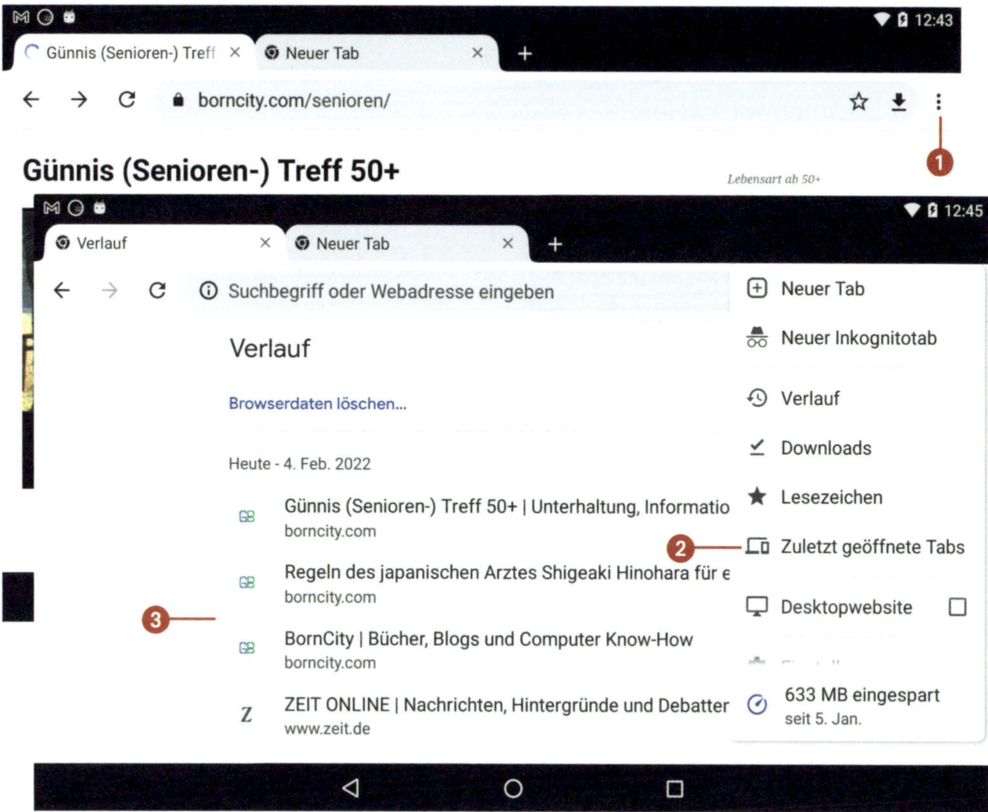

Daraufhin wird die Liste der zuletzt geschlossenen Webseiten eingeblendet (3). Tippen Sie auf einen Eintrag, um die geschlossene Webseite erneut in einem Tab anzuzeigen.

HINWEIS: Zur Desktopversion wechseln

Markieren Sie im geöffneten Menü den Befehl *Desktopwebsite*, verhält sich die Google-Chrome-App wie die Desktopversion des Google-Chrome-Browsers. Das ist beispielsweise hilfreich, wenn eine Webseite in der App nicht korrekt angezeigt werden kann.

Eingaben in Webformulare

Beim **Ausfüllen von Formularen** werden die Eingabewerte gespeichert. Besuchen Sie später Webseiten mit Formularen, greift Google Chrome Ihnen mit einer »Ausfüllhilfe« unter die Arme. Eine als **Autoausfüllen** bezeichnete Funktion schlägt passende Werte vor, sobald Sie ein Formularfeld anwählen und die ersten Zeichen eintippen.

Der Vorschlag lässt sich dann durch Antippen in das Formularfeld übernehmen.

ACHTUNG: Bei **Anmeldeformularen** werden Sie ggf. gefragt, ob die **Anmeldedaten** und eventuell das Passwort gespeichert werden sollen. Dann kann Google Chrome Sie künftig automatisch anmelden. Mein Rat: **Verzichten Sie** auf das **Speichern des Kennworts**, da sonst jeder, der das Gerät in die Finger bekommt, Zugriff auf das Anmeldekonto hat. Ob die Funktion zum Autoausfüllen verwendet wird, lässt sich in den Einstellungen der Chrome-App festlegen (siehe am Kapitelende den Abschnitt »Google-Chrome-Einstellungen anpassen«).

Suchen im Internet

Um Webseiten zu einem speziellen Thema zu finden, verwenden Sie die **Suche**. Die Suche lässt sich in Google Chrome ganz einfach durchführen:

1 Tippen Sie den Suchbegriff (z. B. »Mallorca«) zumindest teilweise über die Bildschirmtastatur in das Adressfeld (1) ein.

2 Anschließend wählen Sie einen der im geöffneten Fenster angegebenen Suchvorschläge (2) durch Antippen aus.

Bestätigen Sie das über die Eingabetaste der Bildschirmtastatur, listet Google Chrome die Treffer der Suche in einer Ergebnisseite auf.

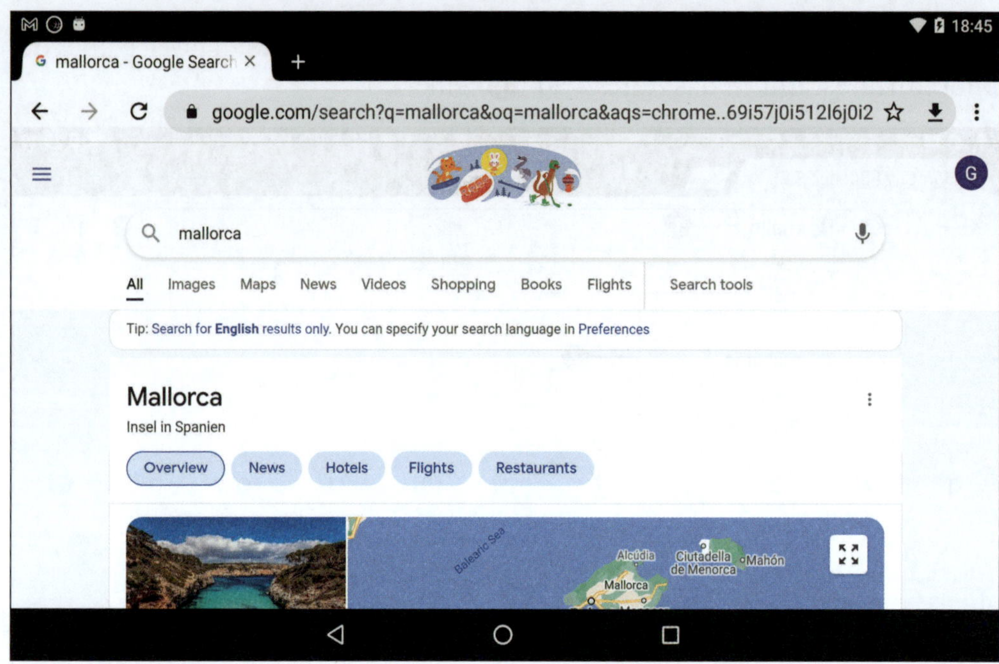

Als Suchmaschine ist standardmäßig Google voreingestellt. Google ermittelt dann alle Webseiten, in denen der Begriff vorkommt, und gibt diese in einer Ergebnisliste im Browser aus. Es genügt, den betreffenden Hyperlink in der Ergebnisseite anzutippen, um die Webseite abzurufen.

HINWEIS: Alternative Suchmaschinen verwenden

Sind Sie mit den Suchergebnissen nicht zufrieden, probieren Sie andere Begriffe aus oder verwenden eine zweite Suchmaschine. Rufen Sie über das Adressfeld beispielsweise die Webseite *www.bing.de* auf und geben Sie im Suchfeld den gewünschten Begriff ein. Möglicherweise gibt es dann weitere Treffer. Beachten Sie auch, dass die ersten Treffer der Liste meist Werbung beinhalten. Verwenden Sie die Suchseite *www.startpage.com* oder *www.qwant.com/?l=de*, wenn Sie Suchergebnisse aus mehreren Suchmaschinen sehen möchten.

Suchmaschine wechseln

Um die Suchmaschine generell zu wechseln, rufen Sie das App-Menü (1) auf (siehe den Abschnitt »Geschlossene Tabs erneut öffnen« weiter oben in diesem Kapitel) und wählen den Befehl *Einstellungen* (2). Blättern Sie ggf. durch Wischen mit dem Finger, um den Befehl in die Anzeige zu holen.

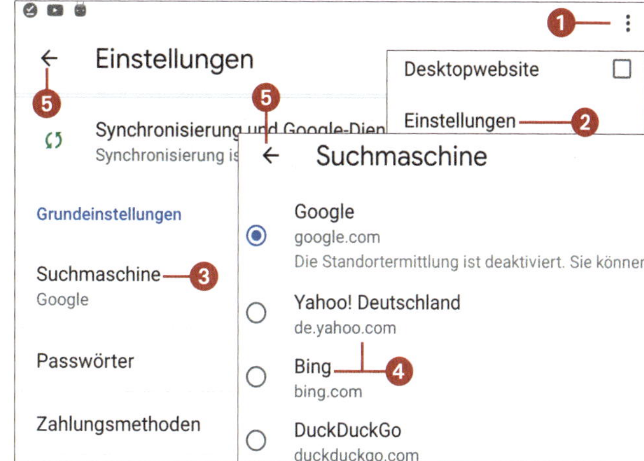

Tippen Sie unter *Einstellungen* auf den Befehl *Suchmaschine* (3) und wählen Sie auf der Seite *Suchmaschine* den gewünschten Eintrag (4) aus. Anschließend wechseln Sie über die *Zurück*-Schaltfläche (5) zur Browseransicht zurück. Der gewählte Anbieter ist dann als Standardsuchmaschine festgelegt.

Suchen in einer Webseite

Die Chrome-App unterstützt auch die Suche innerhalb der angezeigten Webseite. Hierzu führen Sie folgende Schritte aus:

1 Rufen Sie in Google Chrome die Webseite auf, innerhalb der gesucht werden soll.

2 Öffnen Sie das Menü (1) der App und tippen Sie auf den Befehl *Auf Seite suchen* (2).

3 Tippen Sie den Suchbegriff mittels der Bildschirmtastatur im eingeblendeten Suchfeld (**3**) ein.

Die App zeichnet die Treffer in der aktuell angezeigten Webseite farbig aus.

Verwenden Sie die Symbole (**4**) der Suchleiste, um zwischen den Treffern zu springen. Die Trefferzahl wird übrigens in der Suchleiste eingeblendet. Über das Symbol x (**5**) lässt sich die Suchleiste wieder ausblenden.

Surfen für Fortgeschrittene

In diesem Abschnitt stelle ich Ihnen noch einige spezielle Funktionen des Browsers vor. Das reicht vom Umgang mit Lesezeichen über den Download von Inhalten bis hin zum Zugriff auf die Einstellungen oder den Ausdruck einer Webseite.

Mit Lesezeichen arbeiten

Um häufig besuchte Webseiten jederzeit erneut abrufen zu können, lassen sich diese in eine Lesezeichenliste aufnehmen.

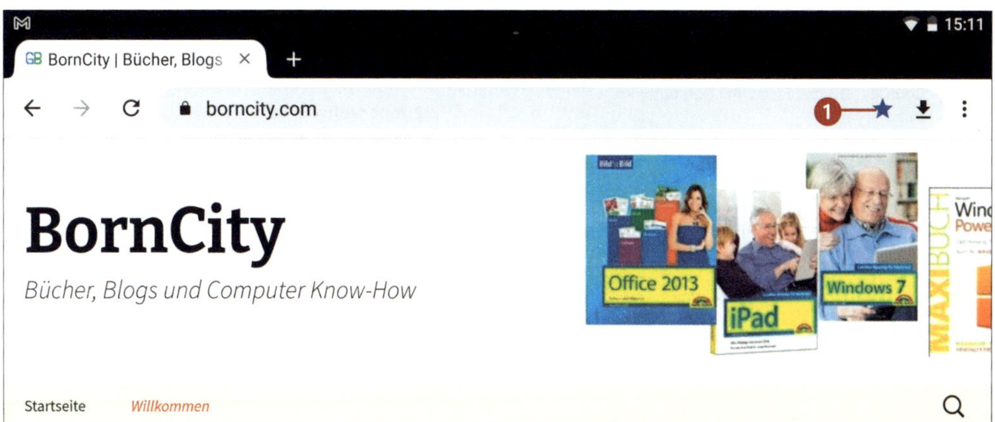

1 Rufen Sie die gewünschte Webseite in Google Chrome auf und tippen Sie auf das *Lesezeichen*-Symbol (1).

Der Chrome-Browser legt das Lesezeichen an und meldet dies in einer kurzzeitig eingeblendeten Leiste. Ist das Sternchen ausgefüllt, existiert das Lesezeichen bereits. Zur Kontrolle und zum Bearbeiten verwenden Sie folgende Schritte.

2 Tippen Sie in der rechten oberen Ecke der Chrome-App auf die drei Pünktchen (2) und wählen Sie im eingeblendeten Menü das Symbol für Lesezeichen (3).

3 Tippen Sie in der angezeigten Seite *Mobile Lesezeichen* auf die drei Pünktchen (4) eines Eintrags und wählen Sie im eingeblendeten Menü *Bearbeiten* (5).

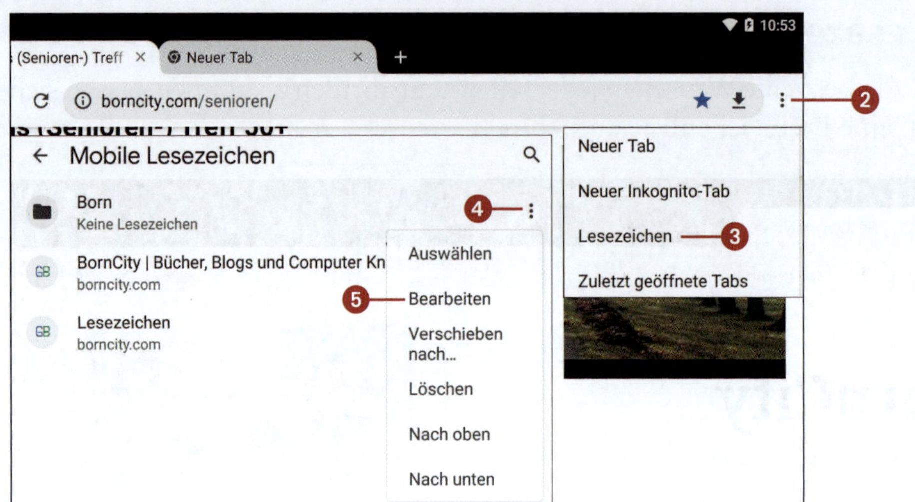

4 Kontrollieren Sie im angezeigten Pop-up-Fenster *Lesezeichen bearbeiten* die Felder *Name* (6) und *URL* (7).

Bei Bedarf tippen Sie auf die Textfelder und passen den Inhalt mittels der Bildschirmtastatur an (siehe auch Kapitel 2). Ein Lesezeichen löschen Sie über das angezeigte Symbol des Mülleimers (8).

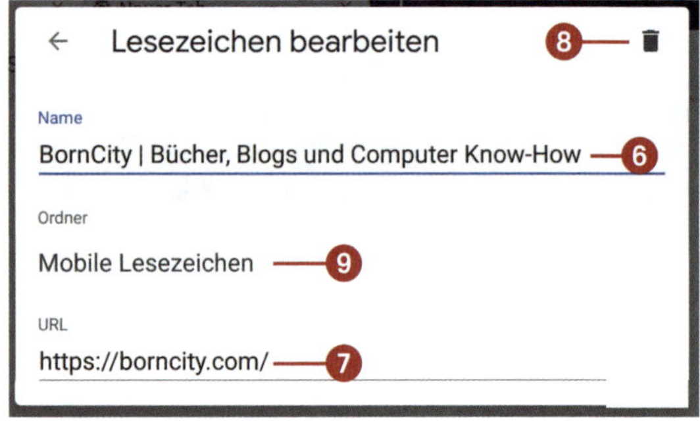

Bei sehr vielen Lesezeichen wird deren Verwaltung aber recht unübersichtlich. Google Chrome bietet Ihnen die Möglichkeit, Lesezeichen über Ordner in Gruppen abzulegen.

5 Sofern Sie dies möchten, tippen Sie vor dem Speichern des Lesezeichens auf den Befehl (9) im Feld *Ordner*.

6 Tippen Sie im Pop-up-Fenster *Ordner auswählen* auf einen der vordefinierten Ordner (10).

7 Möchten Sie einen eigenen Lesezeichenordner anlegen, tippen Sie auf *Neuer Ordner* (11).

8 Tippen Sie im Pop-up-Fenster *Ordner hinzufügen* auf das Feld *Name* (12) und geben Sie den Ordnernamen ein.

9 Um den neuen Ordner gezielt einzusortieren, wählen Sie optional im Feld *Ordner* das Zeichen (9) (siehe Abbildung auf der vorigen Seite) und im Pop-up-Fenster *Ordner hinzufügen* einen bestehenden Ordner (13).

Tippen Sie direkt auf *Speichern* (14), wird der neue Ordner unter »Mobile Lesezeichen« angelegt. Im Anschluss ist im Pop-up-Fenster *Lesezeichen hinzufügen* ebenfalls noch die *Speichern*-Schaltfläche ← anzutippen.

Der Browser legt das neue Lesezeichen an.

Lesezeichen abrufen

Beim Surfen können Sie über die folgenden Schritte (siehe die folgende Abbildung) **auf Lesezeichen zugreifen**:

1 Tippen Sie auf die drei Pünktchen (1), um das App-Menü zu öffnen, und wählen Sie den Befehl *Lesezeichen* (2).

2 Bei Bedarf wählen Sie über die angezeigte Lesezeichen-Hierarchie (3) einen der angezeigten Ordnern aus, indem Sie einfach die Einträge antippen.

3 Tippen Sie anschließend im Browserfenster auf das gewünschte Lesezeichen (4).

Dann wird die zugehörige Webseite im Browser aufgerufen und angezeigt.

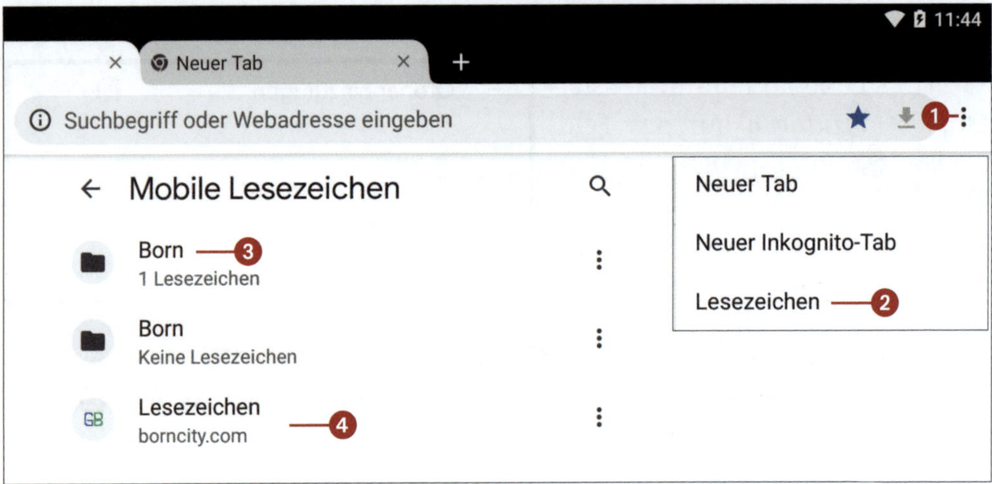

HINWEIS: Lesezeichen synchronisieren

Google Chrome besitzt die Möglichkeit, die **Lesezeichen** zu **synchronisieren**. Beim ersten Aufruf der App werden Sie gefragt, ob Sie sich am Google-Konto anmelden möchten. Nach dieser Anmeldung synchronisiert Google Chrome anschließend den Verlauf der besuchten Webseiten, die Lesezeichen etc. mit allen Chrome-Instanzen auf anderen Geräten, die ebenfalls an diesem Konto angemeldet sind.

Die Synchronisationseinstellung passen Sie an, indem Sie das App-Menü öffnen und den Befehl *Einstellungen* wählen. Auf der Seite *Einstellungen* tippen Sie auf *Synchonisierung aktivieren* und befolgen die angezeigten Schritte.

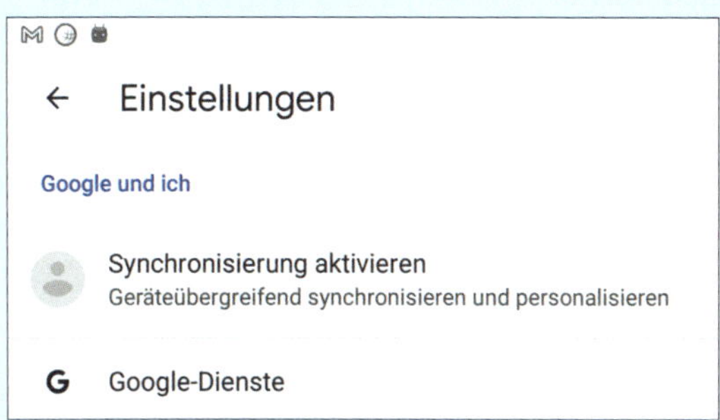

Wird statt der Option ein Eintrag für den Benutzer (z. B. *Als Günter fortfahren*) angezeigt? Durch Antippen gelangen Sie ebenfalls zur Seite mit den Optionen zum Einschalten der Synchronisierung. Ist die Synchronisierung aktiv? Dann tippen Sie auf den Eintrag mit dem Benutzerkonto. Durch Anwahl des Eintrags gelangen Sie zu einer Seite, auf der sich die Synchronisierung beenden lässt und der Nutzer abgemeldet werden kann.

Webseiten auf dem Startbildschirm merken

Nicht immer möchte man ein Lesezeichen definieren. Um eine besuchte Webseite temporär (z. B. zum späteren Lesen) aufzuheben, können Sie auch die folgenden Schritte ausführen:

1 Rufen Sie die gewünschte Webseite in Google Chrome auf und tippen Sie auf die drei Pünktchen für das App-Menü (1).

2 Wählen Sie im geöffneten App-Menü den Befehl *Zum Startbildschirm zufügen* (2). Je nach Webseite kann auch die Option *App installieren* als Befehl erscheinen.

3 Passen Sie im Pop-up-Fenster ggf. den Inhalt des Felds *Titel* (3) an und wählen Sie *HINZUFÜGEN* (4).

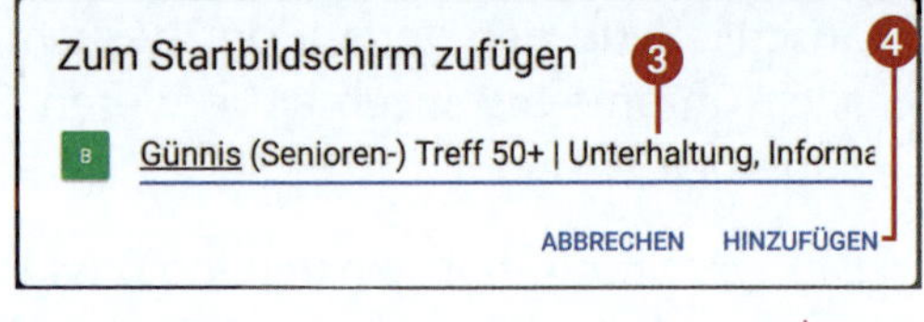

Die App legt daraufhin eine Verknüpfung auf dem Startbildschirm ab. Tippen Sie später diese Verknüpfung an, öffnet sich die Google-Chrome-App und zeigt die Webseite an.

> **HINWEIS:** Diese Verknüpfung auf eine Webseite können Sie wie jede andere Verknüpfung des Startbildschirms löschen (siehe in Kapitel 2 den Abschnitt »Apps anordnen und aufräumen«).

Den Verlauf besuchter Webseiten verwenden

Die Browser-App merkt sich im sogenannten Verlauf die Adressen der von Ihnen besuchten Webseiten. Haben Sie eine Webadresse vergessen und ist diese weder als Lesezeichen noch als Verknüpfung auf dem Startbildschirm festgelegt, können Sie im Verlauf nachsehen:

1 Tippen Sie auf die drei Pünktchen (1), um das App-Menü zu öffnen, und wählen Sie den Befehl *Verlauf* (2).

2 Warten Sie, bis der Browser die Seite *Verlauf* (3) mit der Verlaufsliste anzeigt, und tippen Sie auf den gewünschten Eintrag (4).

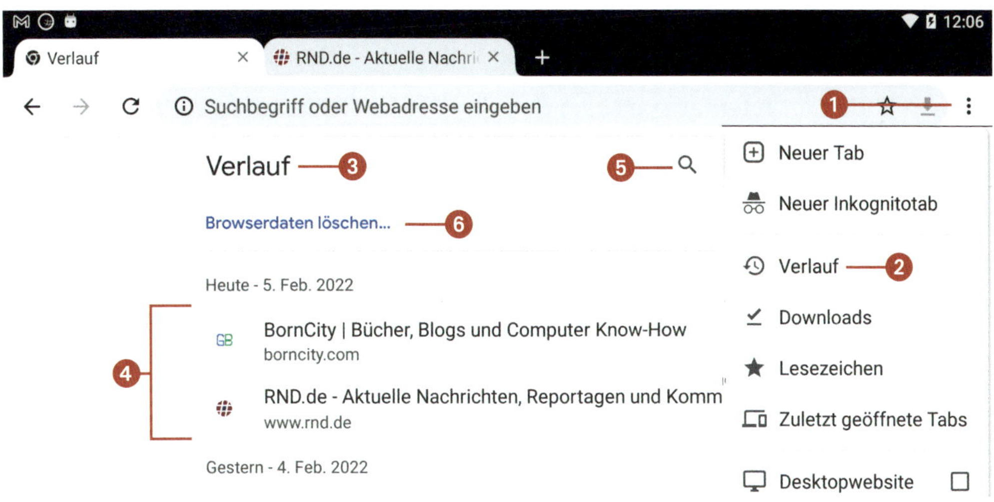

Bei Bedarf wischen Sie mit dem Finger in der Liste nach oben oder unten, um im Verlauf zu blättern. Tippen Sie auf das das Lupensymbol (5), lässt sich ein Suchbegriff per Bildschirmtastatur eingeben. Dann sucht die App nach entsprechenden Seitennamen im Verlauf. Bei Anwahl eines Verlaufseintrags wird die zugehörige Webseite im Browser geöffnet.

HINWEIS: Browserdaten löschen

Beim Surfen im Internet speichert Google Chrome neben dem Verlauf weitere Daten (Cookies, Eingaben in Textfelder etc.). Um diese gespeicherten Browserdaten zu löschen, rufen Sie die Seite *Verlauf* entsprechend den obigen Schritten auf. Tippen Sie auf *Browserdaten löschen* (6), erscheint diese Darstellung.

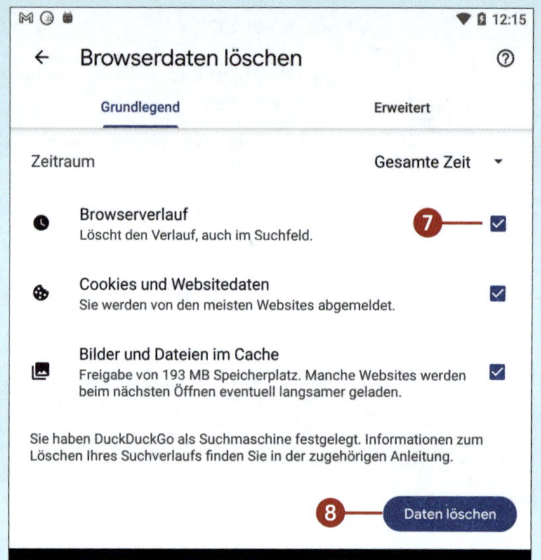

Tippen Sie bei Bedarf auf die Kontrollkästchen (7), um die gewünschte Option zum Löschen an- oder abzuwählen. Ein Häkchen signalisiert eine zu löschende Kategorie. Bestätigen Sie das Ganze über *Daten löschen* (8), werden die Browserdaten um die betreffenden Kategorien bereinigt. Dies ist hilfreich, wenn Dritte nicht sehen sollen, was Sie im Web abgerufen haben. In den Einstellungen der Google-Chrome-App finden Sie in der Kategorie *Datenschutz* eine Seite mit Optionen. Über diese Optionen können Sie vorgeben, ob Google Chrome Vorschläge bei fehlerhaften Webseitenadressen machen soll oder nicht.

Teilen von Webseiten mit anderen Apps

Google Chrome ermöglicht Ihnen, aufgerufene Webseiten »weiterzuleiten« oder mit anderen Apps zu teilen. Sie können beispielsweise den Link zur Webseite per Mail versenden oder in eine andere App übertragen.

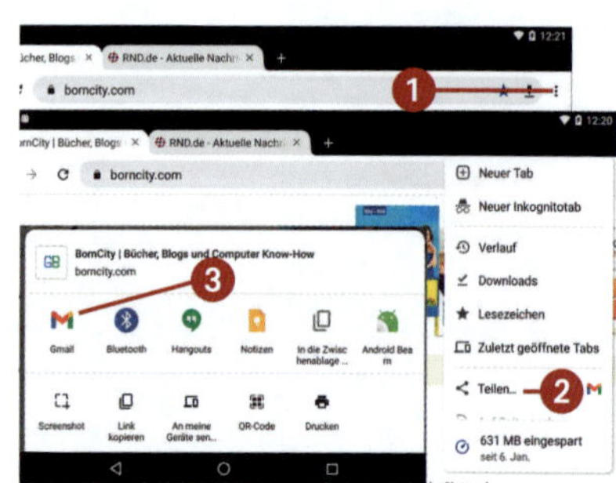

1 Tippen Sie auf das Symbol für das App-Menü (1) und wählen Sie den *Teilen*-Befehl (2) an.

2 Die Browser-App blendet daraufhin ein Pop-up-Fenster ein, in dem Sie die gewünschte App zum Teilen (3) antippen.

Anschließend öffnet sich die gewählte App, und die Webadresse (URL) der im Browser geöffneten Seiten kann weiter verarbeitet werden. Bei Anwahl der Gmail-App öffnet sich z. B. das Formular zum Verfassen einer neuen E-Mail. Die Webadresse der in Google Chrome geöffneten Webseite ist dann bereits im Nachrichtenfeld eingefügt.

Dateien aus dem Internet herunterladen

In Google Chrome lassen sich auch **Dokumente** im PDF-Format oder beliebige andere Dateien **aus** dem **Internet herunterladen** (**downloaden**). Zum Testen gibt es auf meiner Homepage eine Downloadseite unter *www.borncity.de/Test/*.

1 Es reicht, den betreffenden Hyperlink (1) zum Download anzutippen.

2 Tippen Sie im angezeigten Pop-up-Fenster (2) auf *Öffnen*.

Der Download der Datei wird kurzzeitig im Statusbereich angezeigt (3), und Android speichert die heruntergeladenen Dateien im Ordner *Download*. Zum **Öffnen des Downloads** können Sie anschließend die folgenden zusätzlichen Schritte durchführen.

3 Wischen Sie im Statusbereich (3) nach unten und tippen Sie auf die Benachrichtigung des Downloads.

Dies bewirkt, dass die heruntergeladene Datei in der gewählten App geöffnet wird. Das setzt voraus, dass eine passende App zum Öffnen vorhanden ist und ggf. beim ersten Öffnen ausgewählt wurde.

HINWEIS: Alternativ rufen Sie einen Datei-Manager auf, navigieren zum Ordner *Download* und öffnen die heruntergeladene Datei durch Antippen in einer anderen App. Dies klappt auch, wenn die Benachrichtigung über den Download im Status-/Benachrichtigungsbereich gelöscht wurde.

Bilder speichern

In Google Chrome ist es möglich, Bilder aus Webseiten zu speichern. Dazu genügt es, den Finger etwas länger auf das Bild (1) zu drücken. Beim Loslassen erscheint ein Fenster, in dem Sie den Befehl *Bild herunterladen* (2) wählen.

Google Chrome legt das Foto im Ordner *Download* ab. Die Bilder können anschließend in einer Datei-Manager-App angewählt und mittels einer Foto-App angezeigt werden.

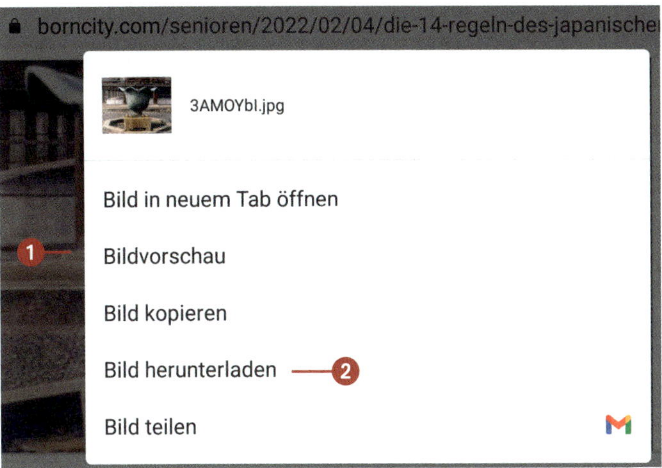

ACHTUNG: Beachten Sie beim Verwenden von Bildern aus dem Web das Copyright des betreffenden Rechteinhabers.

Google-Chrome-Einstellungen anpassen

Benötigen Sie **Zugriff auf** die **Einstellungen** von **Google Chrome**? Dann gehen Sie folgendermaßen vor:

1 Tippen Sie auf die drei Pünktchen (1), um das App-Menü zu öffnen, und wählen Sie den Befehl *Einstellungen* (2).

2 Sie gelangen dann zur Detailseite mit den zugehörigen Einstellungen (3), auf der Sie eine der Kategorien auswählen.

Über Bedienelemente wie Schiebeschalter lassen sich dann Optionen aktivieren oder abwählen. Wischen Sie mit dem Finger, um innerhalb der Liste mit den Einstellungskategorien nach oben oder unten zu blättern.

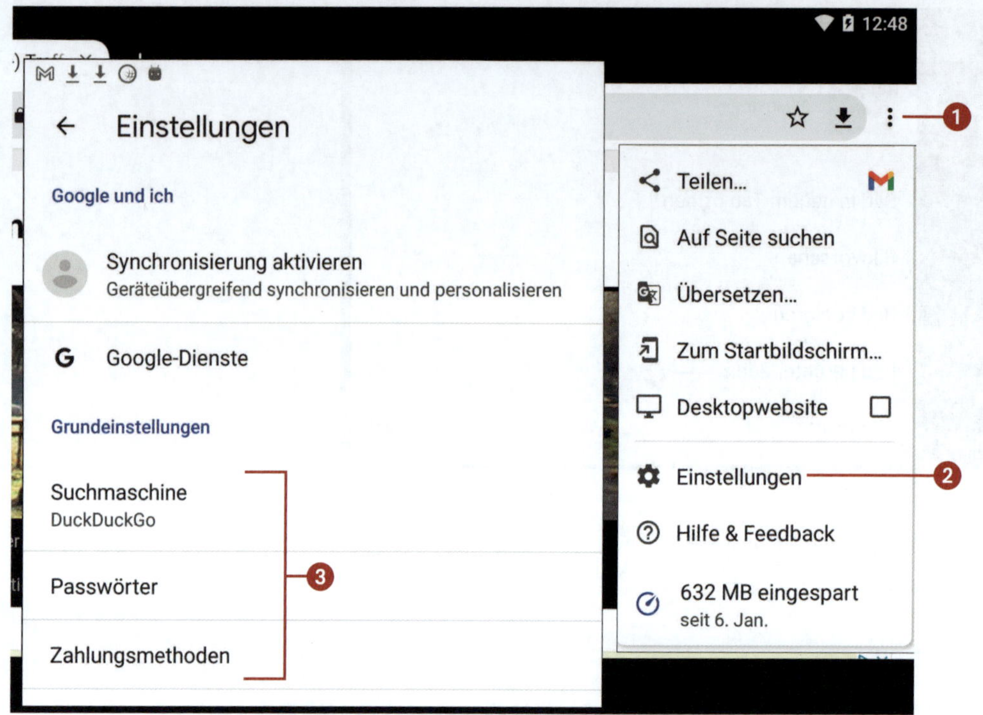

- Über die Kategorie *Suchmaschine* öffnen Sie eine Zusatzseite zur Auswahl der Suchmaschine (z. B. Google, Bing, Yahoo).
- Unter *Zahlungsmethoden* sowie *Passwörter* legen Sie fest, ob Google Chrome in Formularfeldern Namen und Passwörter per Autoausfüllen eintragen und speichern darf. Auf der Seite *Passwörter* finden Sie auch eine Liste der Webseiten, für die keine Kennwörter gespeichert werden sollen.
- In der Kategorie *Datenschutz* finden Sie Optionen, um das Überwachen (das sogenannte Tracking) beim Surfen zu verbieten oder Such- und URL-Vorschläge ein-/auszuschalten.
- Die Kategorie *Website-Einstellungen* ermöglicht Ihnen beispielsweise, festzulegen, ob sogenannte **Cookies** gespeichert, **Kamera** und **Mikrofon** verwendet werden oder **JavaScript** ausgeführt wird.

Die Einstellungen sind mehr oder weniger intuitiv. Falls Sie die Bedeutung einer Einstellung nicht kennen, belassen Sie es bei der Voreinstellung.

HINWEIS: Das Sperren der Cookie-Annahme führt dazu, dass viele Webseiten, speziell Onlineshops, nicht mehr korrekt funktionieren, da Anmeldeinformationen nicht mehr gespeichert werden können. Ähnliches gilt, falls Sie die Ausführung von JavaScript abschalten. In aktuellen Android-Versionen (mit Ausnahme der Dolphin-Browser-App) wird Flash als Anzeigetechnik aus Sicherheitsgründen nicht mehr unterstützt. Aus Sicherheitsgründen sollten Sie Flash, falls vorhanden, nicht mehr verwenden.

In diesem Kapitel haben Sie die Grundlagen zum Surfen im Web und zum Arbeiten mit dem Google-Chrome-Browser unter Android kennengelernt. Mit diesem Wissen können Sie im Web surfen und Webseiten ansehen. Im nächsten Kapitel lernen Sie die Mail-App kennen.

4

E-Mail

Das lernen Sie in diesem Kapitel:

- Einführung in die Gmail-App
- Arbeiten mit der Gmail-App

Mit einem Android-Smartphone oder Tablet-PC können Sie bequem Ihre E-Mails abrufen, lesen und auch eigene Nachrichten verfassen und versenden. Alles, was Sie dazu brauchen, ist ein Internetzugang entweder per Mobilfunk oder über ein WLAN. Die benötigte E-Mail-App *Gmail* ist in Android immer dabei. Wie Sie E-Mail-Konten einrichten, wie die App funktioniert und was es sonst über den Austausch von E-Mails zu wissen gibt, erfahren Sie in diesem Kapitel.

Einführung in die Gmail-App

Zum Abrufen, Lesen, Bearbeiten und Beantworten von E-Mails steht in Android die Gmail-App zur Verfügung. Der folgende Abschnitt beschreibt, wie Sie die App aufrufen und einrichten. Außerdem erhalten Sie einen grundlegenden Überblick über die Funktionen der App.

Grundlagen zur Gmail-App

Die Gmail-App wird über ein Symbol der Favoritenleiste oder über *Alle Apps* aufgerufen und ermöglicht Ihnen den Zugriff auf verschiedene (eingerichtete) Postfächer bei unterschiedlichen E-Mail-Anbietern.

Die App zeigt standardmäßig die Seite mit dem Postfach und den E-Mails:

- In der linken Spalte (❶) des Mail-Fensters finden Sie Symbole, um abhängig vom Konto auf Kategorien (*E-Mail-Konto* etc.) zuzugreifen
- In einer zweiten Spalte (❷) werden die im Postfach eingegangenen E-Mails in einer **Nachrichtenliste** angezeigt.
- Tippen Sie den Eintrag einer Nachricht an (❷), wird diese in der Nachrichtenliste farbig markiert. Gleichzeitig wird der Inhalt der Nachricht im rechten Teil des Bildschirms (❸) angezeigt.

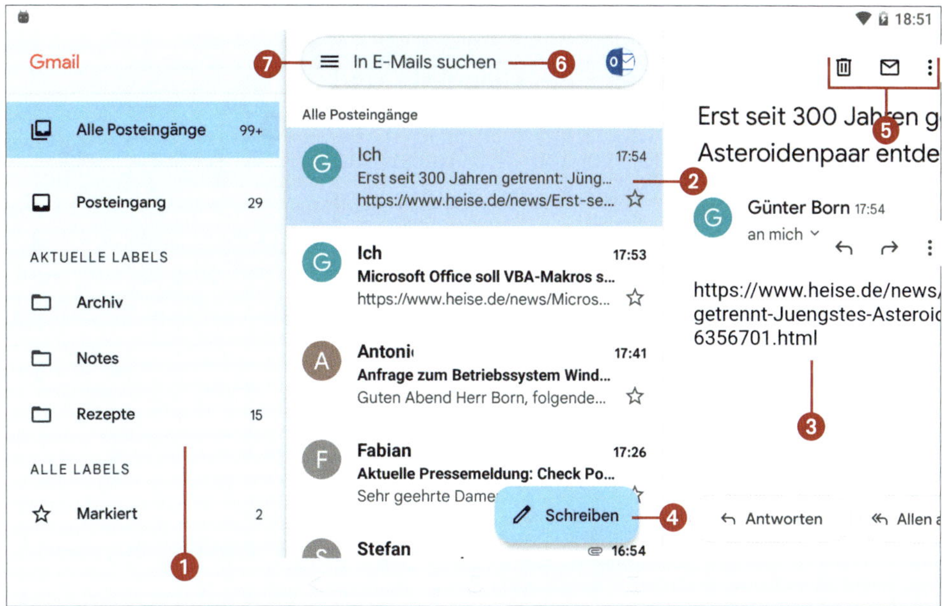

- Das in der Nachrichtenliste sichtbare Symbol (4) ermöglicht Ihnen, eine neue Nachricht (E-Mail) zu verfassen. Im Kopfbereich der App finden Sie eine **Leiste mit Symbolen** (5) zum Löschen, Kennzeichnen, Verwalten von Nachrichten.
- Oberhalb der Nachrichtenliste befindet sich das *Suchen*-Feld (6). Tippen Sie einen Ausdruck in das Feld ein, um im Postfach nach entsprechenden **Nachrichten** zu **suchen**.

Über das Burger-Menü (7) lässt sich die linke Spalte (1) erweitern und wieder zu Symbolen reduzieren. Oder Sie ziehen die Spalte durch Wischen breiter.

HINWEIS: Von Drittherstellern gibt es weitere E-Mail-Apps (z. B. eine Outlook-App von Microsoft). Diese werden aber aus Platzgründen im Buch nicht behandelt.

E-Mail-Konten einrichten

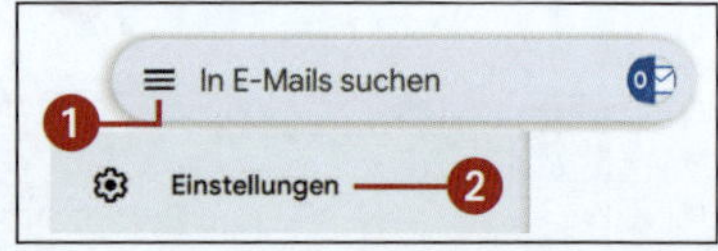

Um in der **Gmail-App** auf bestehende E-Mail-Konten zuzugreifen, sind diese einmalig in der App einzurichten. Dabei werden die Zugangsdaten zum jeweiligen **E-Mail-Konto in die App eingetragen**. Das Google-Konto, das Sie für Android eingerichtet haben, sollte bereits standardmäßig in der Mail-App vorhanden und eingerichtet sein. Um ein neues E-Mail-Konto zur App hinzuzufügen oder Optionen einzusehen, gehen Sie folgendermaßen vor:

1 Rufen Sie die Gmail-App auf (siehe den vorherigen Abschnitt) und tippen Sie auf das Symbol des Burger-Menüs (❶).

2 Tippen Sie in der linken Spalte des Menüs auf den Befehl *Einstellungen* (❷).

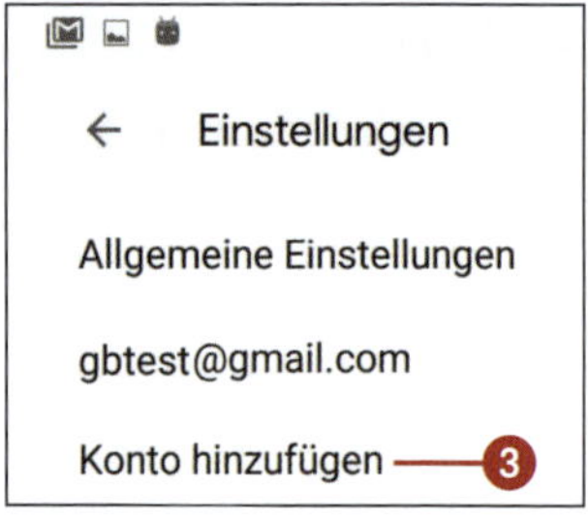

Gegebenenfalls wischen Sie mit dem Finger im Menü, um den Befehl anzeigen zu lassen. Die Seite *Einstellungen* zeigt Ihnen, welche E-Mail-Konten bereits eingerichtet sind (hier *gbtest@gmail.com*). Durch Antippen der Befehle können Sie allgemeine Einstellungen sowie die Einstellungen für ein bereits existierendes E-Mail-Konto anpassen oder ein Konto neu hinzufügen.

3 Tippen Sie in der linken Spalte des Menüs auf den Befehl *Konto hinzufügen* (❸).

Jetzt erscheint eine Seite, in der Sie festlegen, welche Art des E-Mail-Zugangs Sie einrichten möchten. Besitzen Sie ein Konto bei Google, tippen Sie auf den Google-Eintrag. Andernfalls wählen Sie einen der anderen genannten E-Mail-Anbieter aus der Liste. Bei Bedarf lässt sich in der Liste per Finger nach oben oder unten blättern. Die Postfächer nicht in der Liste aufgeführter Anbieter lassen sich über die Option *Sonstige* einbinden. Die Option *Exchange und Office 365* dürfte nur in Firmenumgebungen von Bedeutung sein und bleibt in diesem Buch ausgespart.

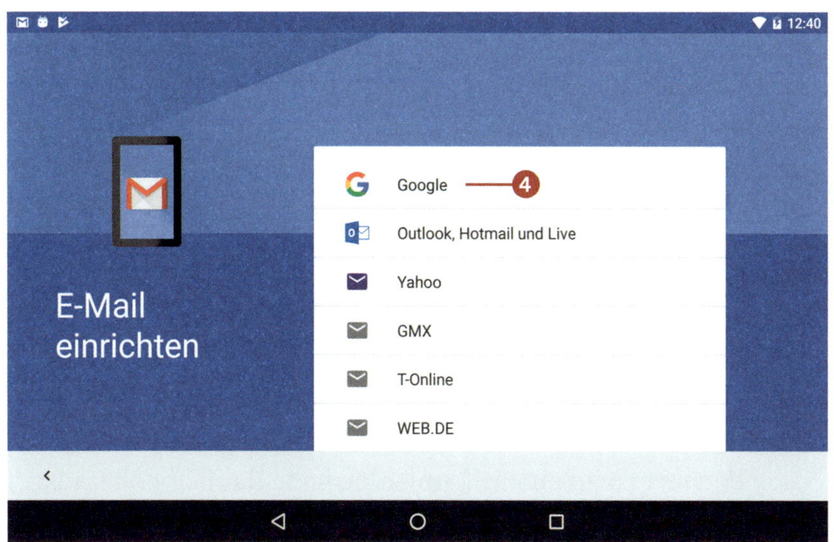

4 Tippen Sie in der Liste der unterstützten Kontotypen auf den Eintrag des gewünschten Anbieters (4).

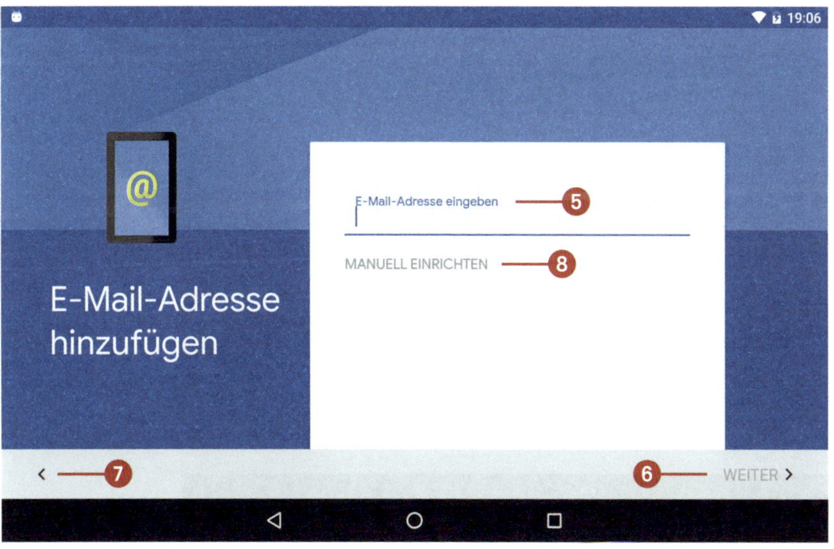

5 Tragen Sie anschließend die E-Mail-Adresse des E-Mail-Kontos sowie das zugehörige Kennwort in den angezeigten Formularen ein.

Im ersten Formular wird die E-Mail-Adresse (5) abgefragt. Über *Weiter* (6) gelangen Sie dann zur Seite für die Kennworteingabe. Über die *Zurück*-Schaltfläche (7) können Sie jederzeit einen Einrichtungsschritt zurückgehen.

Im Idealfall klappt die Einrichtung des E-Mail-Kontos durch Eingabe der E-Mail-Adresse und des zugehörigen Kennworts. Bei Gmail-Konten und bei Microsoft Outlook.com ist dies der Fall.

Verwenden Sie aber ein E-Mail-Konto bei Anbietern wie Web.de, GMX etc., scheitern Sie bei der Einrichtung vermutlich an der Meldung, dass das **Kennwort falsch** sei. Ich dachte erst an einem Tippfehler, habe dann aber herausgefunden, wie man anhand der folgenden Schritte trotzdem zum Erfolg kommt:

1 Klappt das automatische Einrichten nicht, wählen Sie in obigem Formular nach Eingabe der E-Mail-Adresse den Eintrag *Manuell einrichten* (8).

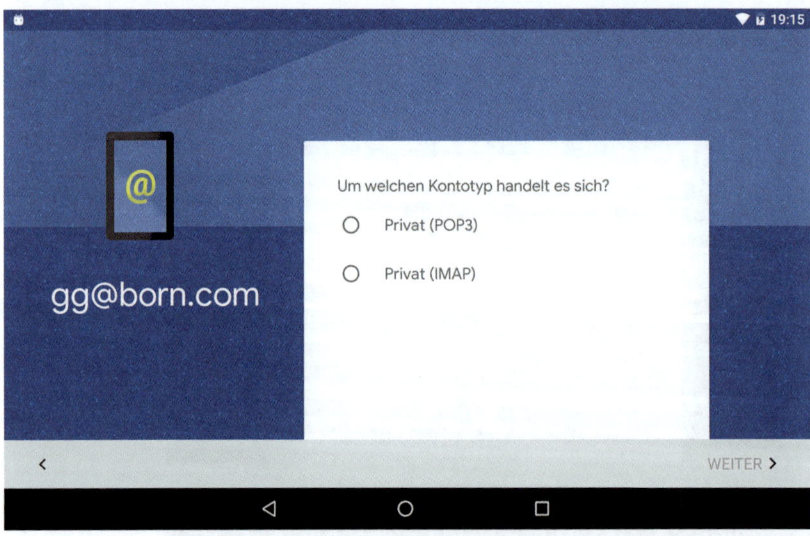

2 Tippen Sie auf der Seite *Um welchen Kontotyp handelt es sich?* den gewünschten Eintrag an (meist *Privat (IMAP)* und bestätigen Sie anschließend mit *Weiter*.

3 Tippen Sie im nächsten Formular *Einstellungen des Eingangsservers* das zum E-Mail-Konto zugehörende Kennwort ein (9) und bestätigen Sie anschließend mit *Weiter*.

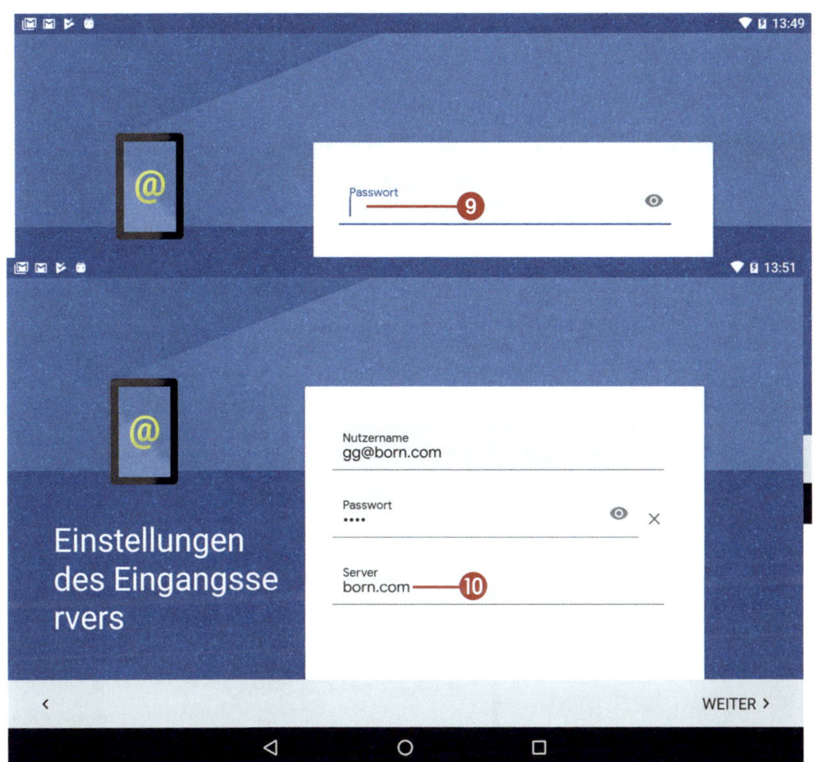

4 Korrigieren Sie im nächsten Formular die Anmeldedaten des betreffenden Eingangsservers (10) (siehe hierzu auch den Hinweis auf Seite 129) und tippen Sie danach auf *Weiter*.

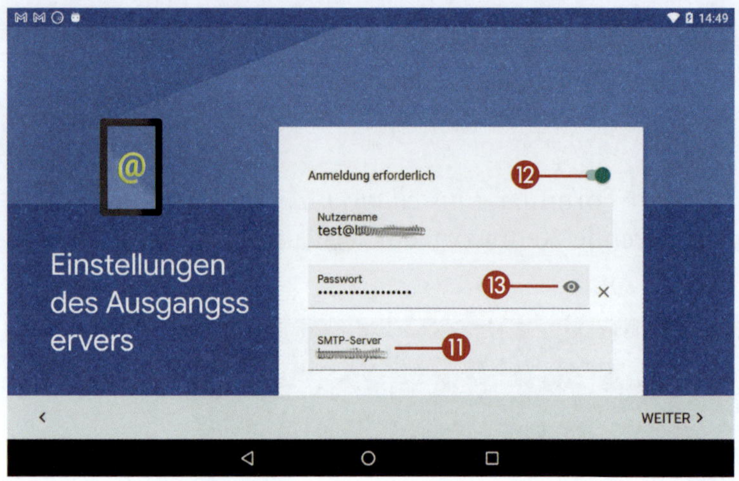

5 Korrigieren Sie im Formular *Einstellungen des Ausgangsservers* die Anmeldedaten des betreffenden Servers (⓫) und tippen Sie erneut auf *Weiter*.

Über den Schiebeschalter *Anmeldung erforderlich* (⓬) lässt sich steuern, ob der Ausgangsserver getrennte Anmeldedaten verwendet oder die Anmeldung im Eingangsservers verwenden soll. Die Option ist in den meisten Fällen auf *Ein* zu belassen. Über das Symbol (⓭) lässt sich ein mit Pünktchen verstecktes Kennwort anzeigen.

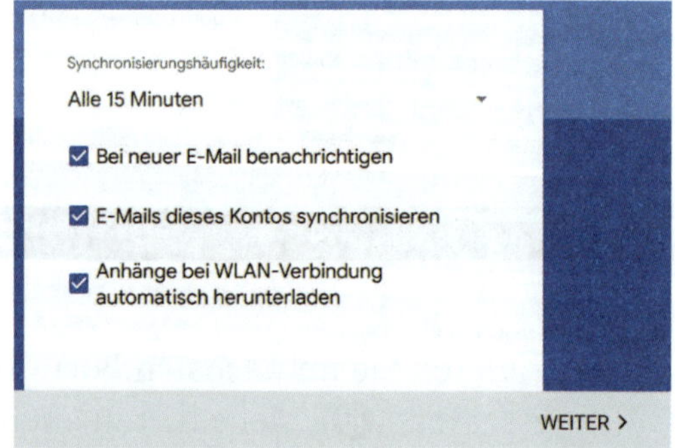

6 Passen Sie in der Seite *Synchronisierungshäufigkeit* ggf. die Markierung der Kontrollkästchen und den Wert des Listenfelds an und tippen Sie erneut auf *Weiter*.

Durch Antippen des **Kontrollkästchens** (Viereck mit blauer Füllung) kann die Option gesetzt oder abgewählt werden. Über das kleine Dreieck des **Listenfelds** lässt sich eine Liste öffnen, in der Sie das Zeitintervall für die Abrufe der Nachrichten bestimmen.

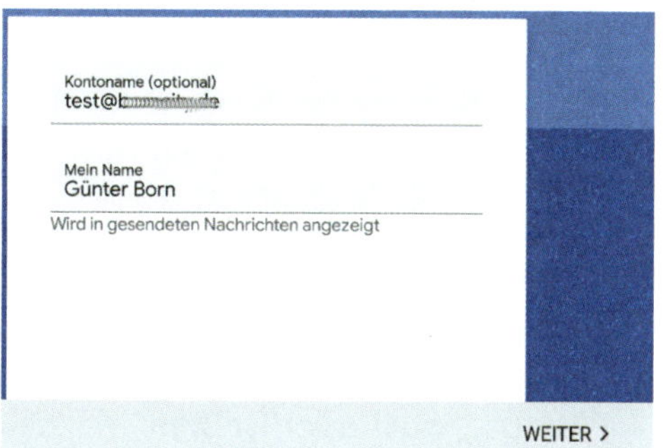

Sobald die Meldung kommt, dass das Konto eingerichtet ist, tippen Sie so lange auf *Weiter*, bis die Seite mit den Einstellungen wieder zu sehen ist. Dort sollten dann alle eingerichteten Konten sichtbar sein.

Sie können dann über die *Zurück*-Schaltfläche zur Anzeige der Gmail-App mit den Postfächern zurückkehren, mit dem Befehl *Konto hinzufügen* ein weiteres Konto anlegen oder über *Allgemeine Einstellungen* auf die Einstellungsseite zugreifen (siehe den folgenden Abschnitt).

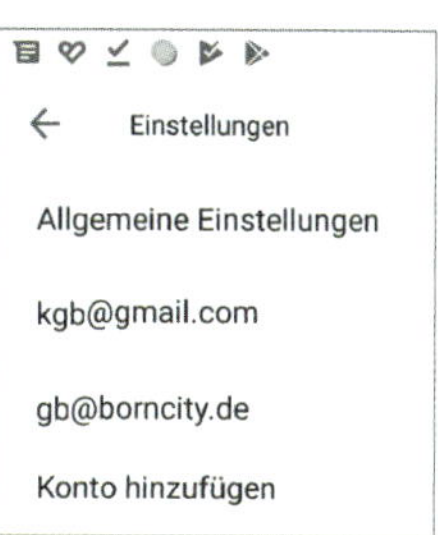

HINWEIS: Nützliche Informationen zum Einrichten von Konten

Ist der Gmail-App der Anbieter Ihres E-Mail-Kontos nicht bekannt, müssen Sie ggf. die Anmeldedaten für das Postfach manuell festlegen. Dann werden der Typ des E-Mail-Servers und die Serverdaten abgefragt.

HINWEIS: E-Mails können über die Protokolle IMAP oder POP3 abgeholt sowie über SMTP versandt werden. Kennt die Gmail-App den Anbieter, werden die benötigten Serveradressen korrekt in den Einrichtungsseiten angegeben. Zwischenzeitlich unterstützt die App auch deutsche E-Mail-Anbieter wie Web.de oder GMX. Je nach E-Mail-Konto ermittelt die App Serveradressen aus der eingetragenen E-Mail-Adresse fehlerhaft (also aus *gb@web.de* wird dann die Serveradresse *web.de*). Für Web.de müsste beim Posteingangsserver bei POP3 die Adresse *pop3.web.de* und bei IMAP *imap.web.de* angegeben werden. Beim Postausgangsserver ist statt *web.de* die Adresse *smtp.web.de* im betreffenden Textfeld mit der Serveradresse einzugeben. Beim Anbieter GMX werden dagegen Adressen der Art *pop.gmx.net* (POP3-Posteingangsserver), *imap.gmx.net* (IMAP-Server) und *mail.gmx.net* (Postausgangsserver) verwendet. Schauen Sie ggf. auf den Webseiten der E-Mail-Anbieter nach. Dort sind die Serveradressen in der Regel angegeben.

Kontoeinstellungen einsehen und ändern

Möchten Sie **Kontoeinstellungen** einsehen oder **ändern**, gehen Sie zu *Einstellungen* (siehe vorherige Seiten) und tippen auf den Eintrag für das Konto (1). Dann lassen sich der Kontoname oder die Synchronisationseinstellungen in der Seite *Einstellungen* (2) ändern. Die angezeigten Felder hängen dabei von der Art des gewählten E-Mail-Kontos ab. Hier einige Hinweise:

- Tippen Sie auf das ggf. angezeigte Feld *Kontoname* oder *Mein Name*, um im eingeblendeten Feld die beiden Werte anzupassen.
- Im Feld *Signatur* tragen Sie bei Bedarf einen Text ein, der unterhalb jeder verschickten E-Mail eingefügt wird. Man kann dort z. B. seinen Namen, einen Gruß etc. ablegen. Ich füge dort die Adresse meiner Webseiten ein.
- Wählen Sie das Feld *Synchronisierungshäufigkeit* (sofern angezeigt), öffnet sich ein Pop-up-Fenster, in dem Sie über Optionsfelder festlegen, wie häufig die Mails vom Server abgeholt werden (*Nie*, *15 Minuten* etc.).

- Über die Option *Anhänge herunterladen* steuern Sie, wie Gmail mit Anhängen in E-Mails umgehen soll. Markieren Sie das Kontrollkästchen, lädt Gmail die Nachricht samt Anhang vom E-Mail-Server herunter. Ich persönlich deaktiviere diese Option, um im Mobilfunkbetrieb mein Datenkontingent zu schonen.
- In der Kategorie *Servereinstellungen* können Sie auf die Einträge für eingehende und ausgehende Nachrichten tippen. Dann öffnet sich eine Seite, über die Sie die Zugangsdaten für den betreffenden Server einsehen und ändern können.

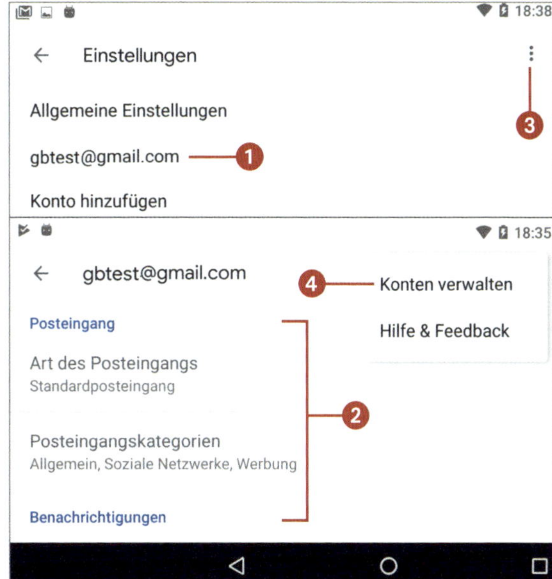

Über die drei Pünktchen (3) in der rechten oberen Ecke der App öffnen Sie bei Bedarf ein Menü (4), über das Sie auf den Befehl zur Kontoverwaltung (in den Android-Einstellungsseiten) zugreifen können.

E-Mail-Konto löschen

Das Löschen eines kompletten E-Mail-Kontos ist in Android etwas trickreich. Generell ist das Löschen nur für in der Gmail-App festgelegte Zusatzkonten möglich. Das Google-Hauptkonto bleibt dagegen immer erhalten. Um auf die Funktionen zum Löschen eines zusätzlichen E-Mail-Kontos zuzugreifen, haben Sie zwei Möglichkeiten:

- Tippen Sie in der E-Mail-App unter *Einstellungen* in der rechten oberen Ecke auf die drei Pünktchen (3) und wählen Sie im Menü (4) den Befehl *Konten verwalten* (siehe vorherige Abbildung). Bestätigen Sie im Pop-up-Fenster den Befehl *WEITER*.
- Gehen Sie über den Startbildschirm zu *Alle Apps* und wählen Sie die App *Einstellungen*.

Sobald die Android-Seite *Einstellungen* aus der obigen Abbildung sichtbar wird, führen Sie folgende Schritte aus:

1 Rufen Sie auf der Seite *Einstellungen* den Befehl *(Nutzer und) Konten* (1) auf und wählen Sie auf der Folgeseite *(Nutzer und) Konten* den Eintrag *Privat (IMAP)* oder *Privat (POP3)* (2).

2 Sie gelangen dann zur Android-Einstellungenseite *Privat (IMAP)* oder *Privat (POP3)*, auf der Sie ggf. auf das E-Mail-Konto (3) tippen.

Jetzt sollte die Seite *Synchronisierung* mit der E-Mail-Adresse (4) angezeigt werden.

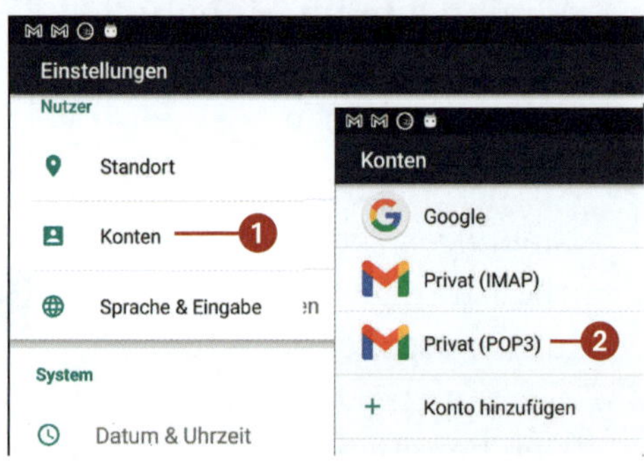

3 Tippen Sie ggf. in der rechten oberen Ecke auf die drei Pünktchen (5) und wählen Sie im eingeblendeten Menü den Befehl *Konto entfernen* (6) oder wählen Sie direkt die angezeigte gleichnamige Schaltfläche.

Dieser Schritt ist in einem eingeblendeten Pop-up-Fenster *Konto entfernen?* über *Konto Entfernen* zu bestätigen. Anschließend wird das Konto aus der Gmail-App ausgetragen. Beachten Sie, dass die Schritte geringfügig abweichen können, abhängig von der Android-Version und ob Sie ein Smartphone verwenden.

HINWEIS: Kleine Wiederholung: In der linken oberen Ecke weisen die meisten Apps einen nach links zeigenden Pfeil auf. Tippen Sie auf den Pfeil, um in den Einstellungsseiten jeweils einen Schritt zurückzugehen. Um zwischen den Android-Einstellungen und der Gmail-App zu wechseln, verwenden Sie die *Startbildschirm*-Schaltfläche.

Gmail-Einstellungen anpassen

Um die allgemeinen Einstellungen der Gmail-App einzusehen oder zu verändern, rufen Sie die Seite *Einstellungen* der App über das Burger-Menü auf (siehe die vorhergehenden Abschnitte).

Tippen Sie im Fenster *Einstellungen* auf den Befehl *Allgemeine Einstellungen* (1). Anschließend können Sie über die Seite *Allgemeine Einstellungen* die gezeigten Optionen (2) anpassen. Hierzu tippen Sie auf die jeweiligen Kontrollkästchen, um die blaue Markierung mit dem Häkchen zu setzen oder zu entfernen.

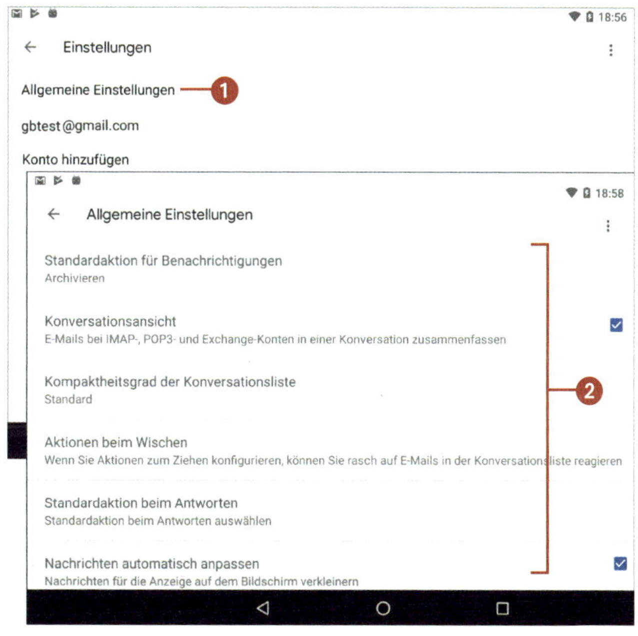

HINWEIS: Unterschiede zwischen Optionsfeldern und Kontrollkästchen

Bei einem **Kontrollkästchen** zeigt ein Häkchen, dass die Option aktiviert ist. Bei einem Optionsfeld ist dagegen der Punkt farbig gefüllt. Bei **Optionsfeldern** lässt sich immer nur eine Option aus einer Gruppe markieren, während bei Kontrollkästchen beliebige Optionen der Gruppe markiert werden können.

Arbeiten mit der Gmail-App

Sobald E-Mail-Konten in die Gmail-App eingetragen sind, können Sie diese nutzen, um E-Mails auszutauschen. In diesem Abschnitt erfahren Sie alles, was zum Umgang mit E-Mails in der Gmail-App erforderlich ist.

E-Mails lesen und verwalten

Die Funktionen zum Lesen, Löschen oder Verschieben von eintreffenden E-Mails sind sehr intuitiv und mit wenigen Worten erklärt:

- Sind mehrere E-Mail-Konten eingerichtet, tippen Sie zur **Auswahl eines E-Mail-Kontos** auf das Kontosymbol (1) und wählen das gewünschte Konto (2) aus. Dann werden die darüber übermittelten Mails dieses Kontos angezeigt.
- Tippen Sie auf das Burger-Menü (3), können Sie auf die Ordner (z. B. *Postausgang*, *Papierkorb* etc.) des aktuellen Kontos (4) zugreifen.

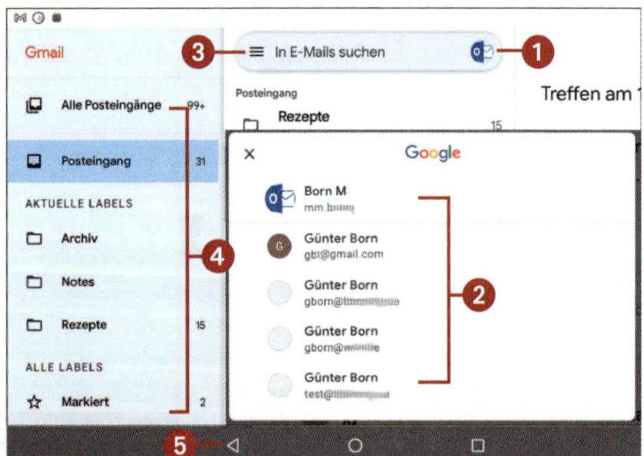

- Über die Navigationstaste *Zurück* (5) oder ein angezeigtes *Schließen*-Symbol wird die Kontoanzeige oder das Burger-Menü wieder ausgeblendet.
- Zum **Suchen nach E-Mails** tippen Sie auf das Suchfeld (6), geben den gewünschten Begriff ein und tippen auf das Lupensymbol der angezeigten Tastatur. Bereits einmal eingetippte Suchbegriffe werden aufgelistet (7) und lassen sich durch Antippen übernehmen. Über das Mikrofonsymbol (8) starten Sie die Spracheingabe, um Suchbegriffe einzusprechen. Über das bei Eingaben rechts im Suchfeld eingeblendete Symbol *x* wird der eingetragene Suchbegriff gelöscht. Das Symbol in der linken oberen Ecke (9) blendet die Suche wieder aus. Die Suchergebnisse werden automatisch in der Spalte mit der Nachrichtenliste gefiltert.

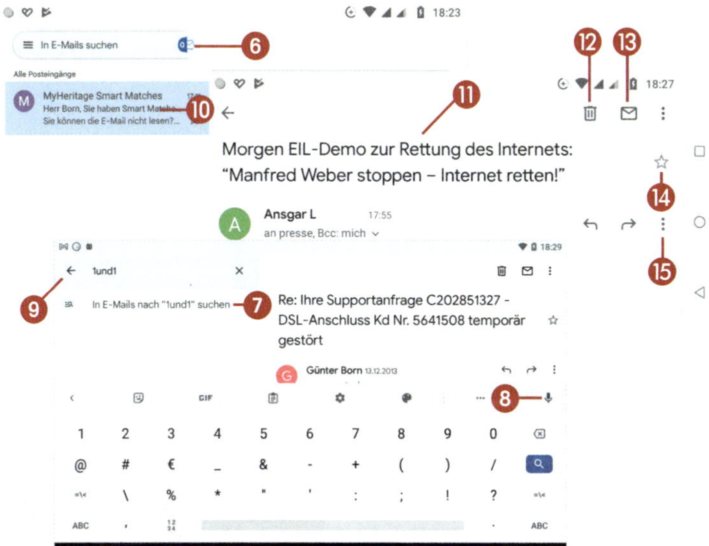

- Zum **Lesen einer E-Mail** tippen Sie diese in der Nachrichtenliste (10) an. Der Inhalt der E-Mail wird auf dem Bildschirm (11) angezeigt und kann dann gelesen werden. Blättern (scrollen) Sie durch Wischen mit dem Finger durch einen längeren E-Mail-Text.

Auf einem Tablet-PC werden die Nachrichtenliste und eine geöffnete E-Mail meist nebeneinander in zwei Spalten der Mail-App angezeigt. Auf einem Smartphone zeigt die App dagegen nur eine Seite mit der Nachrichtenliste oder der geöffneten E-Mail.

- Eine in der Nachrichtenliste linken Spalte (⑩) angewählte **E-Mail löschen** Sie durch Antippen des *Löschen*-Symbols (⑫). Oder Sie wischen in der Nachrichtenliste die Nachricht einfach mit dem Finger nach rechts aus der Spalte heraus. Die E-Mail wird ohne Nachfrage in den Papierkorb verschoben, lässt sich aber sofort über ein eingeblendetes Pop-up *Rückgängig machen* zurückholen. Zudem können Sie über die nachfolgend beschriebene Ordnerstruktur gelöschte Nachrichten wieder aus dem Papierkorb hervorholen.
- Durch Antippen des in der Nachrichtenanzeige sichtbaren Briefumschlags (⑬) lässt sich eine **Nachricht** in der Nachrichtenliste (⑩) wahlweise mit Fettschrift (ungelesene Nachricht) oder Normalschrift (gelesene Nachricht) **kennzeichnen**. Das Symbol wechselt dann zwischen einem geschlossenen und einem geöffneten Briefumschlag. Tippen Sie in der Nachricht auf das Symbol des Sternchens (⑭), um diese als Favorit zu kennzeichnen.

Die drei Pünktchen (⑮) öffnen ein Menü, über das Sie den Befehl zum **Drucken der Nachricht** abrufen können. Das setzt aber spezielle Drucker voraus und wird hier nicht weiter behandelt.

HINWEIS: Benachrichtigung bei Mails

Treffen E-Mails ein, zeigt Android eine Benachrichtigung auf dem Sperrbildschirm an.

Ziehen Sie das Kästchen nach rechts über den Bildschirmrand, um die Benachrichtigung zu löschen. Ist dagegen der Android-Startbildschirm sichtbar, werden neu eingetroffene E-Mails per *Gmail*-Symbol links oben in der Statusleiste angezeigt.

Ziehen Sie das Symbol einfach per Finger aus dem Statusbereich nach unten. Dann werden die neuen Nachrichten im Benachrichtigungsbereich eingeblendet.

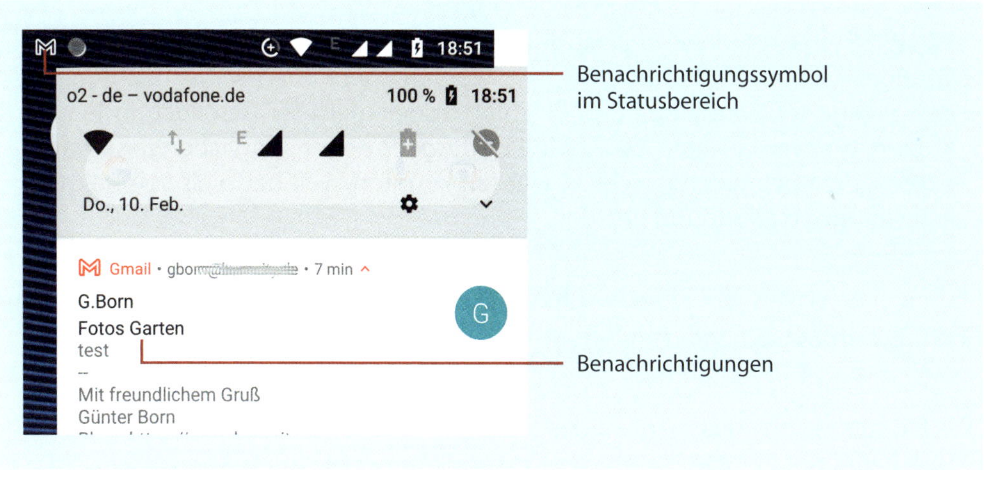

E-Mails verschieben

Manche Mailkonten (per IMAP eingebunden) ermöglichen es, E-Mails in verschiedene Ordner des Kontos zu verschieben oder gelöschte Nachrichten (sofern noch vorhanden) aus dem Papierkorb zurückzuholen.

1 Um **Nachrichten** zu **verschieben**, wählen Sie im Nachrichtenkopf das Symbol *Ordner* (1) (oder, falls nicht vorhanden, die drei Pünktchen und im Menü *Verschieben nach*).

Dann wird die hier gezeigte **Ordnerdarstellung** (2) des E-Mail-Kontos als Pop-up eingeblendet. Welche Ordner aufgeführt werden, hängt vom Anbieter des E-Mail-Kontos ab.

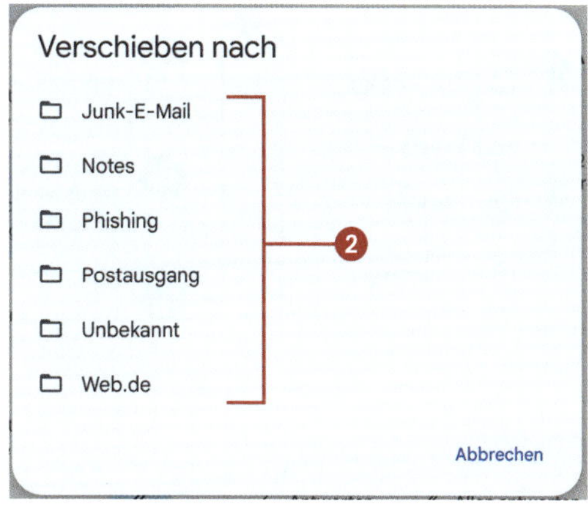

2 Tippen Sie auf einen Eintrag (2), um die Nachricht in den Ordner zu verschieben.

HINWEIS: Der Ordner *Papierkorb* enthält gelöschte Nachrichten, und in den Ordnern wie *Junk-E-Mail* oder *Phishing* werden unerwünschte Nachrichten aus den Kategorien Werbemüll und Phishing abgelegt. Unter *Gesendet* finden Sie Kopien Ihrer verschickten E-Mails. In *Postausgang* liegen möglicherweise Nachrichten, die noch nicht verschickt werden konnten, weil beispielsweise aktuell keine Internetverbindung besteht.

Haben Sie irrtümlich eine **Nachricht** in den falschen Ordner verschoben? Dann gehen Sie folgendermaßen vor:

1 Tippen Sie auf das Symbol des Burger-Menüs (❸), wischen Sie in der eingeblendeten Spalte (❹) durch die Ordnerliste und wählen Sie den gewünschten Ordner aus.

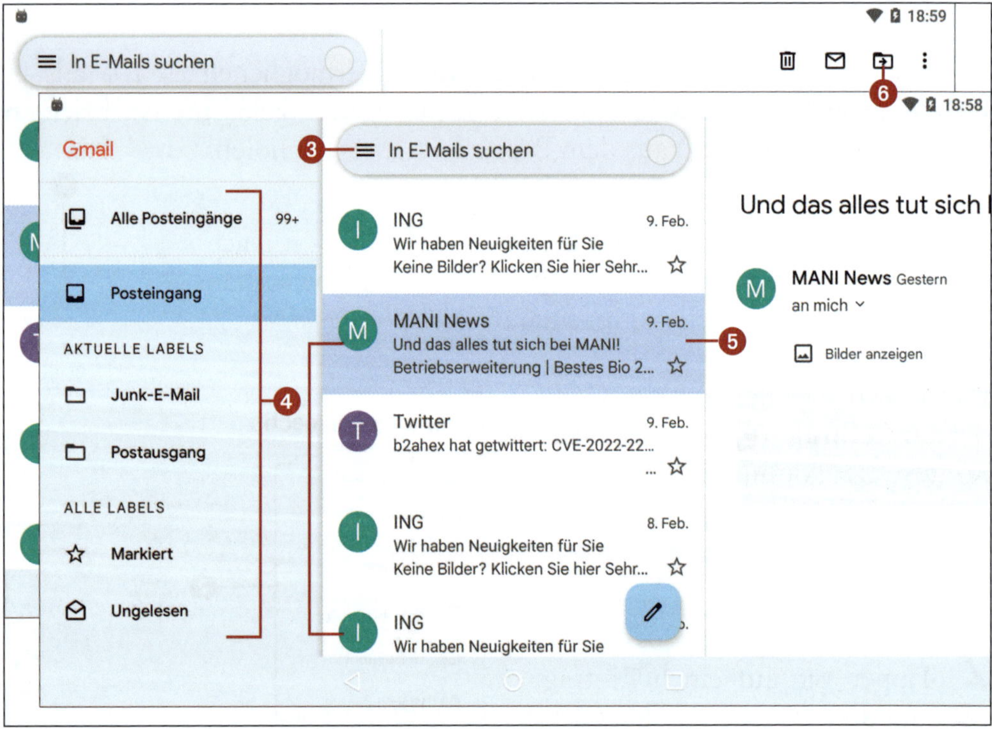

2 Tippen Sie in der mittleren Spalte mit der Nachrichtenliste (5) die zu verschiebenden Nachrichten an.

3 Tippen Sie in der rechten oberen Ecke der App auf das Ordnersymbol (6) (falls das Symbol fehlt, tippen Sie auf die drei Pünktchen und wählen im eingeblendeten Menü den Befehl *Verschieben nach*).

4 Tippen Sie im eingeblendeten Pop-up-Fenster *Verschieben nach* auf den Zielordner und bestätigen Sie dies über *OK*.

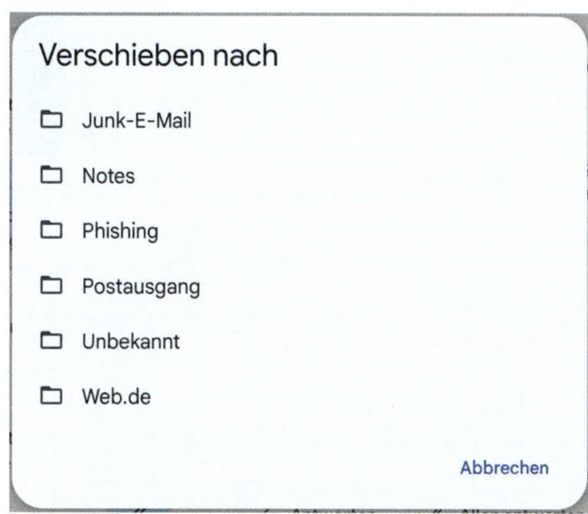

Jetzt werden die markierten Nachrichten aus dem gewählten Ordner in den Zielordner verschoben. Beachten Sie, dass das Verschieben von Nachrichten nur innerhalb eines E-Mail-Kontos möglich ist und nicht von allen Konten unterstützt wird.

E-Mail-Anlagen einsehen und speichern

Einer E-Mail lassen sich Anlagen in Form von Dateien (Fotos, Videos, Musik etc.) mitgeben. Erhalten Sie eine E-Mail mit einem solchen Anhang, können Sie dies am stilisierten Symbol einer Büroklammer (1) erkennen.

- Markieren Sie die Nachricht in der linken Spalte der Gmail-App, um diese am Bildschirm anzuzeigen.
- Bei darstellbaren Elementen wie Fotos erscheinen diese direkt in der Nachricht. Andernfalls befindet sich am Ende der Nachricht ein Platzhalter (2) mit dem Anhang.

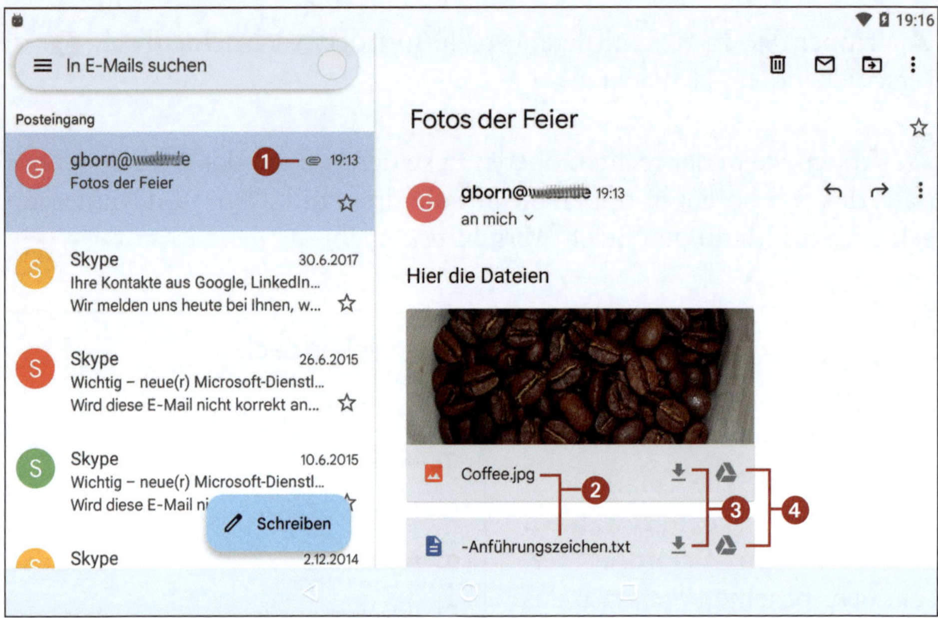

- Tippen Sie auf das *Download*-Symbol (3), wird der Anhang in den Ordner *Downloads* gespeichert.
- Über das Symbol (4) wird der Anhang auf das Google-Drive-Online-Laufwerk gespeichert.

Wischen Sie in der Statusleiste nach unten und tippen Sie auf die Kachel der heruntergeladenen Datei. Dann öffnet sich ein Pop-up-Fenster zur Auswahl der App, mit der sich die Datei öffnen lässt.

HINWEIS: Gespeicherte Anhänge können Sie auch über einen Datei-Manager durch Antippen in einer passenden App öffnen. Bei Fotos in Mails reicht es, diese per Finger anzutippen. Dann öffnet sich das Bild in der Foto-App.

E-Mails beantworten und weiterleiten

Haben Sie eine Nachricht empfangen, die Sie an Dritte weiterleiten wollen? Oder möchten Sie auf eine Nachricht antworten? Dann sollten Sie die folgenden Schritte kennen:

1 Wählen Sie die betreffende Nachricht (❶) in der Nachrichtenliste des Posteingangs an.

2 Tippen Sie in der Nachricht auf das Symbol für *Antworten* (❷), für *Weiterleiten* (❸) oder auf die drei Pünktchen (❹) und wählen Sie den Menübefehl *Allen antworten* (❺).

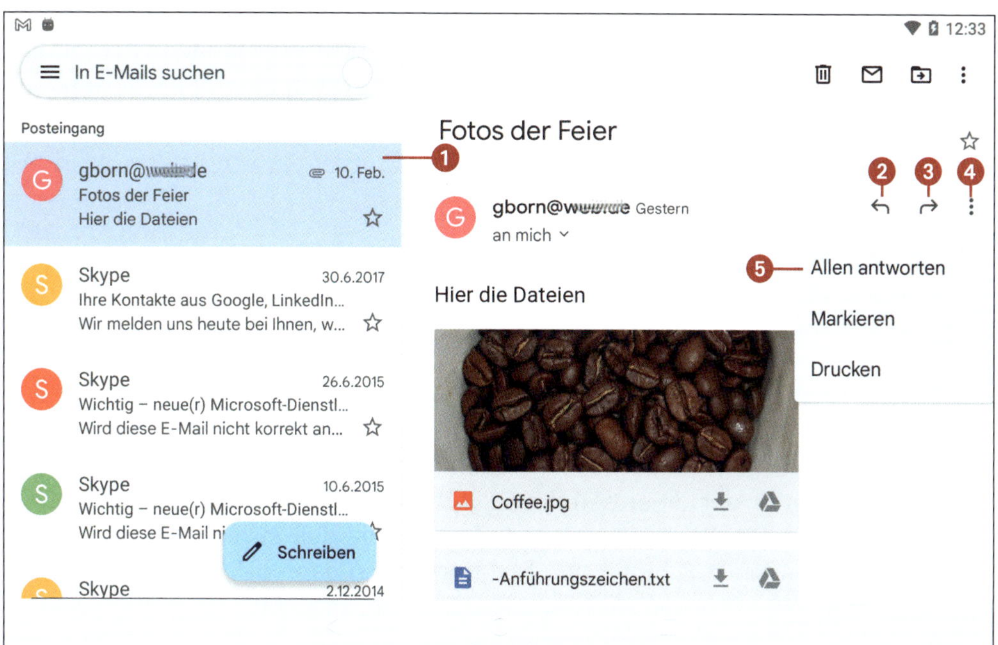

3 Ergänzen Sie im eingeblendeten Fenster der Nachricht die Betreffzeile, den Nachrichtentext, beim Weiterleiten zusätzlich die Empfängeradresse und versenden Sie die Nachricht.

Hinweise zu Schritt 3 finden Sie im folgenden Abschnitt zum Erstellen einer neuen E-Mail. Welche dieser Antwortoptionen Sie wählen, hängt davon ab, was Sie damit bezwecken:

- **Antworten:** Öffnet ein neues Formular der Gmail-App zum Beantworten der Nachricht, in dem bereits die Empfängeradresse und der Betreff eingetragen sind. Der Vorspann »Re:« (steht für »Reply«, also »Antwort«) im Betreff kennzeichnet die Nachricht als Antwort. Weiterhin wurde der Text der empfangenen Nachricht bereits als Zitat in die Antwort übernommen.

- **Allen antworten:** Wählen Sie diesen Befehl, um allen auf dem Verteiler stehenden Empfängern eine Antwort zukommen zu lassen. Die Gmail-App übernimmt die Empfängerliste in die Antwort-Mail – alles andere bleibt wie beim Beantworten.
- **Weiterleiten:** Dieser Menübefehl übernimmt die empfangene Nachricht, um diese an einen oder mehrere Empfänger zu schicken. Der Betreffzeile wird ein »Fw:« (steht für »Forward«, also »Weiterleiten«) vorangestellt. Bei einer Weiterleitung müssen Sie die Empfängeradresse im Feld *An* selbst angeben.

Im neuen Formular können Sie anschließend den Antworttext zur Nachricht hinzufügen und danach versenden. Dies funktioniert wie beim Erstellen einer neuen Nachricht (siehe den folgenden Abschnitt).

HINWEIS: Netiquette für E-Mails

Pendelt eine Nachricht mehrfach zwischen Personen, wird beim Beantworten oder Weiterleiten der zitierte Teil der vorhergehenden Nachrichten immer länger. Löschen Sie die nicht mehr relevanten Teile der vorherigen Nachricht vor dem Versenden (z. B. hinter den Text tippen und dann die ⌫-Taste an der Bildschirmtastatur drücken). Fassen Sie sich in der Antwort kurz und schicken Sie niemandem ungefragt eine Anlage zu.

E-Mails verfassen und senden

Das Erstellen einer neuen E-Mail ist mittels der Gmail-App mit wenigen Schritten möglich:

1 Wählen Sie das in der Gmail-App am unteren Rand gezeigte Symbol (1), um die neue E-Mail anzulegen.

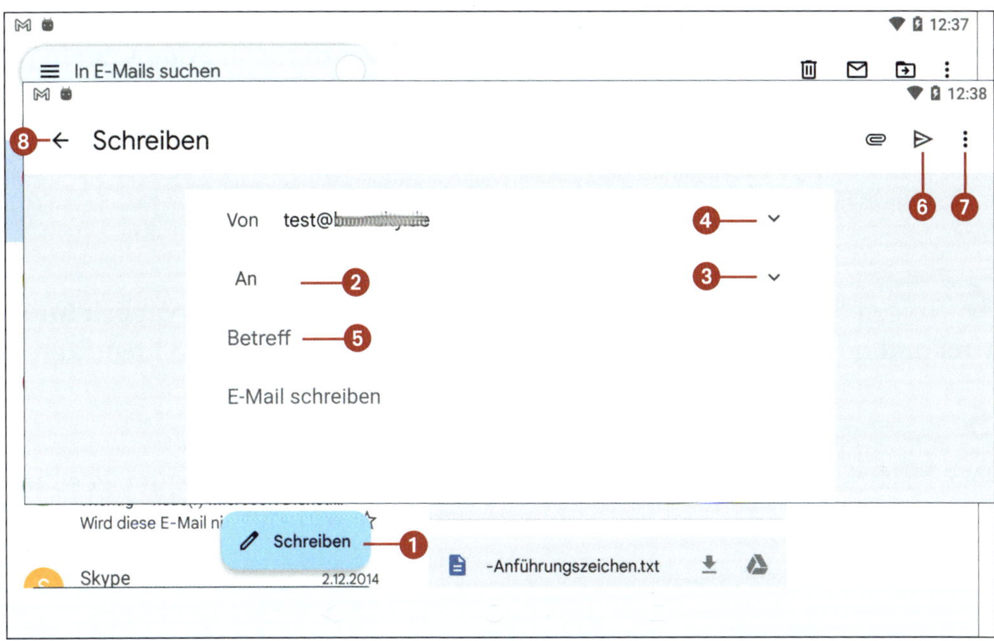

2 Anschließend tragen Sie im angezeigten Formular *Schreiben* die Empfängeradresse(n) im Feld *An* (2) und ggf. im Feld *Cc* sowie *Bcc* ein. Diese Zusatzfelder lassen sich über das Symbol (3) einblenden.

Die Felder *Cc* (Kopie) sowie *Bcc* (Blindkopie) dienen quasi als Verteiler für »Durchschläge« an weitere Empfänger zur Kenntnisnahme. Bei einer Blindkopie erfährt der jeweilige Empfänger der E-Mail nicht, an welche anderen Adressaten die E-Mail ebenfalls verschickt wurde. Bereits beim Eintippen werden Ihnen möglicherweise Vorschläge passender E-Mail-Adressen angeboten. Diese lassen sich durch Antippen übernehmen.

3 Sind mehrere E-Mail-Konten eingerichtet, wählen Sie bei Bedarf über das Symbol der Zeile *Von* (4) das Absender-E-Mail-Konto aus.

ACHTUNG: Eingegebene **E-Mail-Adressen** erfordern eine **gültige Schreibweise** und werden in der Form *Name@anbieter.xxx* geschrieben. *Name* steht für den E-Mail-Namen des Empfängers. Dann kommt das als AT oder Klammeraffe bezeichnete Zeichen @, gefolgt von einer Art »Ortsangabe« mit der Adresse des E-Mail-Servers, auf dem das Postfach des Empfängers zu finden ist.

4 Tragen Sie im Textfeld *Betreff* (5) einen aussagekräftigen **Nachrichtentitel** und im darunter befindlichen Feld den eigentlichen Nachrichtentext ein.

5 Bestätigen Sie das Ganze, indem Sie auf *Senden* (6) tippen.

Die Nachricht wird über die bestehende Internetverbindung zum Postausgangsfach des E-Mail-Anbieters übertragen und von dort dem Empfänger zugestellt.

HINWEIS: Über die drei Pünktchen (7) öffnen Sie ein Menü, über dessen Befehle Sie eine neue **Nachricht als Entwurf speichern** oder löschen können. Zudem finden Sie im Menü einen Befehl zum Zugriff auf die Einstellungen. Über die Schaltfläche *Zurück* (8) in der linken oberen Ecke geht es zur Hauptseite der Gmail-App zurück. In diesem Fall wird die Nachricht automatisch als Entwurf gespeichert.

Fotos, Videos, Dateien an Nachrichten anfügen

Einer E-Mail können Sie Fotos, Videos oder andere Dateien anhängen. Diese werden mit der Nachricht übertragen und können vom Empfänger bei Bedarf separat gespeichert werden (siehe den Abschnitt »E-Mail-Anlagen einsehen und speichern« weiter oben in diesem Kapitel).

1 Erstellen Sie, wie im vorherigen Abschnitt beschrieben, die neue Nachricht (oder die Antwort auf eine Nachricht).

2 Tippen Sie auf das Symbol der Briefklammer (1) und im angezeigten Menü auf *Datei anhängen* (2). Mit *Aus Drive einfügen* lässt sich eine Datei aus dem Onlinespeicher Google Drive als Anhang verwenden.

3 Wählen Sie nun den Ordner zum Einfügen der Anlagen. Über den Eintrag für den Speicherort (3) lässt sich zwischen der Kamera und einem Ordner (z.B. *Bilder*) umschalten. Das Burger-Menü (4) ermöglicht die Auswahl des Speicherordners (5).

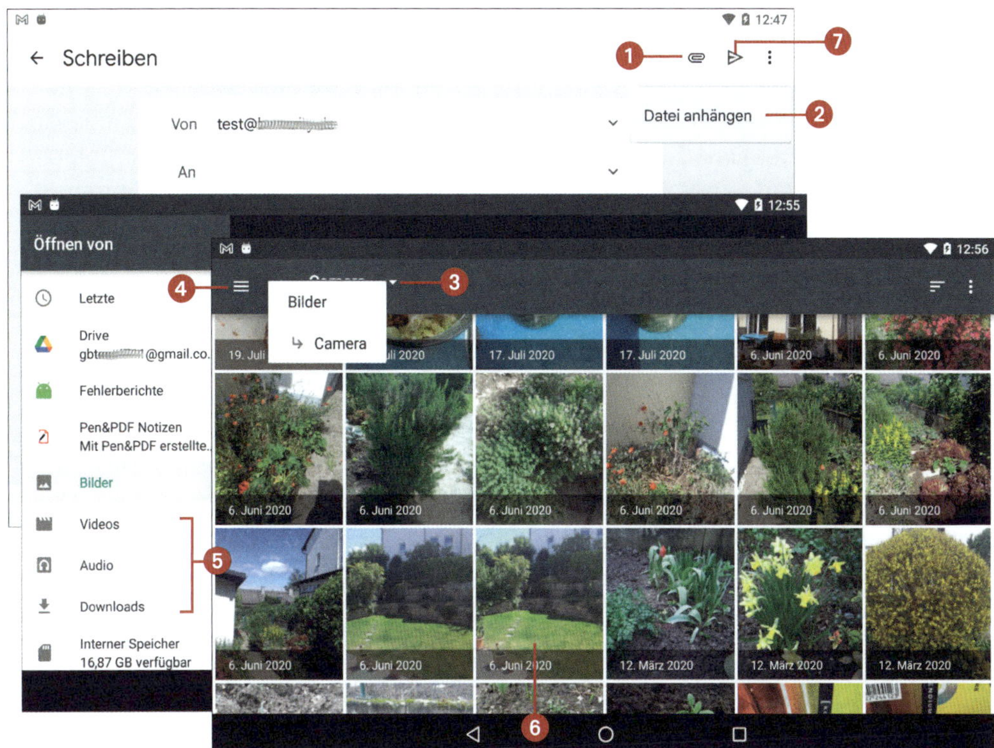

4 Wählen Sie im eingeblendeten Fenster das gewünschte Foto (6) oder die Datei aus.

Im Auswahlfenster werden Sie schrittweise geführt, um die anzuhängende Datei auszuwählen und als E-Mail-Anlage zu übernehmen.

5 Tippen Sie zum Abschluss im Fenster der neuen Nachricht auf *Senden* (7), um die Nachricht abzuschließen.

Das angehängte Foto, Video oder die Datei wird mit der E-Mail zum Server übertragen. Versand und Empfang dauern bei sehr großen Anhängen teilweise relativ lange. Vergewissern Sie sich daher vorher, ob der Empfänger dies auch wünscht.

HINWEIS: Manche E-Mail-Anbieter weisen zu große E-Mail-Anhänge zurück. Die Lösung besteht darin, diese Dateien auf Onlinelaufwerke wie Google Drive, OneDrive, Dropbox etc. hochzuladen und den Empfängern den Link zum Zugriff auf die Fotos oder Videos per E-Mail zuzusenden. Dies bedingt aber, dass Sie ein Konto samt Onlinespeicher bei einem dieser Anbieter haben. Google Drive ist automatisch über Gmail erreichbar. Wählen Sie in der App *Öffnen von* einfach *Google Drive* statt eines lokalen Bilderordners und dann die anzuhängende Datei auf Google Drive. So wird nur ein Link zu dieser Datei per E-Mail versandt.

ACHTUNG: E-Mail-Sicherheitstipps

Geben Sie keine E-Mail-Adressen bei Gewinnspielen oder auf Webseiten ein, wenn Sie den Zweck und die Verwendung nicht kennen (es droht Werbemüll). Antworten Sie niemals auf Spammails und löschen Sie E-Mails von unbekannten Absendern, die ggf. noch einen Anhang angefügt haben, ungeöffnet. Die Gefahr, sich Schadsoftware bzw. -Apps einzufangen, ist einfach zu hoch.

Vorgebliche Nachrichten Ihrer Bank oder anderer Dienstleister wie z. B. Onlineshops mit dem Hinweis, das Konto durch Eingabe Ihrer Anmeldedaten überprüfen zu wollen, ignorieren Sie. Bei solchen unaufgefordert zugegangenen Mails handelt es sich ausnahmslos um Phishing-Versuche. Betrüger versuchen auf diese Weise, Ihre Zugangsdaten für Bank- oder E-Mail-Konten etc. herauszufinden. Gelingt dies, übernehmen die Betrüger Ihre Onlineidentität und treiben ggf. in Ihrem Namen Missbrauch.

HINWEIS: Virenschutz unter Android sinnvoll?

An dieser Stelle vielleicht noch einige Anmerkungen zur Frage »Wird unter Android ein Virenschutz gebraucht?«. Wer sich im Internet umschaut, kann auf einigen Seiten (speziell bei Anbietern von Sicherheitssoftware) den Eindruck gewinnen, dass eine Virenschutz-App unbedingt erforderlich ist. Und man liest auch immer von »riesigen Bedrohungen durch Android-Malware«.

Google sagt ganz klar, dass ein **Virenschutz nicht erforderlich** ist. Warum? Android besitzt ein integriertes Sicherheitskonzept, das verhindert, dass eine App Schadfunktionen in eine andere App speichern kann. Alle Apps, die aus dem Google Play Store installiert wurden, scannt Google auf Schadfunktionen. Allerdings ist die Funktion Google Play Protect auch nicht zu 100 % zuverlässig. Falls wirklich mal eine App mit Schadfunktionen durchrutscht, kann Google diese aus dem Google Play Store entfernen und auch auf allen Android-Geräten, die eine Internetverbindung haben, fernlöschen. Belassen Sie in den Android-Einstellungen unter der Kategorie *Sicherheit* die Option *Unbekannter Herkunft* ausgeschaltet, können nur Apps aus dem Google Play Store installiert werden.

Wer aber keine Apps in Form von *.apk*-Dateien aus dem Internet herunterlädt und per Doppeltippen installiert (bei abgeschalteter Option *Unbekannter Herkunft* wird die Installation sowieso blockiert), braucht keine Antiviren-App. Und Funktionen wie Diebstahlschutz für Geräte, Firewall etc. sind in Android enthalten (z. B. die Funktion »Find my device« unter *https://www.google.com/android/find* kann ein gestohlenes Handy sperren oder ein verlorenes Gerät orten).

In diesem Kapitel habe ich Ihnen eine Einführung in das Arbeiten mit der Gmail-App gegeben. Mit diesem Wissen können Sie Ihre E-Mails auf dem Android-Gerät abrufen und beantworten. Beachten Sie aber, dass sich die Darstellung der Mail-App mit der Zeit ändern kann. So unterscheidet sich das Löschen von E-Mail-Konten, abhängig von der Android-Version, um Nuancen. Zudem ist die Anzeige bei Tablet-PCs (mehrspaltige Darstellung) und Smartphones (einspaltige Ansicht) leicht unterschiedlich. Im nächsten Kapitel lernen Sie, wie Sie Notizen, Kontakte, Termine und Erinnerungen mit den jeweiligen Android-Apps verwalten.

5

Termine, Texte und Notizen

Das lernen Sie in diesem Kapitel:

- Termine verwalten
- Notizen und Texte verwalten
- Textbearbeitung

Verwalten Sie Ihre Termine einfach per App auf einem Android-Gerät, lassen Sie sich an bestimmte Aufgaben und Tätigkeiten erinnern und sehen Sie, wie einfach Notizen angelegt oder Texte erfasst werden können. Für all das gibt es passende Android-Apps. Was es zu diesen Themen an Wissenswertem gibt, erfahren Sie in diesem Kapitel.

Termine verwalten

Über die sowohl auf Smartphones als auch auf Tablet-PCs vorinstallierte Google-Kalender-App können Sie einen Terminkalender führen. In diesem Abschnitt stelle ich Ihnen diese App kurz vor.

Die Kalender-App im Überblick

Die Kalender-App wird über das hier gezeigte Symbol aufgerufen, das Sie unter *Alle Apps* finden und auf dem Startbildschirm anordnen können.

Nach dem Aufruf zeigt die Kalender-App eine Terminübersicht. Wie diese genau aussieht, hängt von der Android-Version und dem benutzten Gerät ab. Im Folgenden wird die Darstellung unter Android 6 und höher auf einem Tablet-PC beschrieben. Dort ist standardmäßig die nachfolgende Darstellung der Terminübersicht, bestehend aus Monats- und Tagesansicht, zu sehen:

- Links oben werden der Monat und das Jahr (1) angezeigt. Darunter befindet sich standardmäßig ein Kalenderblatt mit der Monatsansicht (2) und den eingetragenen Terminen.
- Tage mit Terminen sind durch einen Punkt (3) markiert. Das aktuelle Datum (sowie der abgerufene Tag) werden farblich hervorgehoben (4).
- Wischen Sie das Kalenderblatt (2) mit dem Finger nach links oder rechts, um im Kalender vor- oder zurückzublättern.
- Tippen Sie auf ein Kalenderdatum, um die Daten in der Terminspalte (5) anzuzeigen. Dort lässt sich durch Wischen nach oben bzw. unten durch die Termine blättern.

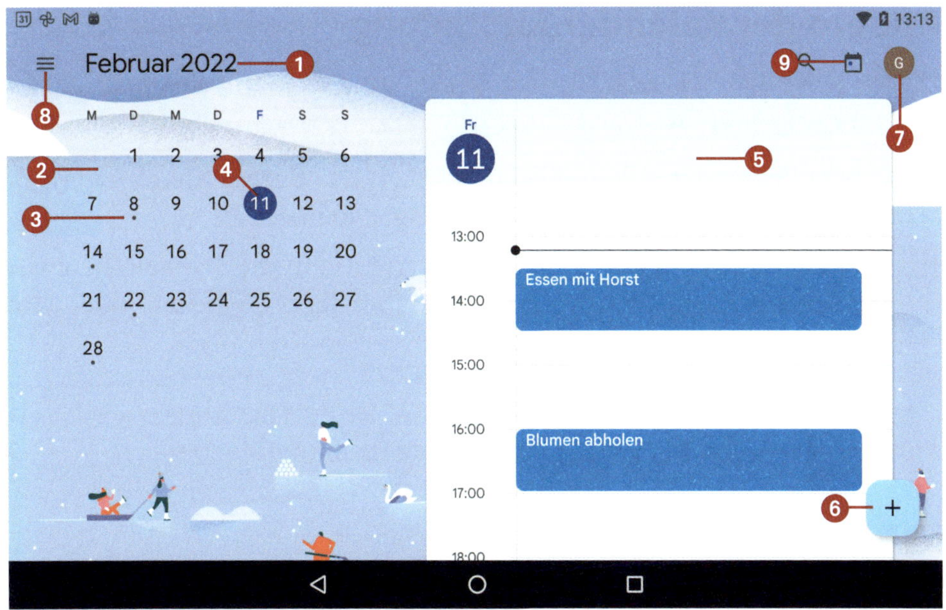

Das Symbol in der rechten unteren Ecke (6) ermöglicht Ihnen, neue Termine anzulegen. Über das Kontosymbol (7) in der rechten oberen Ecke starten Sie die Synchronisierung. Das Burger-Menü (8) ermöglicht Ihnen den Zugriff auf die Einstellungen und die Darstellungsoptionen. Tippen Sie auf das Kalendersymbol (9), um die Kalenderanzeige auf das aktuelle Tagesdatum umzustellen.

HINWEIS: Die Google-Kalender-App greift auf das Google-Konto zu, das Sie bei der Android-Installation eingerichtet haben. Zudem können auf Wunsch Termine aus Gmail-Nachrichten übernommen werden. Bei einem Smartphone mit Android hängt die Kalenderdarstellung davon ab, ob das Gerät im Hoch- oder im Querformat gehalten wird. Beachten Sie auch, dass Google-Apps von Zeit zu Zeit aktualisiert werden, sodass die Bedienung zukünftig in Details von den nachfolgenden Beschreibungen abweichen kann. Es gibt für Android weitere Kalender-Apps, die hier aber aus Platzgründen nicht alle behandelt werden können.

Ändern der Kalenderdarstellung

Da die Kalender-App eine variable Darstellung besitzt, sollten Sie die Optionen zum Anpassen der Darstellung kennen:

- Tippen Sie in der linken oberen Ecke auf das Burger-Menü, sodass das in folgender Abbildung sichtbare Menü erscheint.
- Daraufhin lässt sich über das angezeigte Menü die Darstellung zwischen der oben gezeigten Terminübersicht, einer Tages-, Wochen- oder Monatsansicht wählen.

HINWEIS: Bei einem **Smartphone** ist noch eine 3-Tage-Ansicht wählbar. Das Burger-Menü wird beim Smartphone nur im Hochformat angezeigt.

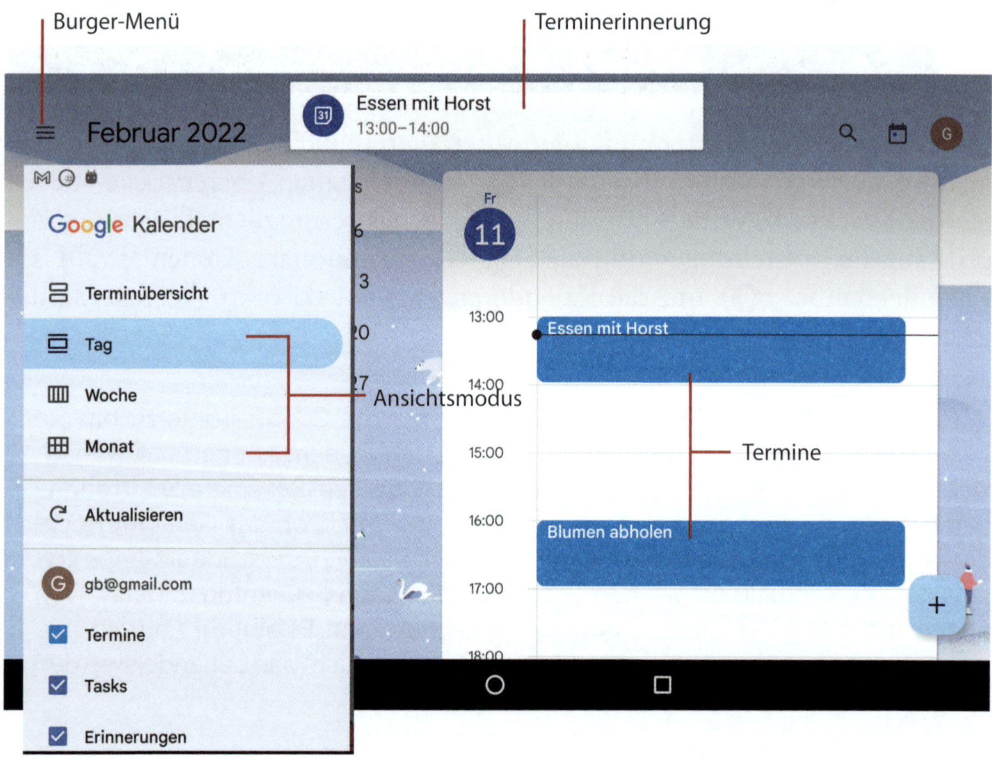

Bei dieser Darstellung des Terminkalenders werden die Termine für jeden Tag direkt im Kalenderblatt angezeigt. Hinzu kommen Einträge für Feiertage und ggf. Geburtstage. Steht ein Termin an, blendet die App auf Wunsch eine **Erinnerung** in der Anzeige sowie auf dem Sperrbildschirm ein.

HINWEIS: Zum **Suchen im Kalender** tippen Sie auf das Lupensymbol und dann auf das eingeblendete Suchfeld.

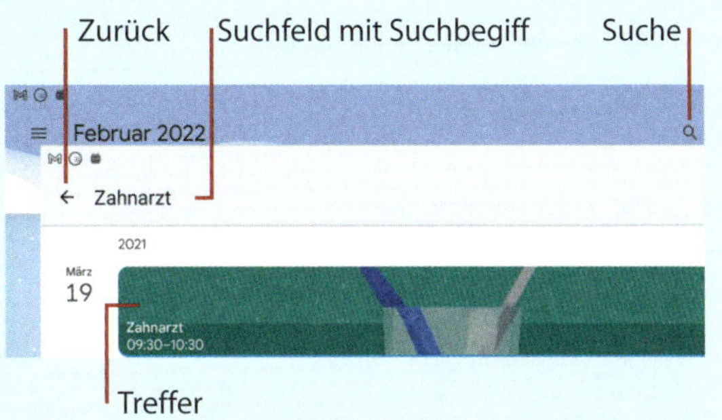

Tragen Sie im Suchfeld den Suchbegriff für den Termin über die Bildschirmtastatur ein und tippen Sie auf die *Suchen*-Taste (das Lupensymbol). Die *Zurück*-Schaltfläche links neben dem Suchfeld beendet die Suche und blendet die Suchleiste aus. Führen Sie die Suche aus, werden Treffer unterhalb der Suchleiste angezeigt. Dann genügt es, wenn Sie einen der Einträge antippen, um die zugehörigen Termindetails einzusehen.

Neue Termine eintragen

Die Pflege von bestehenden Terminen (sowie Erinnerungen oder Zielen) oder das Hinzufügen neuer Einträge ist mit wenigen Handgriffen in der Kalender-App erledigt:

- Möchten Sie einen neuen **Termin eintragen**, tippen Sie im Kalenderblatt auf ein Datumsfeld (1).

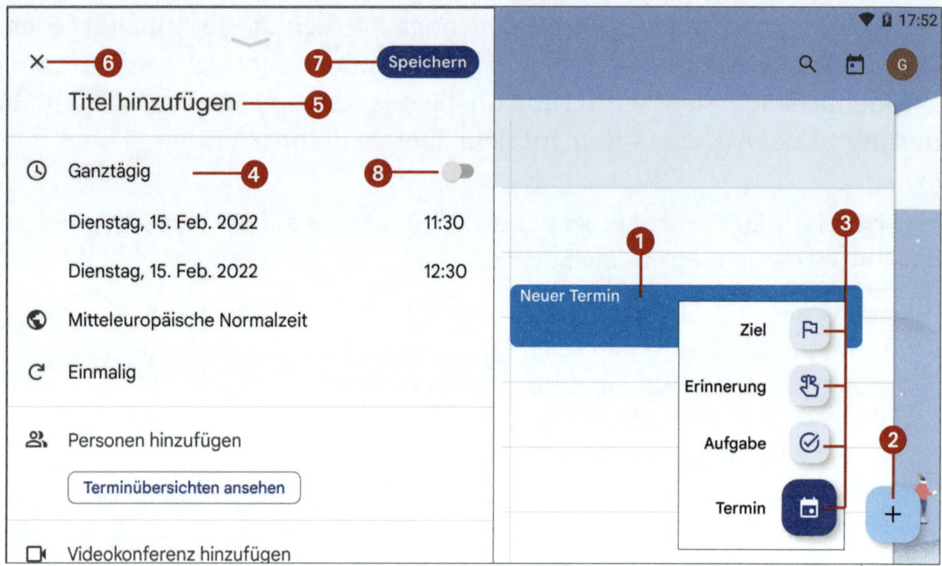

- Alternativ tippen Sie das Symbol *Neuer Termin* (2) an und wählen im eingeblendeten Pop-up einen der Einträge *Ziel*, *Erinnerung*, *Aufgabe* oder *Termin* (3).
- Anschließend legen Sie im Pop-up-Fenster (4) die gewünschten Terminoptionen (oder die Daten für das Ziel, z. B. »Heute Sport treiben«, oder die Erinnerung, z. B. jemandem zum »Geburtstag gratulieren«) fest.
- Tippen Sie im eingeblendeten Pop-up-Fenster (4) mit den Termindetails auf das Textfeld *Titel hinzufügen* (5) und tragen Sie per Bildschirmtastatur einen Text für den Termin ein.
- Passen Sie anschließend im Pop-up-Fenster die Optionen (4) für den Termin an und bestätigen Sie die Angaben über *Speichern* (7).
- Über das *x*-Symbol (6) in der linken oberen Ecke schließen Sie das Pop-up-Fenster, ohne einen Eintrag vorzunehmen.

Hier noch einige Hinweise zu den im Pop-up-Fenster angezeigten Einstellungen:

- *Ganztägig:* Tippen Sie auf den Schiebeschalter (8), um einen Termin für den gesamten Tag einzutragen. Dann sind keine weiteren Festlegungen für den Start und das Ende des Termins mehr möglich.

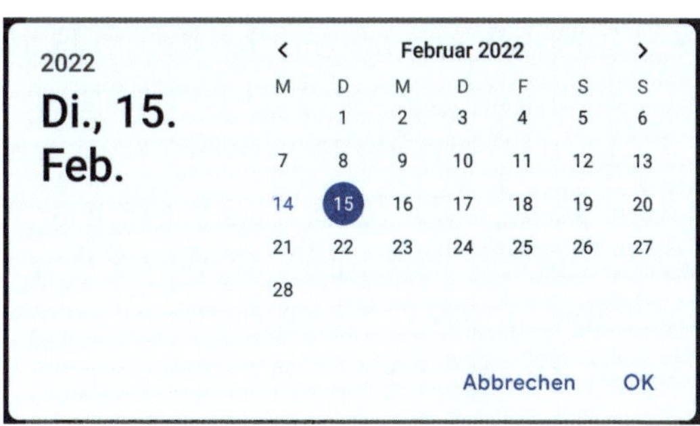

- *Start- und Enddatum:* Tippen Sie ggf. auf das obere Datumsfeld, um das Startdatum anzupassen. Über das untere Datumsfeld wird das Enddatum des Termins geändert. Zum Festlegen eines Datums tippen Sie im eingeblendeten Kalender-Pop-up-Fenster auf den gewünschten Tag und dann auf *OK.*

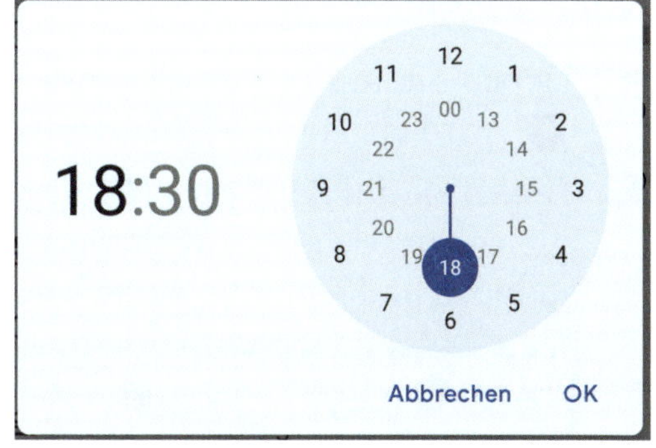

- *Start- und Endzeit:* Zum Anpassen der Zeiten für den Termin tippen Sie auf eines der Zeitfelder. Sobald das Pop-up-Fenster mit der Uhrzeit erscheint, tippen Sie in der linken Spalte auf die digitale Stunden- oder Minutenanzeige. Anschließend ziehen Sie den Marker mit dem Finger auf dem Ziffernblatt zur gewünschten Zeit und bestätigen dies über *OK.*
- *Ort hinzufügen:* Über dieses Feld lässt sich eine Adresse angeben. Findet die App diese Adresse über Google, wird ein Kartenausschnitt in der Terminansicht angezeigt.
- *Weitere Optionen:* Tippen Sie auf diesen Eintrag, um die Darstellung des Pop-up-Fensters zu erweitern. Dann lässt der Termin sich zwischen Zeitzonen verschieben. Weiterhin können Sie auf *Einmalig* tippen, um einen **Termin** über ein Pop-up-Fenster **wiederkehrend** (täglich, wöchentlich etc.) zu vereinbaren.
- *Benachrichtigung:* Tippen Sie auf *30 Minuten vorher*, um im eingeblendeten Pop-up-Fenster die Benachrichtigung des Termins abzuschalten oder die Benachrichtigung in wählbaren Zeitabständen vor oder zum Termin anzeigen zu lassen.

- *Personen hinzufügen:* In diesem Feld können Sie die Namen von Personen eintippen, die Sie zu einem Termin dazu bitten möchten. So kann ggf. eine Teilnehmerplanung für ein Treffen oder eine Feier verwaltet werden.

Über die *Standardfarbe* legen Sie fest, mit welcher Farbe Termineinträge im Kalenderblatt dargestellt werden sollen. Und das Feld *Notiz hinzufügen* ermöglicht Ihnen, über die Bildschirmtastatur einen kurzen Erinnerungstext zum Termin zu verfassen.

Termine ändern und löschen

Auch das Ändern bestehender Termine ist in der Kalender-App mit wenig Aufwand möglich:

- Tippen Sie in der Kalenderansicht kurz auf den eingetragenen **Termin** (1), wird ein Pop-up-Fenster mit den Terminen eingeblendet (2).
- Tippen Sie auf *Bearbeiten* (3), um das Fenster mit den Termindetails einzublenden (siehe den vorherigen Abschnitt). Dort lassen sich die Felder antippen und dann die Werte korrigieren.

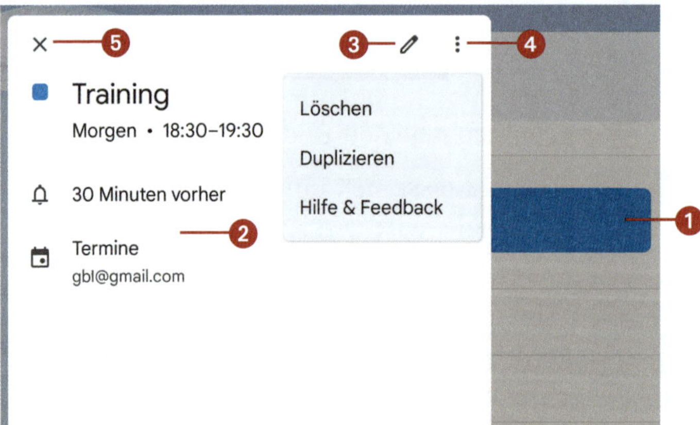

Um beispielsweise einen **Termin** zu **verschieben**, tippen Sie auf die Datums- oder Zeitfelder und passen die Werte für den Start und das Ende des Termins in den angezeigten Pop-up-Fenstern an. Tippen Sie abschließend auf *Speichern*, um die Änderungen zu speichern und das Pop-up-Fenster mit den Termindetails zu schließen.

Um den **Termin** zu **löschen**, tippen Sie im Pop-up-Fenster auf die drei Pünktchen (4) und im Menü auf den Befehl *Löschen*. Dieser Vorgang ist in einem zweiten Pop-up-Fenster über *OK* zu bestätigen. Über das × (5) lässt sich das Popup-Fenster schließen.

Synchronisation mit Windows & Co.

Möglicherweise möchten Sie die Termine des Kalenders nicht nur auf dem Android-Smartphone oder -Tablet, sondern auf weiteren Android-Geräten oder auf einem Windows-System haben. Da der Kalender dem Google-Konto von Android zugeordnet ist, werden die Termine auf allen anderen Android-Geräten, die über das gleiche Google-Konto verfügen, automatisch synchronisiert.

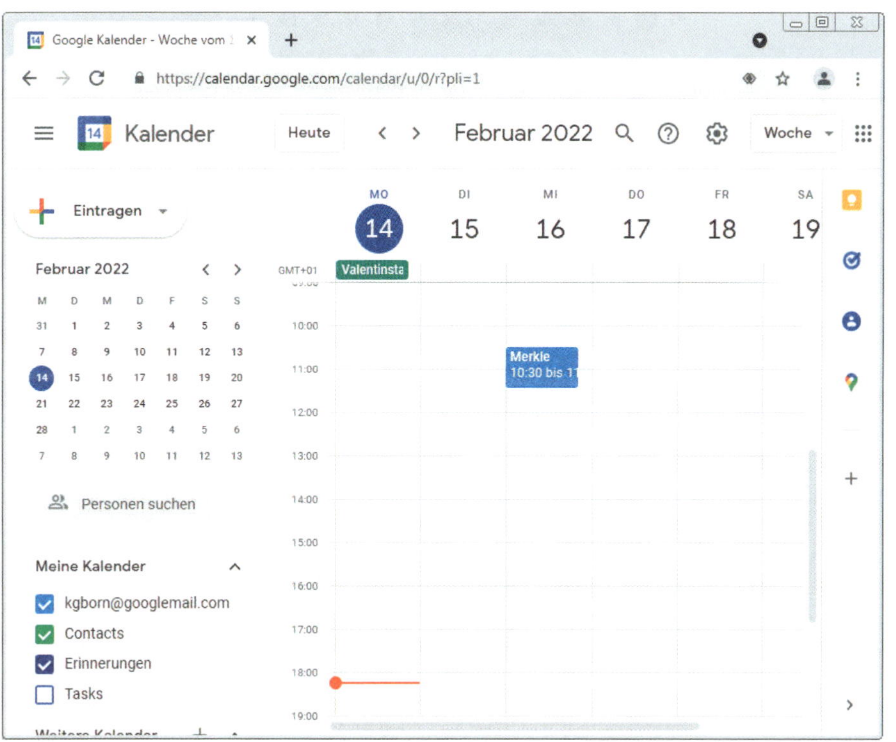

Um unter Windows, dem iPad etc. mal schnell auf die Termine zuzugreifen, starten Sie einen Browser wie beispielsweise Google Chrome. Dann rufen Sie die Webseite *https://www.google.com/calendar* auf oder lassen in Google nach »Google Kalender« suchen. Nach einer Anmeldung am Google-Konto werden Ihnen die Termine im Kalender angezeigt.

HINWEIS: Termine mit MyPhoneExplorer am PC einsehen

Um unter Windows auf die Termine Ihres Android-Geräts zuzugreifen, können Sie auch das Programm MyPhoneExplorer verwenden. Nach dem Programmstart stellen Sie per USB-Kabel oder über ein Drahtlosnetzwerk (WLAN) eine Verbindung mit dem Android-Gerät her.

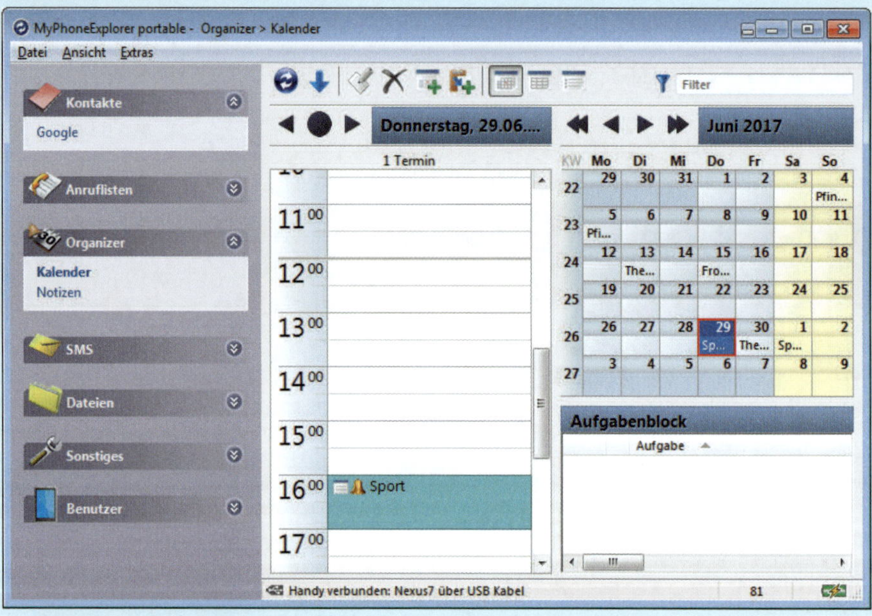

Wird in der linken Spalte unter *Organizer* der Eintrag *Kalender* gewählt, erscheint in der rechten Spalte die Kalenderansicht. Bei Bedarf können Sie mit einem Rechtsklick auch über ein Kontextmenü Termine in diesem Kalender eintragen, ändern oder löschen und mit dem Android-Gerät abgleichen lassen. Den MyPhoneExplorer gibt es kostenfrei auf der Webseite *www.fjsoft.at/de/* (der Autor des Programms bittet lediglich um eine kleine Spende). Unter *http://www.borncity.com/blog/?p=92578* habe ich in meinem Blog einen Artikel veröffentlicht, der einige zusätzliche Hinweise zum Programm enthält.

Zugriff auf die Kalender-Einstellungen

Die Kalender-App ermöglicht Ihnen, verschiedene Eingaben anzupassen. Hierzu tippen Sie in der linken oberen Ecke der Kalender-App auf das Burger-Menü.

- Tippen Sie im in der linken Spalte angezeigten Menü auf einen der Einträge (1), um die Anzeige der betreffenden Kategorie im Kalenderblatt ein- oder auszublenden.
- Wählen Sie den Eintrag *Einstellungen* (2), um die zugehörige Seite *Einstellungen* (3) anzuzeigen. Tippen Sie in dieser Seite auf die Einträge der linken Spalte, um die zugehörige Detailseite (4) (hier *Allgemein*) einzusehen.
- Auf der Detailseite (4) können Sie dann die Einstellungsoptionen (5) bei Bedarf über verschiedene Bedienelemente durch Antippen ändern. Die jeweiligen Optionen sind selbsterklärend.

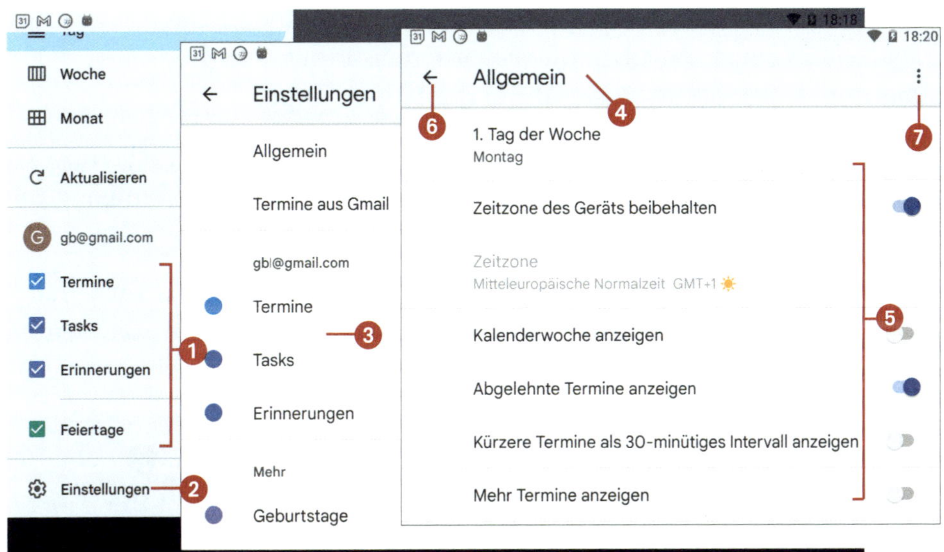

Wischen Sie mit dem Finger nach oben oder unten durch die Einstellungsseite, um alle Einstellungen anzusehen. Über *Zurück* (6) kehren Sie zur vorherigen Seite zurück. Die drei Pünktchen in der rechten oberen Ecke (7) öffnen ein Menü mit einem Befehl zum Zugriff auf die Hilfeseiten mit der Funktionsbeschreibung der App.

Notizen und Texte verwalten

Am Smartphone oder Tablet-PC wird man wahrscheinlich keine Romane schreiben. Aber manchmal ist es ganz hilfreich, wenn man einen Gedanken als Notiz festhalten oder einen Text einsehen und eine kleine Änderung vornehmen kann. Android bietet eine **Notizen-App** zum Erstellen kleiner Textnotizen. Und es gibt **Office-Pakete**, in denen Apps die Funktionen von **Schreibprogrammen** zur Gestaltung von Texten bereitstellen. In diesem Abschnitt möchte ich am Beispiel dieser Apps die unter Android gebräuchlichen Techniken zum Eingeben und Bearbeiten von Texten demonstrieren und die App kurz vorstellen.

Erste Schritte mit der Notizen-App

Um eine kurze Textnotiz zu erfassen, gibt es von Google die Notizen-App im Play-Store. Gehen Sie über die Favoritenleiste des Startbildschirms zu *Alle Apps* und tippen Sie auf das Symbol der Notizen-App.

Anschließend startet die Notizen-App mit dem nachfolgend gezeigten Symbol. An dieser Stelle noch einige Hinweise zum Umgang mit der Notizen-App:

- Die App zeigt die bereits **erstellten Notizen** (1) an. Die Farbe der Notizen ist einstellbar. Zum Öffnen einer Notiz reicht es, auf die betreffende Anzeige zu tippen. Notizen können Fotos, Sprachaufzeichnungen und Text sowie Listen beinhalten.
- In der linken oberen Ecke findet sich das Burger-Menü (2), über dessen Befehle Sie auf Notizen, Erinnerungen, das Archiv und den Papierkorb zugreifen können.
- Tippen Sie auf das eingeblendete Plus-Symbol (3), um die Notiz direkt zu erstellen (siehe die folgenden Seiten).

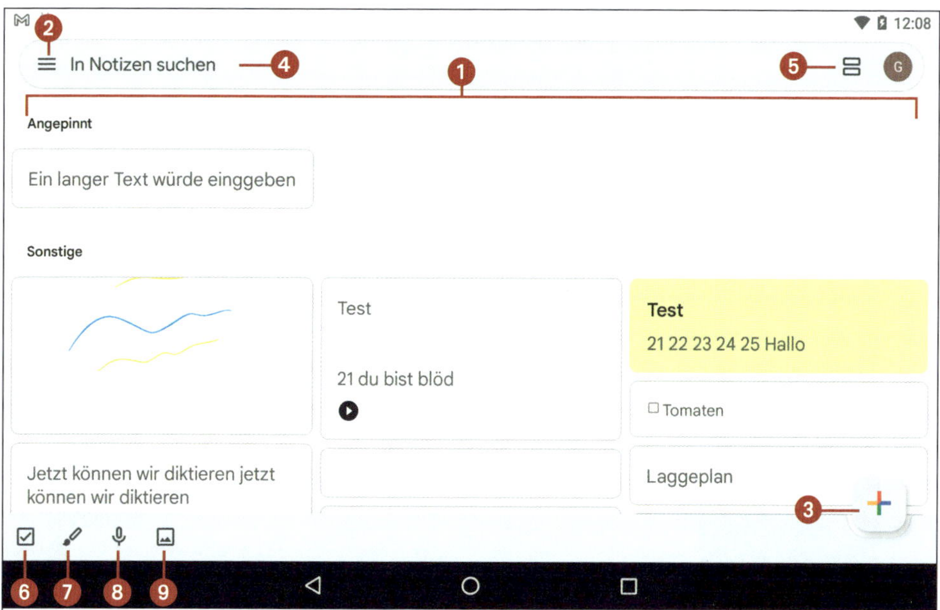

- Bei sehr vielen **Notizen** tippen Sie auf das *Suchen*-Feld (4) und geben einen **Suchbegriff** über die Bildschirmtastatur im Textfeld ein. Daraufhin filtert die App alle Notizen, in denen der Suchbegriff vorkommt und zeigt die Treffer an.
- Ein Symbol in der rechten oberen Ecke (5) ermöglicht die Umschaltung der Darstellung der Notizen mit einer Spalte untereinander oder (wie hier gezeigt) über mehrere Spalten.

Die Leiste enthält zudem Symbole, um eine neue Notiz als Liste (6), als Zeichnung (7), als Sprachaufzeichnung (8) oder mit einem Foto (9) zu erstellen. Tippen Sie auf eines dieser Symbole.

Notizen einfügen und bearbeiten

Zum Anlegen einer **neuen Notiz** tippen Sie auf das Symbol *Notiz schreiben* (siehe (3) in der vorherigen Abbildung). Zur Eingabe der Notiz wird dann ein Pop-up-Fenster eingeblendet. In diesem Fenster finden Sie alles, was zum Verfassen und Verwalten von Notizen gebraucht wird. Über die Schaltfläche

Zurück (2) verlassen Sie das Pop-up-Fenster. Die Notiz wird automatisch gespeichert.

- Tippen Sie auf die Platzhalter »Titel« (1) und »Notiz« (3) und tragen Sie den Notizentext über die eingeblendete Bildschirmtastatur (4) ein.
- Tippen Sie auf das Symbol (5), öffnet sich ein Menü, über dessen Befehle Sie ein Foto aufnehmen, ein Bild auswählen, eine Zeichnung anfertigen oder Audioaufnahmen und Kästchen einfügen.

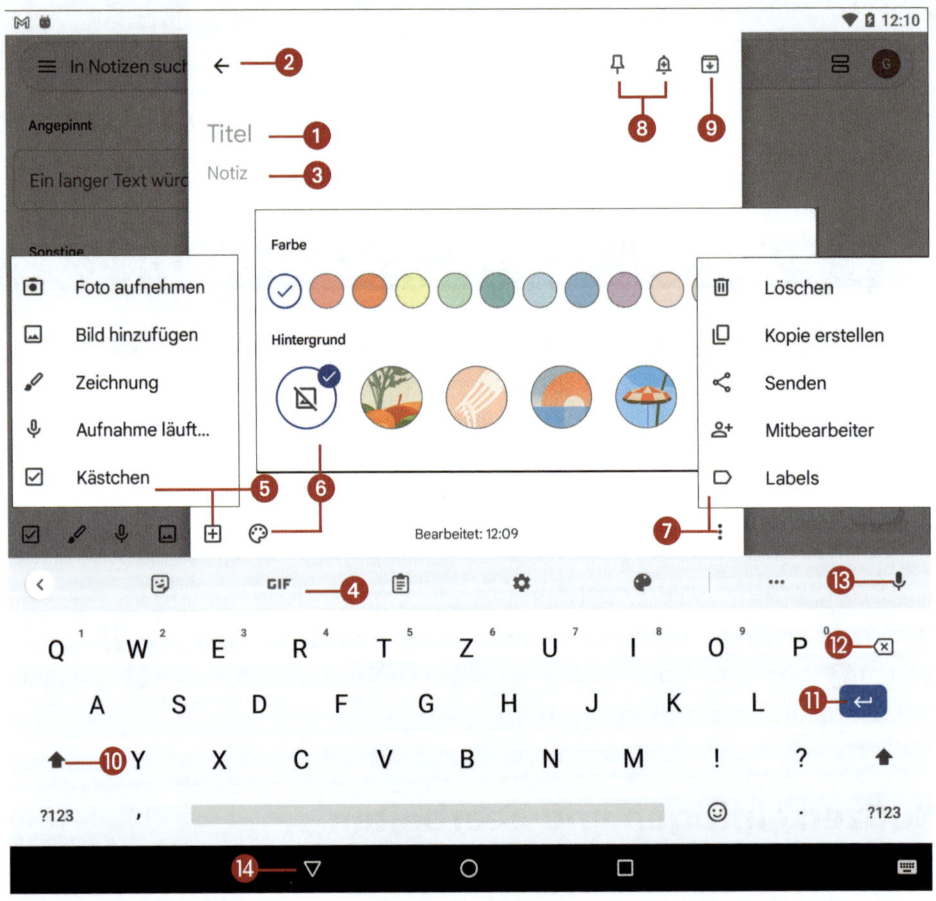

- Über das Symbol (6) öffnet sich eine Palette, mit deren Hilfe Sie die Farbe des Notizpapiers bei Bedarf über die Farbpunkte ändern können. Tippen Sie auf einen Farbpunkt, um den Hintergrund der Notiz einzufärben.
- Über das Symbol (7) öffnet sich ein Menü mit Befehlen zum Löschen der Notiz, zum Kopieren, zum Senden per E-Mail, zum Teilen mit einer anderen Person oder zur Kennzeichnung mit einem Label (*Beruflich*, *Inspiration*, *Privat*).
- Um eine Notiz im Vordergrund festzuhalten, tippen Sie auf das linke Symbol (8) mit dem Pin. Die Notiz wird in der Übersicht im Bereich *Angepinnt* aufgelistet, während andere Notizen unter *Sonstige* auftauchen. Nochmaliges Antippen löst die Notiz.
- Über das rechte Symbol (8) mit der Glocke blenden Sie ein Pop-up-Fenster zur Eingabe einer Erinnerung mit Uhrzeit oder Ort ein.
- Über das Symbol (9) schließen Sie das Pop-up-Fenster der Notiz und lassen diese archivieren. Der Zugriff auf archivierte Notizen erfolgt über den Eintrag *Archiv* im Burger-Menü.

Hier noch einige Hinweise, was bei der Texteingabe per Bildschirmtastatur zu beachten ist:

- Am Beginn eines Satzes oder nach einem Punkt wird der erste bzw. folgende Buchstabe automatisch in Großschreibung dargestellt. Mit der *Umschalt*-Taste (10) erzwingen Sie Großbuchstaben (oder kehren zur Kleinschreibung zurück).
- Mit einem Doppeltipp auf die *Umschalt*-Taste wird der **Feststelltasten-Modus** ein-/ausgeschaltet. Bei eingeschaltetem Feststelltasten-Modus lassen sich nur noch Großbuchstaben eingeben. Der Modus ist an einem kleinen Strich auf der *Umschalt*-Taste zu erkennen.
- Die Taste (11) führt in diesem Notizen-Eingabemodus einen Zeilenumbruch durch und beginnt eine neue Zeile. Die ⌫-Taste (12) löscht das Zeichen links von der Einfügemarke.

Weitere Hinweise zum Umgang mit der Bildschirmtastatur finden Sie in Kapitel 2 im Abschnitt »Arbeiten mit der Bildschirmtastatur«.

TIPP: Ist Ihnen das Eintippen des Texts (z. B. am Handy) zu mühsam, tippen Sie auf das Mikrofonsymbol (⑬). Dann lässt sich der Text per **Spracheingabe** aufsprechen. Android wandelt die gesprochenen Wörter in Text um und fügt diesen in der Notiz ein. Tippen Sie mit dem Finger auf den Notizbereich, um die **Spracheingabe** zu **beenden** und die **Bildschirmtastatur erneut anzuzeigen**. Die **Bildschirmtastatur** lässt sich übrigens jederzeit über die *Zurück*-Taste (⑭) des Navigationsbereichs **ausblenden** (siehe letzte Abbildung).

Um eine **Notiz** zu **bearbeiten**, tippen Sie diese einfach in der App an und passen den Text im angezeigten Pop-up-Fenster an.

Notizen mit Listen und weitere Funktionen

Eine Notiz lässt sich als Aufzählung (Liste) gestalten. Zudem können Sie Notizen per Mail weiterleiten oder teilen.

1 Zum Erstellen einer Liste wählen Sie in der Notiz-App das Symbol *Neue Liste* (siehe Symbol (⑥) im Bild auf Seite 161) im Abschnitt »Erste Schritte mit der Notizen-App« weiter oben in diesem Kapitel).

2 Dann tippen Sie den Text hinter dem Kontrollkästchen ein. Einen neuen Listenpunkt erzeugen Sie durch Antippen des Platzhalters + *Listeneintrag*.

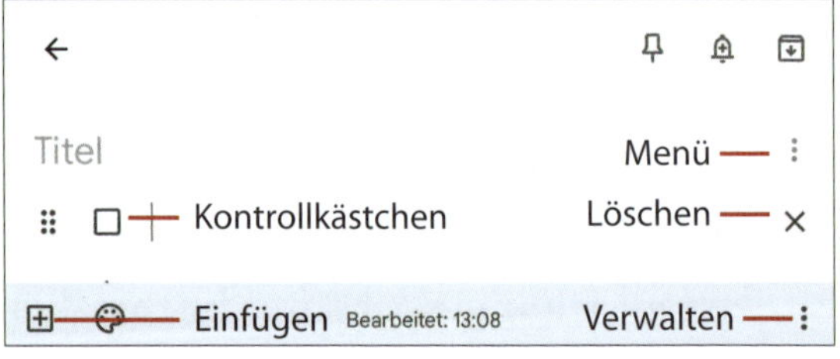

Bei Listen werden die Aufzählungspunkte mit vorangestellten Kontrollkästchen versehen.

HINWEIS: Innerhalb einer Notiz lässt sich links unten das Symbol *Einfügen* anwählen. Dann kann der Menübefehl *Kästchen* gewählt werden, um die Listenansicht einzublenden. Tippen Sie auf die drei Pünktchen, öffnet sich ein Menü mit dem Befehl *Kontrollkästchen ausblenden*, um die **Listenanzeige ein- oder auszuschalten.** Rechts neben einem Listeneintrag findet sich ein Symbol zum Löschen dieses Eintrags.

Die drei Pünktchen rechts unten öffnen ein Menü, in dem Sie auch Befehle finden, um eine **Notiz** zu **löschen**, eine Kopie zu erstellen oder die Notiz per E-Mail zu versenden oder mit jemanden zu teilen. Die Notiz lässt sich aber nur löschen, wenn sie vorher bereits gespeichert wurde. Mit dem Befehl *Label* lässt sich eine Notiz in Kategorien wie *Beruflich*, *Inspiration* oder *Privat* einsortieren.

Zum **Versenden einer Notiz** öffnen Sie das Menü über das Symbol *Verwalten* und wählen den Befehl *Senden*.

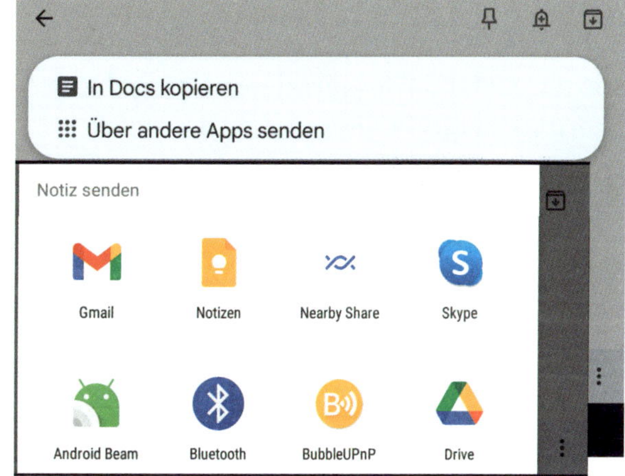

In einem Pop-up-Fenster wählen Sie zwischen *In Docs kopieren*, wenn die Notiz in Google Docs übernommen werden soll, oder *Über andere Apps senden*.

Im eingeblendeten Fenster *Notiz senden* wählen Sie anschließend die App (z. B. *Gmail*). Dann wird die Notiz in die App übernommen und lässt sich beispielsweise per E-Mail versenden. Die Handhabung der Funktionen zum Versenden ist in Kapitel 4 am Beispiel von E-Mails beschrieben.

HINWEIS: Der Befehl *Mitarbeiter* im Menü *Verwalten* öffnet das gleichnamige Pop-up-Fenster, in dem Sie Benutzer (mit deren E-Mail-Adresse) hinzufügen können. Tippen Sie auf *Speichern*, um diesen Personen die Notiz zukommen zu lassen.

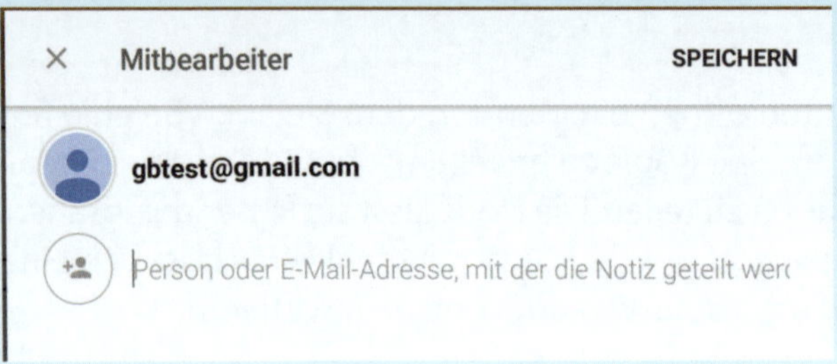

Foto- und Sprachnotizen

Statt eine Textnotiz zu erstellen, können Sie auch eine **Audioaufzeichnung** starten. Oder Sie fotografieren etwas (Dokument, Schild, Person etc.) und speichern das Foto in einer Notiz.

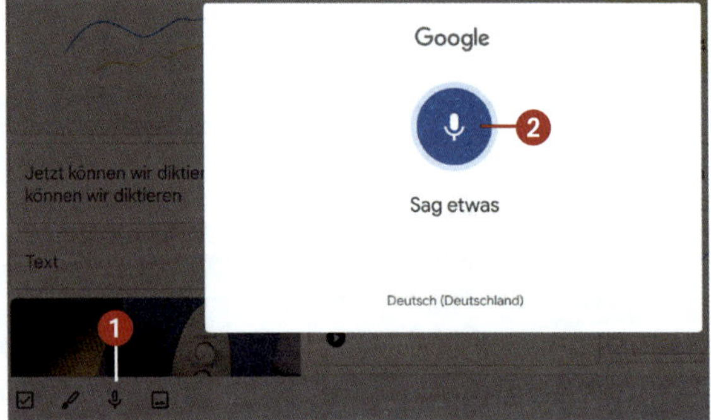

- Um eine **Sprachnotiz** anzufertigen, tippen Sie in der Notiz-App einfach auf das Mikrofonsymbol (1) der Leiste und sprechen dann die Aufzeichnung ein.
- Die Sprachaufzeichnung funktioniert, solange die *Sag etwas*-Anzeige (2) sichtbar ist. Bei Inaktivität oder falls Sie auf das Feld tippen, wird die Aufzeichnung unterbrochen. Tippen Sie erneut auf das Feld, um die Sprachaufzeichnung erneut zu starten.
- Ist die Sprachaufzeichnung fertig, tippen Sie auf einen Bereich neben dem Feld *Sag etwas*.

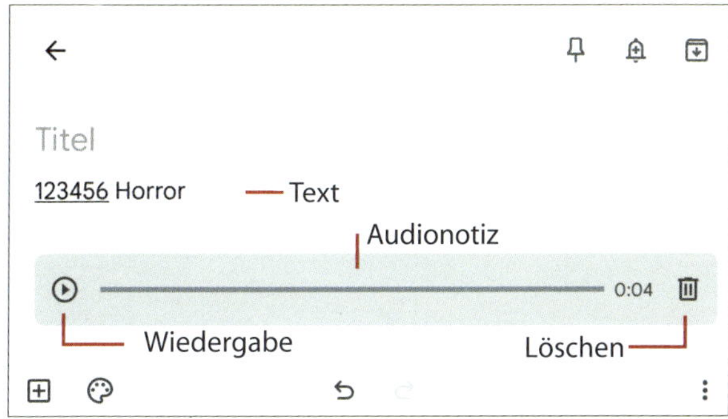

Sobald die Sprachaufzeichnung beendet wurde, sehen Sie die Audionotiz im Notizenfenster. Erkannte Begriffe wurden zusätzlich in Text umgewandelt und eingetragen. Am linken Rand der Audionotiz befindet sich eine *Wiedergabe*-Schaltfläche und am rechten Rand gibt es eine *Löschen*-Schaltfläche.

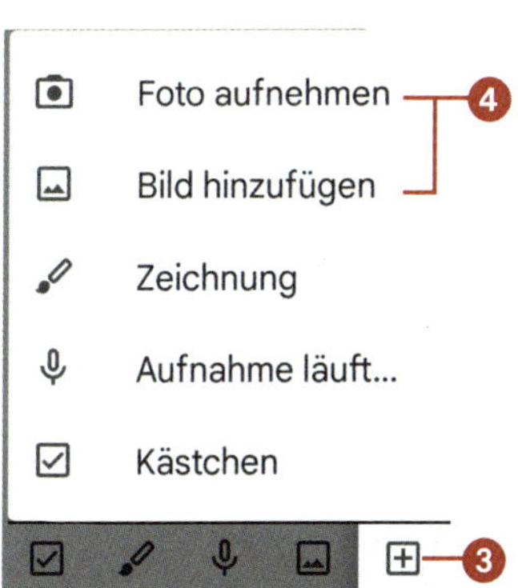

Bei Bedarf tippen Sie auf das Titelfeld und fügen noch einen Titeltext hinzu. Zudem können Sie auf den Textbereich tippen und auch dort Textanmerkungen hinterlassen. Dies funktioniert wie das Anfertigen von Textnotizen.

- Möchten Sie eine **Fotonotiz anfertigen**, tippen Sie in der Notiz-App links unten auf das Menüsymbol (3).
- Wählen Sie im Menü den Befehl *Foto aufnehmen* (4), um das Bild mit der Kamera des Android-Geräts aufzunehmen.
- Tippen Sie in der Kamera-App auf das Symbol des Auslösers (5) und bestätigen Sie dann das angezeigte *OK*-Symbol (6), um das Foto in die Notiz zu übernehmen.
- Über den Befehl *Bild auswählen* des Menüs öffnet sich die Dateiauswahl. Tippen Sie einfach auf das einzufügende Foto.

Die Notiz mit dem eingefügten Foto lässt sich mit einem Titel und ggf. ergänzendem Text versehen und dann wie jede andere Textnotiz speichern (siehe die vorherigen Abschnitte).

Textbearbeitung

Zum Abschluss stelle ich Ihnen noch einige Funktionen und Techniken zur Korrektur von Texten vor. Weiterhin streifen wir kurz einige Apps zur Textbearbeitung.

Rechtschreibkorrekturen bei Texteingaben

Android verfügt über eine integrierte Rechtschreibprüfung, die Sie z. B. bei der Texteingabe in der Notizen-App unterstützt.

1 Tippen Sie einen Begriff mit einem Schreibfehler (1) ein, erscheint ein Vorschlag für die korrekte Schreibweise (2) am oberen Rand der Bildschirmtastatur.

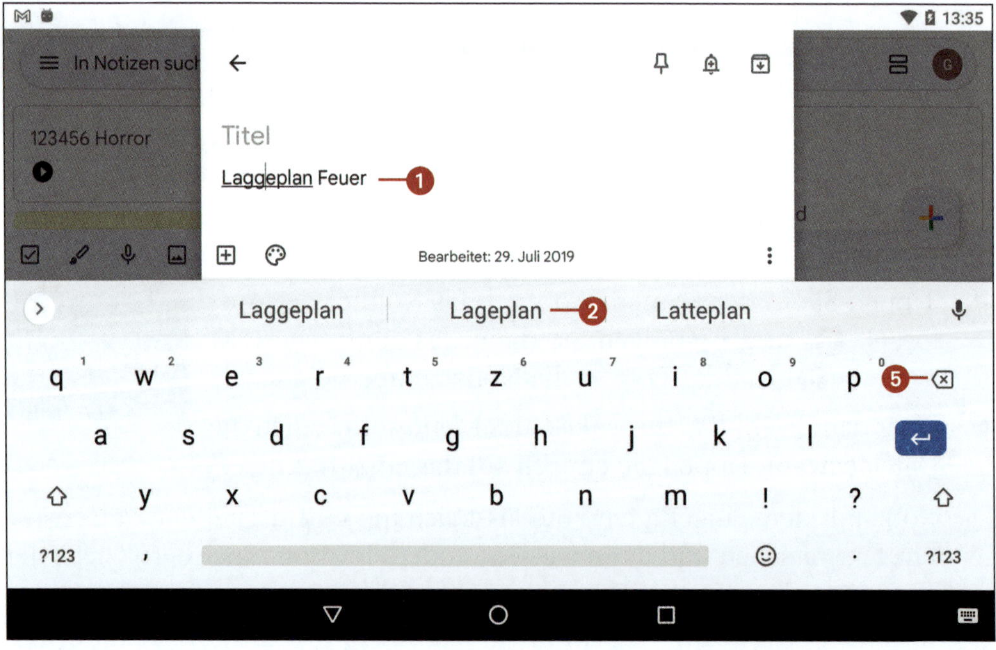

2 Tippen Sie den Vorschlag an, um die korrekte Schreibweise zu übernehmen.

Bereits eingegebene Texte lassen sich ebenfalls korrigieren, indem Sie folgende Techniken verwenden:

- Tippen Sie mit dem Finger auf eine Textstelle, wird dort die Schreib- oder **Einfügemarke** (3) (der senkrechte blinkende Strich) positioniert. Texteingaben erfolgen links von der Einfügemarke.

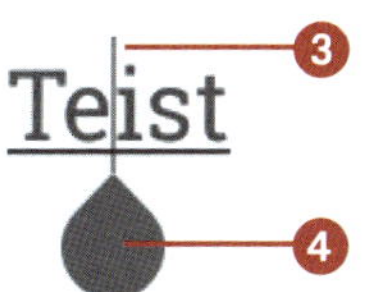

- Android blendet dann einen Korrekturvorschlag am oberen Rand der Bildschirmtastatur (2) ein. Tippen Sie auf den Korrekturvorschlag, um den Schreibfehler zu korrigieren.
- Bei Bedarf können Sie die Einfügemarke (senkrecht blinkender Strich) über den kurzzeitig eingeblendeten Marker (4) im markierten Wort mit dem Finger verschieben.
- Dann lassen sich Zeichen links von der Schreibmarke über die *Rück*-Taste (5) löschen.

Mit diesen Techniken lassen sich bereits eingegebene Texte ergänzen und Schreibfehler korrigieren.

HINWEIS: Optionen der Rechtschreibprüfung anpassen

Um die Optionen der Rechtschreibkorrektur einzusehen bzw. anzupassen, starten Sie die App *Einstellungen*. Wählen Sie die Kategorie *Sprache & Eingabe*. Dann können Sie über die Unterkategorien *Rechtschreibprüfung* und *Mein Wörterbuch* die Optionen der Rechtschreibprüfung und das zur Prüfung verwendete Benutzerwörterbuch einsehen.

Techniken zur Textbearbeitung

Unter Android gibt es weitere Techniken, um Texte zu markieren, auszuschneiden, zu kopieren und komfortabel zu bearbeiten. Da diese Techniken allgemein in allen Apps anwendbar sind, möchte ich am Beispiel einer Notiz in der Notiz-App kurz darauf eingehen:

- Tippen Sie mit dem Finger auf eine Textstelle, wird dort die Schreib- oder **Einfügemarke** (1) positioniert. Über den vorübergehend eingeblendeten Marker (2) lässt sich die Einfügemarke mit dem Finger verschieben.
- Um einen Text zu markieren, drücken Sie den Finger ein paar Sekunden auf die Textstelle. Oder Sie wählen das zu korrigierende Wort durch Doppeltippen an.
- Daraufhin wird der Text farbig gekennzeichnet (3) und am Anfang sowie Ende der Markierung werden Marker (4) angezeigt. Verschieben Sie die Anfangs- oder Endmarke, um den Markierungsbereich anzupassen.

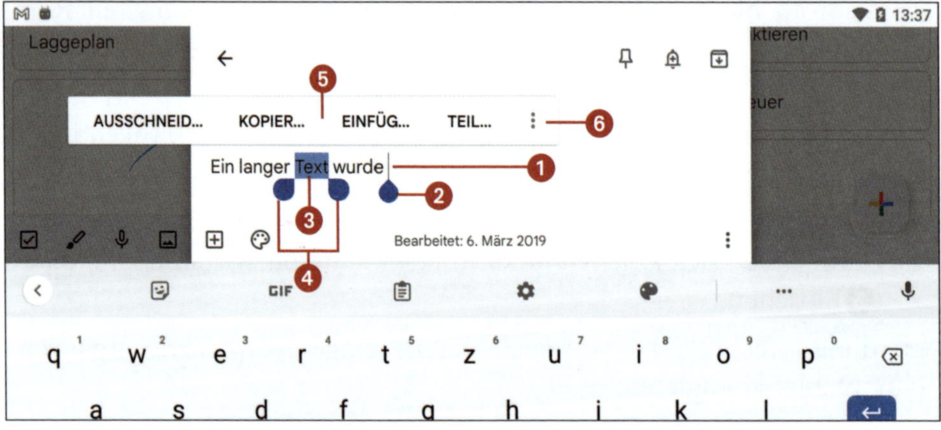

Sobald Sie Texte markieren, erscheint eine Leiste (5) mit verschiedenen Befehlen zur Auswahl von Funktionen.

- Wählen Sie den Befehl *Ausschneiden*, um den markierten Inhalt aus der Notiz zu entfernen und in die sogenannte **Zwischenablage** einzufügen.
- Mit dem Befehl *Kopieren* wird der markierte Inhalt als Kopie in die Zwischenablage übertragen.
- Tippen Sie die drei Pünktchen (6) und im Menü auf *Alles auswählen*, um den **gesamten Text** im Schreibbereich der App zu **markieren**.
- Drücken Sie den Finger auf eine andere Stelle im Textbereich, erscheint der Menübefehl *Einfügen* im Text oder in der Leiste. Wählen Sie den Befehl, wird der vorher ausgeschnittene oder kopierte Text aus der Zwischenablage in die Notiz an der Position der Einfügemarke eingefügt.
- Mit dem Befehl *Teilen* öffnet sich ein Pop-up-Fenster zur Auswahl einer App (z. B. Gmail). Durch Auswahl der App wird der markierte Text an die gewählte App übertragen.

HINWEIS: Die **Zwischenablage** ist ein interner Speicherbereich, in den Apps Daten ablegen und wieder abrufen können. Dies funktioniert nicht nur innerhalb einer App, sondern auch über mehrere Apps hinweg. Sie können beispielsweise im Google-Chrome-Browser einen Text oder ein Bild markieren, *Kopieren* wählen, zur Notizen-App wechseln und dort das Bild oder den Text über *Einfügen* aus der Zwischenablage übernehmen. Bei manchen Apps wird die Leiste mit den Befehlen am oberen Rand des Fensters angeordnet.

Die in diesem Abschnitt am Beispiel der Notizen-App vorgestellten Techniken lassen sich bei anderen Apps ebenfalls zur Textkorrektur verwenden. Die Nutzung der Zwischenablage klappt nicht nur bei Text, sondern es können auch Fotos zwischen Apps oder Notizen übertragen werden.

Apps zur Textverarbeitung

Neben der Notizen-App können Sie aus dem App-Store auch Office-Lösungen mit umfangreicheren Funktionen zur Texterfassung und -gestaltung einsetzen. Hier ein schneller Überblick.

Microsoft Word für Android

Microsoft stellt ein komplettes Office-Paket für Android bereit. Wer nach »Microsoft Word für Tablet« im Google Play Store sucht, bekommt die App für sein Android-Gerät angeboten.

Die App ist kostenlos erhältlich, stellt in diesem Fall aber nur Basisfunktionen zur Anzeige von Word-Dokumenten zur Verfügung. Über In-App-Käufe kann man ein Office-365-Abonnement abschließen und erhält dann Zugriff auf weitere Funktionen. Mit einem Office-365-Abonnement stehen mit Word, Excel und PowerPoint vollwertige Office-Funktionen bereit. Das Schöne an Word für Android: Es ist mit dem auf Windows-Rechnern verfügbaren Word 2013/2016 kompatibel.

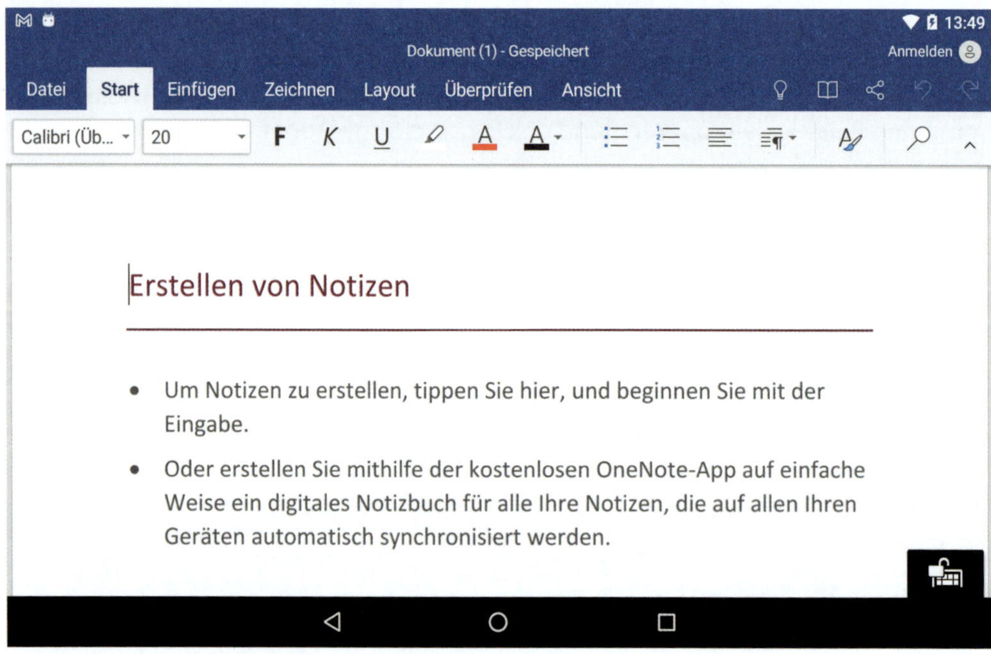

HINWEIS: Was mich aber stört, ist die Downloadgröße von über 100 MByte für die Microsoft-Word-App, was schon enorm ist. Zudem stellt die App recht hohe Anforderungen an das Android-Gerät.

Google Docs

Google bietet als Hersteller von Android ebenfalls ein kostenloses Office-Paket im Google Play Store für Android an. Sucht man nach »Google Docs«, wird die App zur kostenlosen Installation angeboten. Mit Google Docs lassen sich Dokumente erstellen, ändern und dann auf den Onlinespeicher Google Drive hochladen.

Hier ist die Darstellung eines Word-Dokuments auf einem Android-Tablet-PC zu sehen. Am oberen App-Rand finden Sie zwei Leisten mit Symbolen, um das Dokument zu formatieren oder über ein Menü auf weitere Befehle zuzugreifen.

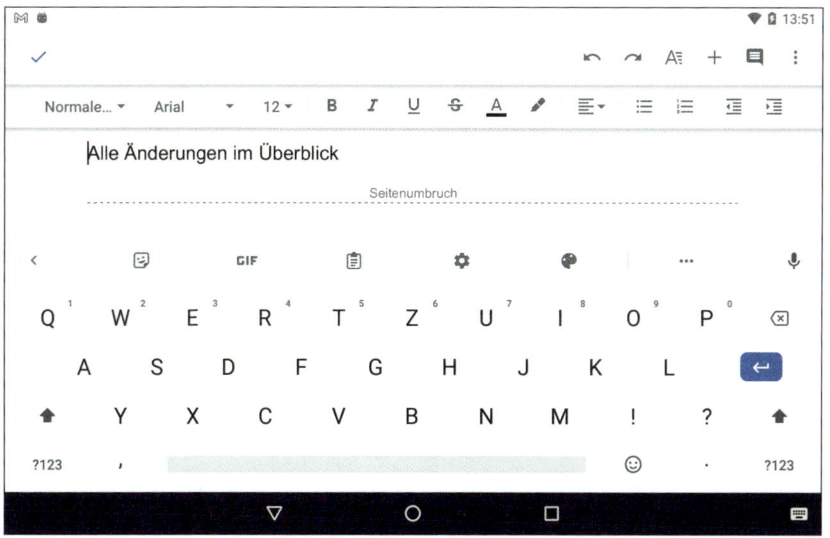

Google Docs kann dabei auch Microsoft-Word-Dokumente aus dem Onlinespeicher Google Drive oder lokal aus dem Gerätespeicher öffnen und anzeigen. Wird aber ein Word-Dokument von einem Windows-System auf das Android-Gerät (z. B. per USB-Kabel) kopiert, lassen sich die mit dem Word-Dokument verknüpften Bilder nicht anzeigen.

TextMaker Mobile von SoftMaker

Von der deutschen Firma SoftMaker gibt es eine sehr interessante Office-Alternative, die in der Mobile-Version gratis ist. Das komplette Office-Paket mit TextMaker Mobile, PlanMaker Mobile und Presentations Mobile ist auf meinem Medion-Tablet sogar vorinstalliert. Suchen Sie im Google Play Store nach TextMaker Mobile, wird Ihnen die betreffende App zum kostenlosen Download angeboten.

Mit TextMaker lassen sich Word-Dokumente sowohl am Windows-Rechner als auch auf dem Android-Geräte ansehen und bearbeiten. TextMaker kann sowohl Dokumente aus dem Gerätespeicher als auch von Onlinespeichern wie Google Drive, Microsoft OneDrive oder Dropbox lesen.

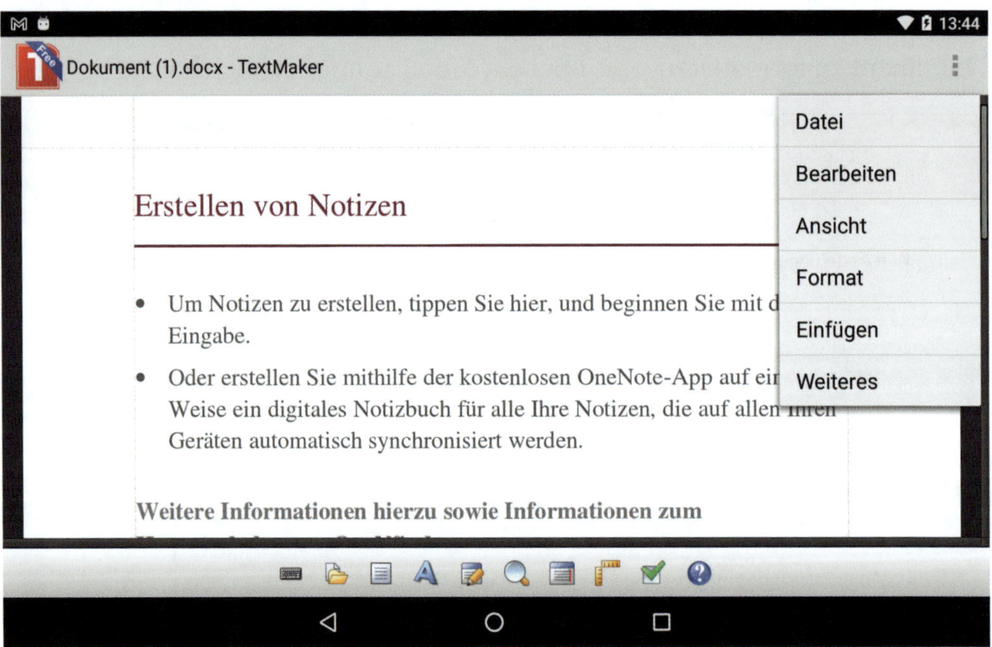

HINWEIS: Auch die **OfficeSuite** von MobiSystems verfügt über eine sehr leistungsfähige Textverarbeitung und kann sogar PDF-Dateien bearbeiten. Die Benutzeroberfläche ist zudem sehr intuitiv gestaltet. Was mich persönlich stört: Die App will bei der Installation umfangreiche Zugriffsrechte, zeigt in der Gratisversion bei jedem Start eine Registrierungsseite zur Anmeldung an Facebook & Co. (lässt sich überspringen) und blendet ständig eine Werbeanzeige am unteren Rand ein.

Die Beschreibung der App-Funktionen führt aber über den Ansatz dieses Buchs hinaus. In diesem Kapitel habe ich Ihnen eine Einführung in das Arbeiten mit den Apps *Termine* und *Notizen* gegeben. Zudem kennen Sie die wichtigsten Techniken zur Textbearbeitung, zur Rechtschreibprüfung und zur Verwendung der Zwischenablage. Weiterhin habe ich einen kurzen Überblick über Office-Apps zur Textbearbeitung gegeben. Im nächsten Kapitel lernen Sie die Fotos-App kennen.

6

Fotofunktionen

Das lernen Sie in diesem Kapitel:

- Die Kamera-App
- Fotos und Dateien austauschen
- Fotos und Videos verwalten
- Fotobearbeitung

Mittlerweise verfügt jedes Android-Smartphone und jeder Tablet-PC mit Android über Kameras, mit denen sich Fotos und Videos anfertigen lassen. Zudem können Sie Fotos vom Android-Gerät auf den Computer übertragen sowie bei Bedarf auch Fotos von Digitalkameras oder vom Computer auf das Android-Geräte zurückkopieren. Die Fotos lassen sich ansehen und auch bearbeiten. Dieses Kapitel stellt Ihnen die Fotofunktionen von Android vor.

Die Kamera-App

Verwenden Sie die Kameras auf der Front- und Rückseite des Android-Geräts, um sowohl Foto- als auch Videoaufnahmen anzufertigen. In diesem Abschnitt stelle ich Ihnen die Funktionen der Google Kamera-App vor.

Einstieg in die Kamera-App

Fast jedes Android-Smartphone bzw. jeder Tablet-PC mit Android besitzt zumindest auf der Rückseite und häufig auch auf der Vorderseite eine Kamera. Während sich die Frontkamera eher für Videounterhaltungen und zur Aufnahme der berühmten »Selfies« (Selbstporträts) eignet, kann die Rückseitenkamera durchaus als Ersatz für eine Handy- oder Digitalkamera angesehen werden. Die Kamera-App stellt Ihnen die Funktionen zur Bedienung der Kameras und zur Aufzeichnung von Fotos und Videoaufnahmen bereit.

1 Zum Zugriff auf die Kamerafunktionen des Android-Geräts starten Sie die Kamera-App über das hier gezeigte Symbol.

Das Symbol der Kamera ist standardmäßig in der Favoritenleiste eingetragen. Diese befindet sich entweder am unteren oder rechten Rand des Bildschirms. Sie finden das Symbol der Kamera-App aber ggf. auch unter *Alle Apps*.

2 Verwenden Sie anschließend die Fotofunktionen der Kamera-App, um Fotos aufzunehmen und Videos aufzuzeichnen.

Die gespeicherten Ergebnisse können anschließend von der nachfolgend beschriebenen Fotos-App angezeigt werden. Die Kamera-App zeigt beim Start sowohl ein Bild der Kamera als auch Bedienelemente.

- Normalerweise reicht es, die Kamera so zu halten, dass das Motiv scharf auf dem Bildschirm erscheint.
- Anschließend tippen Sie mit dem Finger auf das angezeigte Auslösersymbol.

Mehr müssen Sie eigentlich für einfache Schnappschüsse nicht wissen. Sie können dabei den Tablet-PC oder das Smartphone im Hoch- oder Querformat halten, um das Motiv als Porträt- oder Landschaftsaufnahme zu fotografieren.

TIPP: Bei einigen Smartphones lässt sich auch die Lautstärketaste als Auslöser für die Kamera verwenden. Bei Android-Smartphones (oder bei Kamera-Apps der Gerätehersteller) werden ggf. mehr Bedienelemente (z. B. zum Umschalten der Kamera oder zum Zugriff auf die Einstellungen) als hier gezeigt, eingeblendet. Näheres entnehmen Sie bitte der Bedienungsanleitung des Geräts.

Kamerabedienung, kurz und bündig

Da viele Android-Geräte zwei Kameras besitzen und sich diese auch zur Aufnahme von Fotos oder Videos verwenden lassen, sollten Sie die zusätzlichen Bedienoptionen kennen. Nachfolgend werden die Bedienelemente der Google-Kamera-App beschrieben, die aber in anderen Kamera-Apps in ähnlicher Form vorhanden sind.

1 Tippen Sie auf die in der Kamera-App in einer Ecke angezeigten drei Pünktchen (❶).

2 Tippen Sie dann auf die Symbole der angezeigten Kamera-Optionen (❿), um die Funktionen abzurufen.

Ich habe die relevanten Bedienelemente einmal in einer Bildmontage zusammengeführt. Welche Bedienelemente bzw. Kamera-Optionen vorhanden sind, hängt vom Gerät ab. Unter Android 7 kann es sein, dass die Kamera-App die hier erwähnten Symbole direkt in der App anzeigt, sodass die drei Pünktchen (❶) fehlen. Ich habe im nachfolgenden Bild zwei verschiedene Optionsleisten von einem Tablet-PC und einem Smartphone zusammengestellt:

- Das hier am oberen Rand der Bedienleiste sichtbare Kamerasymbol (❷) dient der **Umschaltung** zwischen **Front**- und **Rückseitenkamera**. Tippen Sie auf das Symbol, um die Kamera zu wechseln. Welche Kamera gerade benutzt wird, sehen Sie am angezeigten Motiv. Die Frontkamera zeigt das Motiv übrigens seitenverkehrt an. Dies wird aber beim Speichern korrigiert.
- Der *Aufhellblitz* (❸) wird als Symbol nur angeboten, wenn die Rückseitenkamera über ein **LED-Blitzlicht** verfügt. Durch mehrfaches Antippen des Symbols lässt sich der LED-Blitz zuschalten, abschalten oder als Aufhellblitz aktivieren. Ein **Aufhellblitz** wird verwendet, um das Motiv im Vordergrund etwas besser auszuleuchten und ggf. Schatten zu vermeiden.
- Das Kürzel *HDR* (❹) (steht für High Dynamic Range) und ermöglicht Aufnahmen in Situationen, die einen hohen Kontrastverlauf haben (z. B. Lichtquellen vor einem dunklen Hintergrund). Standardmäßig neigen Kameras dann zur Unter- oder Überbelichtung des Fotos. Im **HDR-Modus** werden mehrere Fotos mit unterschiedlichen Belichtungszeiten

aufgenommen. Anschließend fügt die App die jeweils besten Bereiche aus diesen Fotos zu einem Foto zusammen.

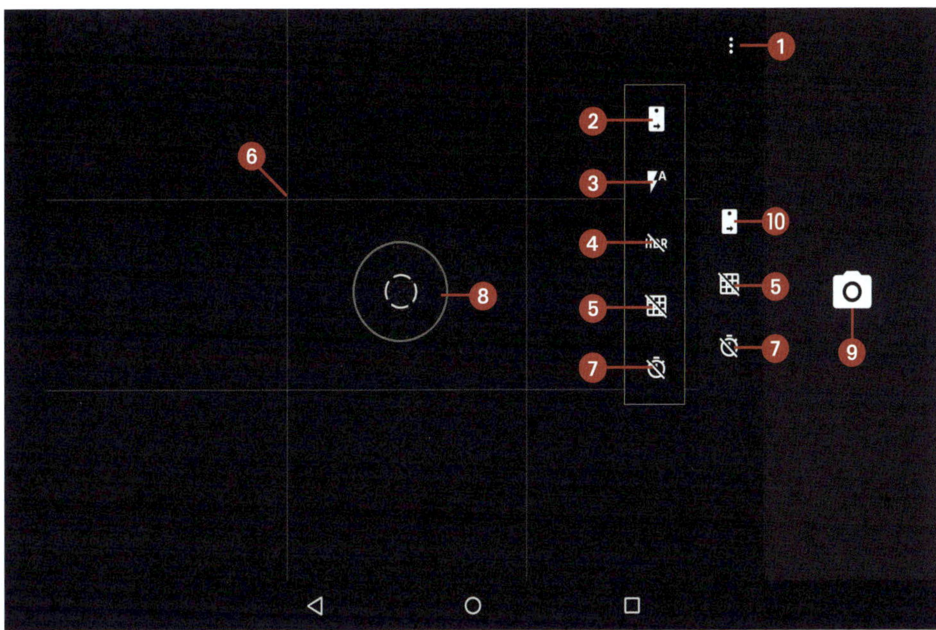

- Tippen Sie auf das Symbol (5), um ein **Raster** (6) über den Bildausschnitt mit dem Motiv zu legen oder das Raster wieder auszublenden. Das Raster ist hilfreich, um das Android-Gerät bei der Aufnahme am Motiv (z. B. Horizont, Kanten von Dokumenten etc.) auszurichten.
- Ein Antippen des Symbols (7) blendet ein Menü des Aufnahmetimers ein. Dort können Sie den **Aufnahmetimer** (Selbstauslöser) auf *Aus*, *3 Sekunden* und *10 Sekunden* einstellen. Welcher Modus aktiv ist, wird eingeblendet. Bei aktiviertem Timer wird das Foto erst nach Ablauf der eingestellten Wartezeit ausgelöst. Ist das Android-Gerät auf einem Stativ montiert, ermöglicht dies Aufnahmen mit Selbstauslöser.
- Der große Kreis (8) zeigt den Autofokuspunkt in der Aufnahme an. Dort sollte das Motiv scharf sein. Tippen Sie ggf. auf einen Punkt auf dem Bildschirm, um den Fokuspunkt auf diese Stelle des Motivs zu legen.

- Meist lässt sich auch eine digitale **Zoomfunktion** der Rückseitenkamera verwenden. Legen Sie einfach zwei Finger auf das Display und spreizen Sie diese. Es wird kurzzeitig eine Linie eingeblendet und dann sollte das Motiv auf dem Bildschirm vergrößert erscheinen. Durch Zusammenziehen von Daumen und Zeigefinger auf dem Display lässt sich der Zoom wieder rückgängig machen.

Sobald die Kameraoptionen festgelegt wurden und der Fokuspunkt gefunden ist, tippen Sie auf den **Kameraauslöser** (9). Damit fertigen Sie ein Foto von der gewählten Kamera an, lösen den Selbstauslöser aus oder starten und beenden eine Videoaufzeichnung.

HINWEIS: Je nach Gerät und verwendeter Kamera-App sind eventuell weitere Optionen verfügbar. So kann die Kamera-App ab Android 5 bei bestimmten Smartphones einen sogenannten RAW-Modus verwenden. Bei diesem Modus werden die Rohdaten des Kamera-Chip gespeichert und lassen sich später in einem Fotobearbeitungsprogramm zu einem Foto kombinieren.

Das obige Bild zeigt die Bedienelemente der Kamera-App eines Motorola-Moto-G5-Smartphones. Details zur Bedienung der jeweiligen Foto-App entnehmen Sie bitte der Bedienungsanleitung des Geräts.

ACHTUNG: Android-Geräte mit GPS-Funktion können den Aufnahmeort erfassen und dann in den Fotodateien speichern. Was einerseits eine nette Funktion ist, stört vielleicht manchen Nutzer. Ob der Standort mit den Fotos gespeichert wird, lässt sich in den Einstellungen der Kamera-App festlegen (siehe den Abschnitt »Zugriff auf die Kamera-Einstellungen« weiter unten in diesem Kapitel).

Spezielle Kamerafunktionen verwenden

Mit den obigen Techniken kommen Sie bereits recht weit. Sie können mit Vorder- und Rückseitenkamera, mit oder ohne Blitz und Selbstauslöser arbeiten und auch ein Raster ein-/ausblenden. Aber ich hatte doch erwähnt, dass man mit Android-Geräten auch Videos aufnehmen kann. Die Android-Kamera-App hat noch einige Funktionen in petto, die aber etwas versteckt sind:

1 Wischen Sie vom linken Rand mit dem Finger zur Mitte, erscheint eine Liste mit Funktionen. Oder es gibt ein eigenes Symbol, um weitere Funktionen der Kamera-App einzublenden.

2 Tippen Sie anschließend auf einen der Einträge, um die Funktion zu verwenden.

Beachten Sie, dass möglicherweise nicht alle Funktionen auf Ihrem Android-Gerät verfügbar sind.

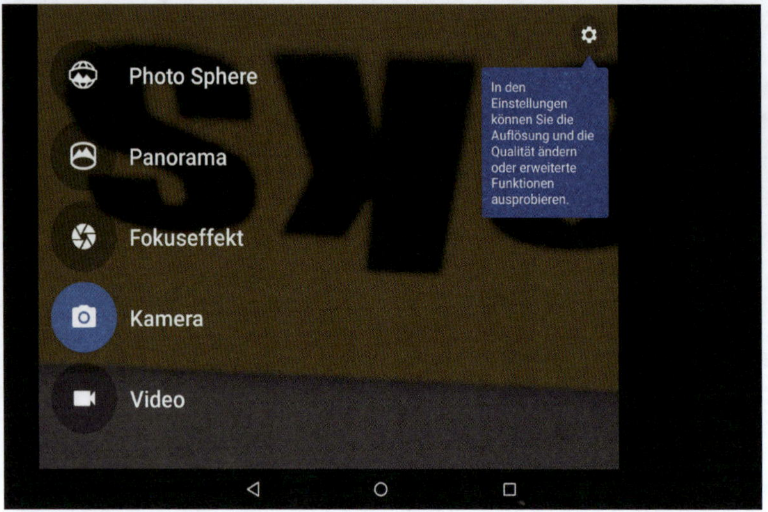

HINWEIS: Oft wird das Symbol eines Zahnrädchens eingeblendet. Über dieses Symbol können Sie direkt auf die Einstellungen der Kamera-App zugreifen (siehe Abschnitt »Zugriff auf die Kamera-Einstellungen« weiter unten in diesem Kapitel).

Auch hier erneut der Hinweis, dass die genaue Darstellung auf Ihrem Gerät abweichen kann. Aus Platzgründen werden diese Besonderheiten im Buch nicht beschrieben.

Panoramaaufnahmen leicht gemacht

Über die Funktion *Panorama* fertigen Sie Panoramaaufnahmen an. Dabei werden die Einzelbilder eines Kameraschwenks zu einem einzigen (sehr breiten) Bild kombiniert. Hier sehen Sie ein Beispiel, das ich im Wohnzimmer als Panoramafoto aus Einzelbildern aufgenommen habe.

Hier einige Hinweise dazu, wie Sie Panoramafotos aufnehmen.

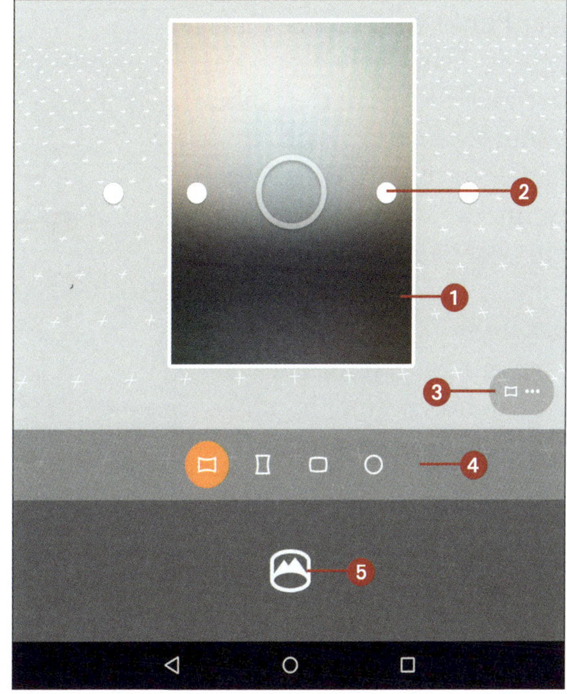

- Blenden Sie in der Kamera-App die Befehle durch Wischen oder das angebotene Symbol zum Abrufen der Funktionen ein und tippen Sie auf den Befehl *Panorama*. Sollte eine kurze Einführung erscheinen, lesen Sie sich diese durch und schließen die Seite durch Wischen oder über die eingeblendete *OK*-Schaltfläche.
- Danach wird ein kleiner Bildausschnitt des Motivs auf dem Bildschirm eingeblendet (1). Kleine weiße Punkte (2) signalisieren die Aufnahmepositionen für die Einzelbilder des Panoramafotos. Im hier gezeigten Bild habe ich einen horizontalen Panoramamodus eingestellt.
- Tippen Sie bei Bedarf in der Kamera-App auf das (hier als Bildmontage eingeblendete) Symbol (3), um die Kontrollleiste (4) mit den Symbo-

len zur Auswahl des Modus für die Panoramaaufnahme einzublenden. Tippen Sie auf ein Symbol in der Leiste, um den Aufnahmemodus wie horizontales oder vertikales Panorama auszuwählen.

- Visieren Sie den ersten Motivausschnitt für das Panoramafoto mit der Kameralinse an und tippen Sie in der Kontrollleiste auf das Auslösersymbol (5).
- Anschließend bewegen Sie das Android-Gerät so, dass die Kameralinse auf einen weiteren Ausschnitt des Panoramas zeigt. Sobald ein gefüllter Punkt (7) im Fotoausschnitt auftaucht, bringen Sie diesen mit dem weißen Kreis (6) zur Deckung.

Der Punkt wird zuerst weiß gefüllt dargestellt. Sobald der weiße Kreis in die Nähe kommt, ändert sich die Farbe in Blau. Jedes Mal, wenn der weiße Kreis für ein paar Sekunden mit dem blauen Punkt zur Deckung gebracht wird, fertigt die App ein Einzelfoto an. Das ist zu hören und in einer Fortschrittsanzeige auch zu sehen. Auf diese Weise nehmen Sie die Einzelfotos des Panoramabilds mit der Kamera-App auf.

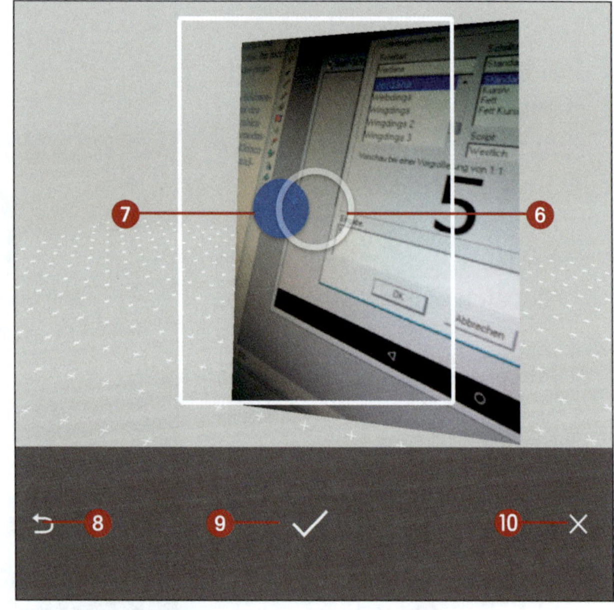

- Sobald das erste Foto geschossen wurde, blendet die App eine Kontrollleiste mit drei Symbolen ein.
- Über die Symbole verwerfen Sie die letzte Aufnahme (8), beenden die Aufnahme des Panoramafotos (9) oder verwerfen die gesamte Sequenz der bisher aufgenommenen Einzelfotos (10).

Das Verwerfen aller Aufnahmen muss von Ihnen in einem Pop-up-Fenster explizit bestätigt werden. Sobald Sie die Einzelaufnahmen über das Symbol (9) der Kontrollleiste akzeptieren, werden die Fotos automatisch von der Kamera-App zu einem Panoramabild zusammengesetzt und im Foto-Ordner gespeichert.

HINWEIS: Beachten Sie, dass die genaue Handhabung der Panoramafunktion von der Kamera-App abhängt. Bei meinem Motorola-Moto-G30-Smartphone muss ich beispielsweise die Fotoaufnahme starten und dann die Kamera über den gewünschten Panoramaausschnitt bewegen. Beendet wird dies durch Tippen auf die Aufnahmetaste der App.

Den Fokussiereffekt nutzen

Bei Aufnahmen von Motiven ist es häufig erwünscht, dass der Fokus, d. h. der Bereich der größten Schärfe, auf einen Motivausschnitt (z. B. Person einer Gruppe) gelegt wird. Mit dem Fokussiereffekt kann dies auch nach der Aufnahme erfolgen:

- Wischen Sie in der Kamera-App vom linken Rand nach rechts und tippen Sie in der angezeigten Befehlsliste auf *Fokuseffekt* (siehe Abschnitt »Spezielle Kamerafunktionen verwenden« weiter oben in diesem Kapitel).
- In der Anzeige sollte dann das von der Kamera erfasste Motiv (1) zu sehen sein. Bei Bedarf können Sie auf die drei Pünktchen (2) tippen und dann zwischen Front- und Rückseitenkamera umschalten (3) sowie die Anzeige des Gitternetzes (4) aktivieren.
- Visieren Sie mit der Kamera das Motiv an und tippen Sie auf das Symbol des Kameraauslösers (5). Dann löst die Kamera-App die Aufnahme aus.
- Konnte das Motiv nicht automatisch erkannt werden, erscheint eine Einblendung (6) auf dem Bildschirm. Bewegen Sie das Android-Gerät so, dass das Markierungsrechteck über das zu fokussierende Motiv bewegt wird.

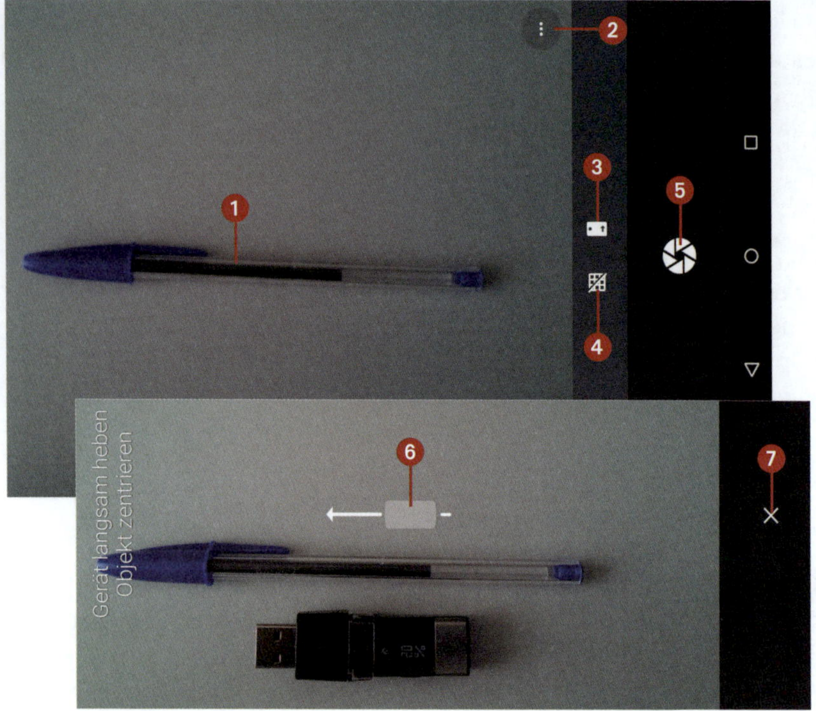

Auf dem Bildschirm erhalten Sie entsprechende Anweisungen und auch eine Warnung, wenn die Bewegung zu schnell erfolgt.

Wurde das Motiv erkannt, zeigt die Kamera-App ein X im Bild an und speichert die Fotodatei. Über das in der Kontrollleiste eingeblendete *x*-Symbol (7) lässt sich die letzte Aufnahme verwerfen.

Videos aufnehmen

Mit einem Android-Tablet-PC oder Android-Smartphone ist das Aufnehmen von Videos mit wenigen Handgriffen möglich:

1 Starten Sie die Kamera-App und wischen Sie vom linken Rand zur Bildschirmmitte, um die Befehle einzublenden.

2 Tippen Sie auf den Befehl *Video* (1), um den Modus für die Videoaufzeichnung einzuschalten.

3 Tippen Sie ggf. auf die drei Pünktchen (2), um die Leiste mit den Symbolen zur Umschaltung der Kamera zwischen Front- und Rückseite oder das Ein-/Ausblenden der Gitterlinien anzuzeigen.

4 Sind alle Einstellungen vorgenommen, visieren Sie das Motiv an und tippen auf das Symbol für den Auslöser (3). Oder Sie drücken eine der Lautstärketasten am Android-Gerät.

Anschließend führen Sie die Kameralinse des Android-Geräts so, dass die gewünschte Videoszene in der Anzeige erscheint. Vermeiden Sie dabei ruckartige Bewegungen. Die Kamera-App zeichnet das Video kontinuierlich auf und erfasst den Ton über das Mikrofon des Android-Geräts. Während der Aufnahme werden in der linken oberen Ecke das Aufzeichnungssymbol und die Aufzeichnungszeit (4) eingeblendet.

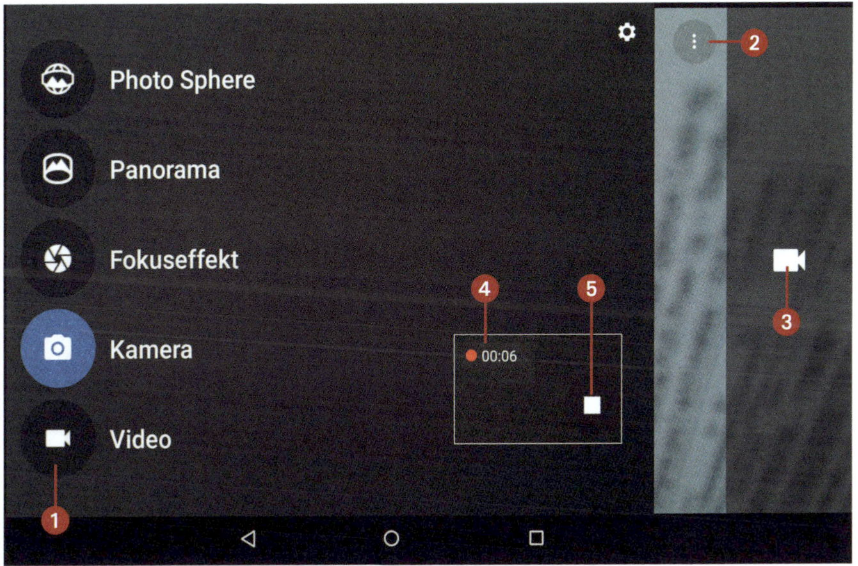

Um die Videoaufzeichnung zu beenden, tippen Sie in der Kontrollleiste auf das *Beenden*-Symbol (5). Das Video wird dann mit Bild und Ton im Fotospeicher abgelegt.

HINWEIS: Wo und wie Foto- und Videodateien unter Android gespeichert werden, erkläre ich im Abschnitt »Fotos und Dateien austauschen« weiter unten in diesem Kapitel. Zum Beenden der Spezialmodi wischen Sie in der App zum Bildschirmrand und tippen auf den gewünschten Befehl (z.B. *Foto*).

TIPP: Haben Sie ein Foto oder ein Video aufgenommen, können Sie vom rechten Bildschirmrand nach links wischen. Dann schaltet Android zur Fotos-App um, und Sie sehen das Video oder das Foto. Hinweise zur Anzeige von Fotos und Videos finden Sie im Abschnitt »Fotos und Videos verwalten« weiter unten in diesem Kapitel.

Fotos manuell belichten

Standardmäßig verwendet die Kamera-App eine automatische Belichtungssteuerung. Die manuelle Belichtung ist abgeschaltet und muss explizit aktiviert werden (siehe den folgenden Abschnitt). Die manuelle Belichtungsoption ermöglicht Ihnen mit folgenden Schritten die Belichtungsdauer für Fotoaufnahmen anzupassen:

1 Tippen Sie in der Fotos-App auf die drei Pünktchen (**1**) oder auf das Symbol für die Belichtung, um die Kontrollleiste zu erweitern.

2 Tippen Sie auf das Symbol der manuellen Belichtungskorrektur (**2**).

3 Passen Sie den Belichtungswert an, indem Sie auf eine der eingeblendeten Einträge (**3**) tippen.

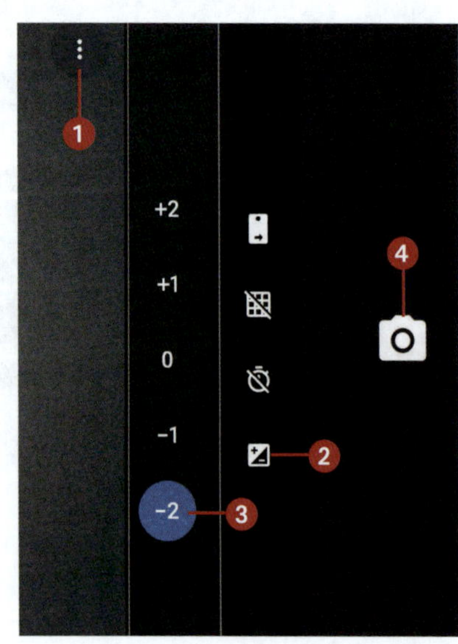

Positive Werte führen zu einer längeren Belichtung (hellere Fotos), während negative Werte kürzer belichten (Foto dunkler). Sobald Sie auf den Kameraauslöser (4) tippen, wird das Foto mit dem gewählten Belichtungswert aufgenommen.

HINWEIS: Um die manuelle Belichtungssteuerung abzuschalten, tippen Sie auf den Wert 0.

Zugriff auf die Kameraeinstellungen

Zum Zugriff auf die Kameraeinstellungen sind in der Kamera-App folgende Schritte auszuführen:

1 Starten Sie die Kamera-App und wischen Sie vom linken Rand zur Bildschirmmitte.

2 Tippen Sie in der rechten oberen Ecke auf das angezeigte Symbol des Zahnrädchens (1).

Je nach Gerät kann es sein, dass das Symbol des Zahnrädchens direkt angezeigt wird. Oder die Einstellungen erscheinen, sobald Sie vom linken Bildschirmrand zur Mitte wischen.

3 Anschließend passen Sie auf den Einstellungenseiten (2) die gewünschten Optionen an.

Über das Symbol *Zurück* (3) gehen Sie jeweils einen Schritt in den Einstellungen oder zur Kamera-App zurück.

- *Standort speichern:* Die Option (4) legt fest, ob die Kamera-App die Fotos mit Ortsangaben per GPS versieht. Falls Sie dies nicht möchten, schalten Sie diese Option durch Antippen aus.
- *Manuelle Belichtung:* Um die Option zu ändern, tippen Sie in der Seite *Einstellungen* auf *Erweitert* (5). Anschließend tippen Sie auf *Manuelle Belichtung* (6), um diese Option ein- oder auszuschalten.

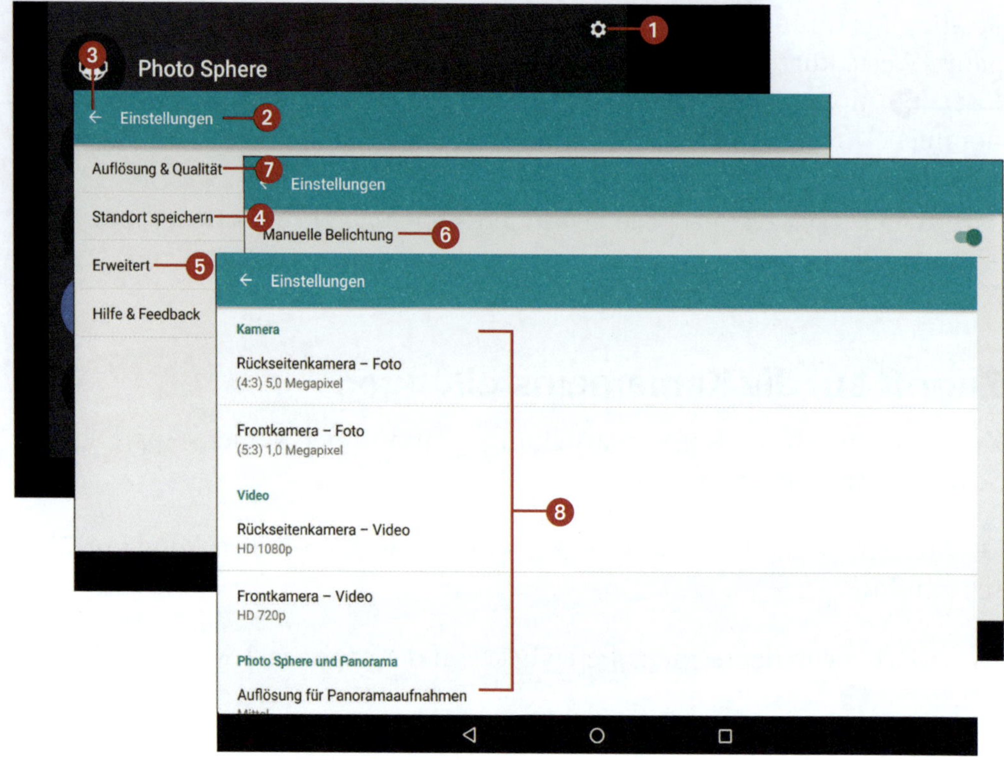

- *Auflösung & Qualität:* Tippen Sie auf den Befehl (7), erscheint die betreffende Seite, in der Sie durch Anwahl der angezeigten Optionen (8) die gewünschten Einstellungswerte festlegen.

Über diese Seiten lassen sich also die Einstellungen der Kameras für Fotos und Videos anpassen oder für Panoramafotos etc. verändern. Sobald Sie eine Option antippen, werden Ihnen die verfügbaren Einstellungen angezeigt. Über die Schaltfläche *Zurück* (3) kehren Sie zur App zurück.

TIPP: Je nach Kamera-App können die Bedienung und der Zugriff auf die Einstellungen leicht von der obigen Beschreibung abweichen. Neben der in Android enthaltenen Kamera-App gibt es im Google Play Store weitere Kamera-Apps. Falls Sie also mehr Funktionen benötigen, schauen Sie sich beispielsweise mal die (allerdings kostenpflichtige) App »A Better Camera« näher an.

Bildschirmfotos, so geht's

Gelegentlich ist es hilfreich, wenn man ein Bildschirmfoto (englisch **Screenshot**) der Anzeige anfertigen kann. Für diesen Zweck drücken Sie gleichzeitig die Einschalt- und die Lauter-Taste. Bei einigen Geräten ist dagegen die Einschalttaste zusammen mit der *Startbildschirm*-Taste gleichzeitig zu drücken.

HINWEIS: Man hört dann den Kameraauslöser, und es erscheint kurzzeitig ein weißer Rahmen. Die Bildschirmfotos werden im Android-Ordner *Pictures\Screenshots* gespeichert.

Fotos und Dateien austauschen

Sie können Fotos vom Android-Gerät auf einen PC übertragen oder auch von einem PC auf das Android-Gerät zurückkopieren. Dann lässt sich ein Tablet-PC beispielsweise zur Anzeige von Fotos oder Videos verwenden. In diesem Abschnitt erfahren Sie, was Sie zum Austausch von Dateien allgemein und Fotos im Speziellen wissen sollten.

Dateiaustausch mit dem PC, so geht's

Um Fotos, Videos oder andere Dateien (Musik, Dokumente) zwischen einem PC und dem Android-Gerät auszutauschen, sind nur wenige Schritte erforderlich:

1 Verbinden Sie das eingeschaltete Smartphone oder den Tablet-PC mittels des mitgelieferten USB-Kabels mit der USB-Buchse eines PCs.

2 Windows sollte dann ein Fenster mit Befehlen zum Zugriff auf das angeschlossene Gerät öffnen, in dem Sie die Option zum Anzeigen der Dateien (3) wählen.

Unter Windows erscheinen eine Benachrichtigung (❶) und eine Palette (❷) zur Auswahl des Befehls.

Der Befehl *Gerät zum Anzeigen der Dateien öffnen* (❸) öffnet ein Ordnerfenster, in dem Sie den Zugriff auf den Speicher des Android-Geräts erhalten. Dann haben Sie anschließend Zugriff auf alle Ordner des Android-Speichers und können von dort Dateien auf den Computer kopieren oder verschieben. Das Ordnerfenster gibt Ihnen aber auch Gelegenheit, Dateien vom Computer in die Ordner des Android-Geräts zu kopieren. So lassen sich Fotos, Musik, Videos oder auch andere Dateien wie Office-Dokumente, PDF-Dateien etc. auf dem Android-Gerät ablegen.

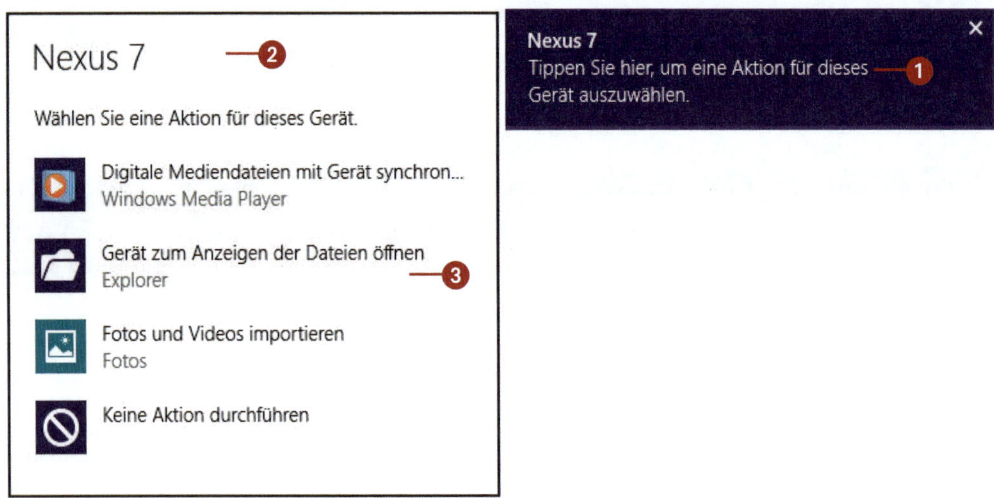

Sie dürfen natürlich auch die Funktion zum Importieren von Fotos und Videos wählen und die Übertragung der Dateien dem in Windows enthaltenen Import-Assistenten überlassen. Diese Variante hat aber den Nachteil, dass die Rückübertragung von Fotos oder Dateien an das Android-Gerät nicht unterstützt wird. Zudem bevorzuge ich den Explorer, da ich dann mehr Kontrolle über die zu kopierenden Dateien erhalte.

HINWEIS: Falls Sie mit einem Mac von Apple arbeiten, funktioniert das ähnlich. Sobald die USB-Verbindung hergestellt wurde, bekommen Sie ggf. eine Benachrichtigung, um die Ordneransicht im Finder zu öffnen.

Bei Geräten ab Android 7.0 müssen Sie den Zugriff auf die Dateien aus Sicherheitsgründen in den Android-Einstellungen freigeben. Ich habe die betreffenden Schritte im Beitrag *https://www.borncity.com/blog/?p=206695* näher beschrieben. Mit Android 11 kann ich bei meinem Smartphone allerdings den Standardmodus bei einer USB-Verbindung in den Android-Einstellungen vorgeben.

Je nach Gerät kann es sein, dass Ihnen zwei externe Laufwerke für das Android-Gerät angeboten werden. Ein Laufwerk bezieht sich auf den internen Gerätespeicher, während das zweite Laufwerk zur MicroSD-Karte gehört.

TIPP: Erscheint die Benachrichtigung zum Zugriff auf das Android-Gerät nicht, gehen Sie im Windows-Explorer oder im OS X Finder die Liste der angeschlossenen Laufwerke und Geräte durch. Das Android-Gerät sollte dort (ggf. als externes Laufwerk) auftauchen. Wählen Sie das Gerätesymbol an, um auf die Ordner des Gerätespeichers zuzugreifen. Alternativ haben Sie auch die Möglichkeit, die ggf. im Android-Gerät vorhandene MicroSD-Karte zu entnehmen und über einen geeigneten Kartenleser direkt am PC einzulesen.

Wie und wo speichert Android die Daten?

Ein per USB-Kabel an den Computer angeschlossenes Android-Gerät verhält sich wie ein externes Laufwerk. Sie können anschließend Fotos oder andere Dateien löschen oder aus dem Ordnerfenster in einen lokalen Ordner der Festplatte kopieren bzw. verschieben. Um kein Unheil anzurichten, sollten Sie jedoch grob wissen, was sich hinter den angezeigten Inhalten verbirgt.

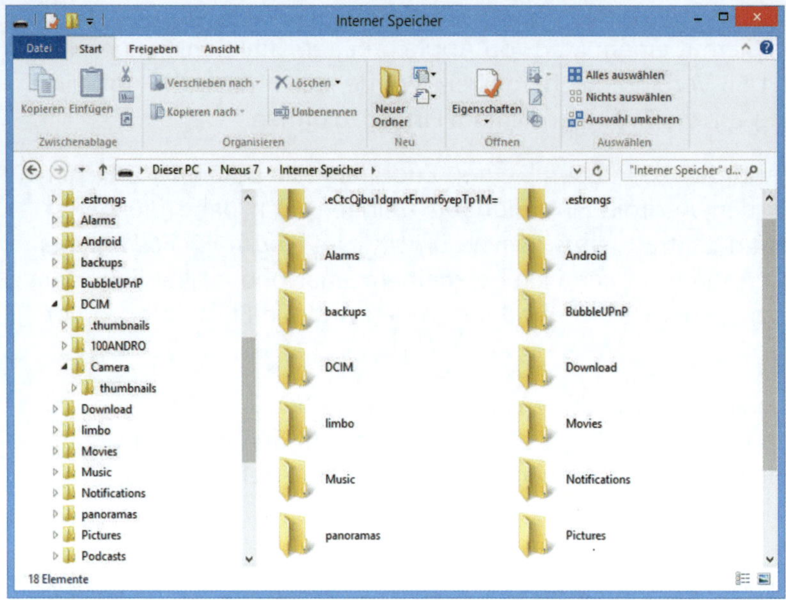

Android verwendet eine feste Ordnerstruktur, um aufgenommene Fotos, Bildschirmfotos, Videos, Musik, Downloads oder andere Dokumente zu speichern. Die Struktur ist im hier gezeigten Ordnerfenster zu erkennen.

- Jeder Ordner steht für einen Speicherort einer App. Bei den meisten Ordnern wie *Alarms*, *Android* etc. ergibt der Zugriff über Windows keinen wirklichen Sinn. Ordner mit einem vorangestellten Punkt sind Systemordner von Android oder von Apps, die Sie auf keinen Fall löschen oder verändern sollten.
- **Fotos** und **Videos**, die Sie mit der Kamera-App aufgenommen haben, werden im Ordner *DCIM* abgelegt. Sie finden die **JPEG**-Fotodateien sowie die **MP4**-Videodateien in einem Unterordner *Camera*.
- **Bildschirmfotos** (Screenshots) legt Android dagegen im Ordner *Pictures* im Unterordner *Screenshots* ab. Die Screenshots werden zudem im **PNG**-Dateiformat gespeichert. Diese können mit einem Grafikprogramm eingelesen und als JPEG-Fotodateien gespeichert werden.
- **Musikdateien** werden dagegen als **MP3**-Dateien im Ordner *Music* abgelegt und können mit der Google-Music-App wiedergegeben werden. **Videodateien**, die mit der Video-App angezeigt werden sollen, sind in geeigneten Formaten (MP4-Videodatei) in den Ordner *Videos* zu speichern.

Im Android-Speicher finden Sie noch den Ordner *Documents*. In diesen Ordner können Sie beispielsweise PDF-Dateien, Office-Dokumente und so weiter vom Computer kopieren. Die Dateien lassen sich dann unter Android mit geeigneten Apps (z. B. PDF-Viewer) ansehen. Der Ordner *Downloads* wird verwendet, wenn Sie unter Android Dateien in einem Browser herunterladen (downloaden).

HINWEIS: Der Ordner *DCIM* signalisiert, dass die Fotos nach dem Speicherstandard für Digitalkameras abgelegt sind. Ein Fotoimport-Assistent erkennt anhand dieser Struktur, wo er die Fotos importieren kann.

HINWEIS: Android-Datei-Manager

Um unter Android einen Blick in die einzelnen Ordner zu werfen, **Dateien** zu **öffnen**, zu **löschen**, zu **verschieben** oder umzubenennen, verwenden Sie einen Datei-Manager. Falls Ihr Android-Gerät über keinen Datei-Manager verfügt, beziehen Sie entsprechende Apps von verschiedenen Anbietern aus dem Google Play Store. In der Basisversion sind diese Datei-Manager meist kostenlos.

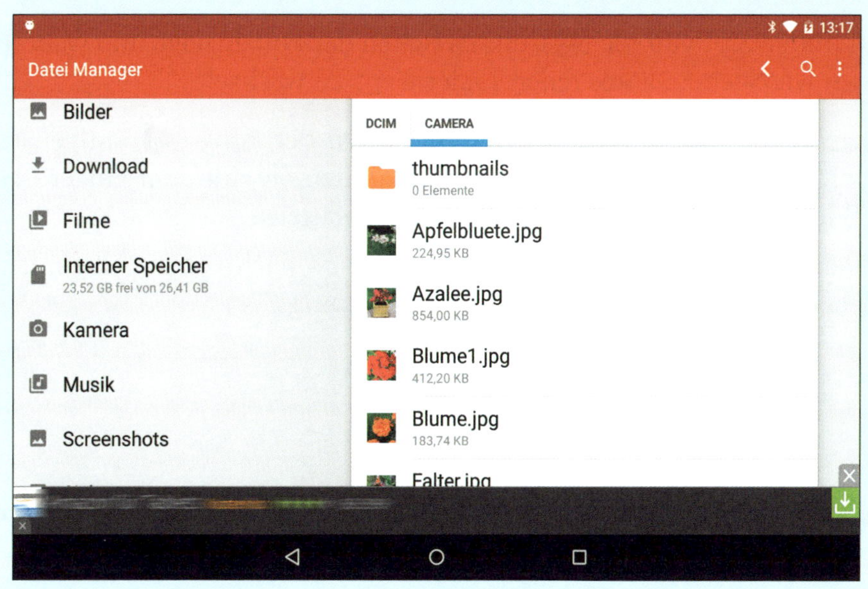

Fotos und Videos verwalten

In Android ist die Fotos-App enthalten, die ihnen Funktionen zur Fotoanzeige und -verwaltung bereitstellt. Die App kann auch die von der Kamera aufgenommenen Videos wiedergeben. Nachfolgend möchte ich Ihnen die Funktionen dieser App vorstellen.

Die Fotos-App im Überblick

Die Fotos-App stellt Ihnen verschiedene Anzeigefunktionen für Fotos und Videos zur Verfügung und wird über das hier gezeigte Symbol aufgerufen.

Dieses Symbol finden Sie entweder auf dem Startbildschirm oder unter *Alle Apps*.

Die Fotos-App zeigt Ihnen alle auf dem Android-Gerät von der Kamera aufgenommenen Fotos und Videos (oder die im Ordner *DCIM* gespeicherten Fotos) an.

Am Rand finden Sie Symbole (❶), um zwischen der Fotoanzeige und weiteren Funktionen wie Suchen, Fotos teilen, Galerie etc. zu wechseln.

- In der Ansicht *Fotos* (❷) werden Miniaturen der Fotos (❸) aufgelistet, gruppiert nach dem Aufnahmedatum. Wischen Sie mit dem Finger über den Bildschirm, um zwischen den Fotos zu blättern.
- Wählen Sie das Symbol *Galerie*, werden Fotos nach Orten, Alben, dem Speicherort etc. oder Videos in Gruppen angezeigt.

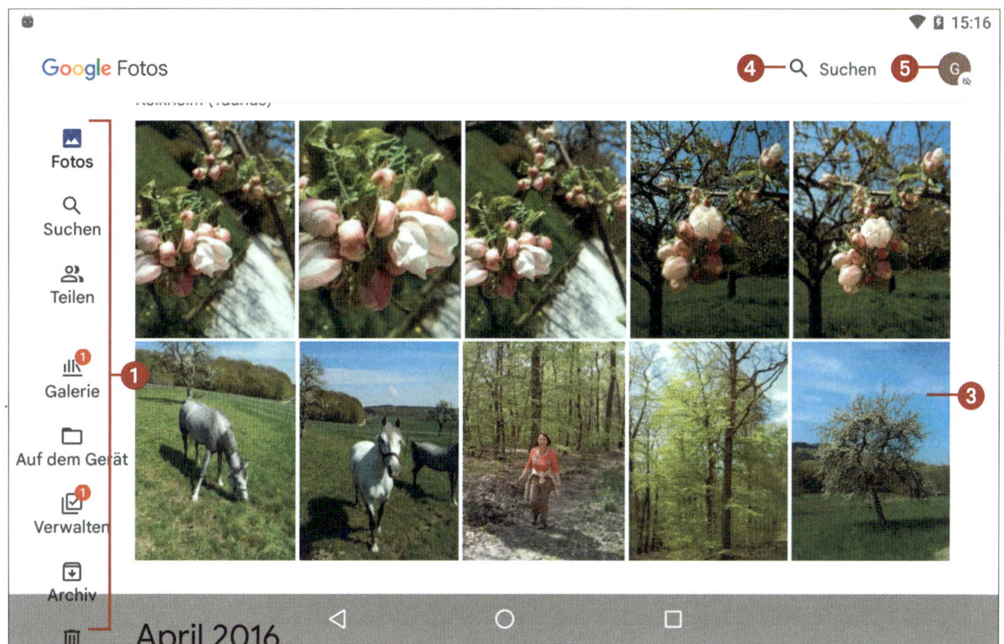

- Über das Symbol des Papierkorbs können Sie gelöschte Fotos wiederherstellen.
- Das Lupensymbol (4) blendet eine Suchseite ein, in der Sie nach dem Antippen des Suchfelds gezielt nach Fotodateien suchen können.

Das Symbol des Google-Kontos (5) zeigt ein Pop-up-Fenster an, in dem Sie die Möglichkeit haben, die Sicherung der Fotos in der Cloud unter diesem Konto ein- oder auszuschalten. Des Weiteren können Sie Speicherplatz freigeben oder auf die Fotos-Einstellungen zugreifen.

HINWEIS: Über den Menübefehl *Einstellungen* im Pop-up-Fenster des Google-Kontos öffnet sich eine Seite, in der Sie die Option zum automatischen Sichern von Fotos aktivieren bzw. deaktivieren sowie weitere Optionen anpassen.

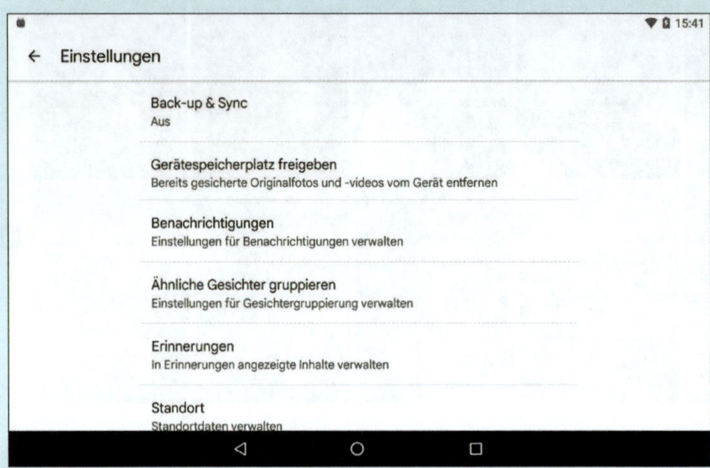

Sind Sicherung und Synchronisierung aktiv, werden alle Fotos zu Ihrem Google-Konto hochgeladen und stehen auf weiteren Android-Geräten, die dasselbe Konto verwenden, zur Verfügung. Diese Funktion lasse ich abgeschaltet, um die Übertragung der Fotos ins Internet zu verhindern. Beachten Sie, dass Google die Fotos-App häufiger aktualisiert und sich Funktionen gegenüber der Beschreibung hier im Buch ändern können. Sie finden aber im Pop-up-Menü des Google-Kontos den Befehl *Hilfe und Feedback*, um auf die Google-Onlinehilfeseiten mit Beschreibungen der App-Funktionen zuzugreifen.

Fotos und Videos per Fotos-App ansehen

Sobald Sie die Fotos-App gestartet haben, können Sie durch die Fotos navigieren und Fotos oder Videos anzeigen lassen. Sie haben zum **Navigieren innerhalb der Fotos-App** verschiedene Möglichkeiten:

- Wischen Sie in der Ansicht *Fotos* (auswählbar über das Symbol am App-Rand) nach oben oder unten bzw. nach rechts oder links, um durch die nach Datum oder Ort sortierten Fotos zu blättern.

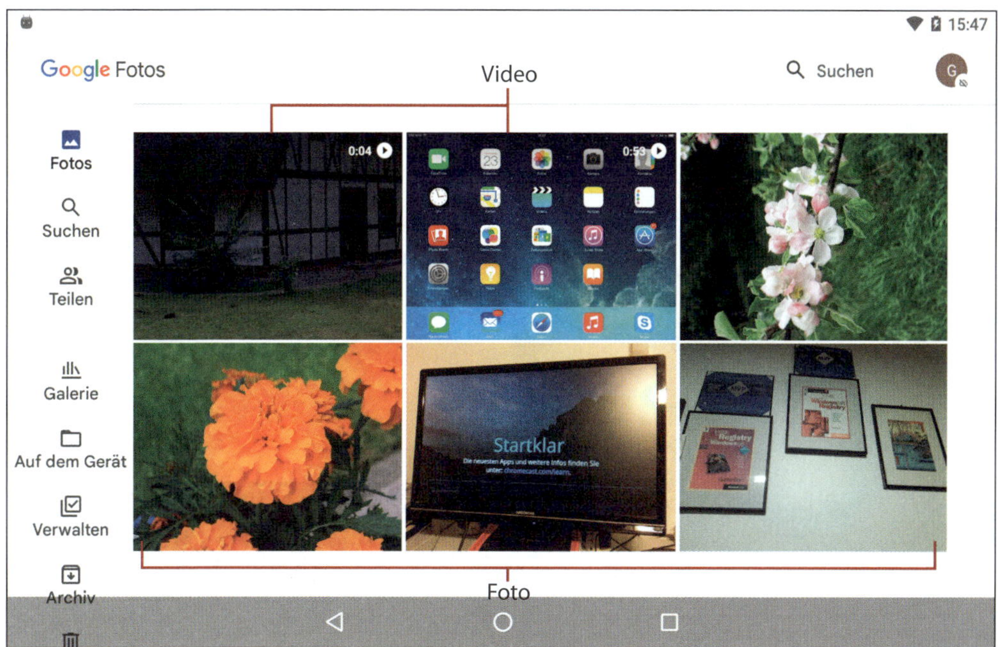

- Fotos und Videos erscheinen als Miniaturen in der Anzeige. Videos erkennen Sie an einem Wiedergabesymbol in der rechten oberen Ecke der Miniaturansicht.

Um **Fotos** oder **Videos** anzusehen, tippen Sie auf die angezeigte Miniaturabbildung. Dann wird das angewählte Element in einer **Vollbildansicht** in der App angezeigt. Innerhalb der Vollbildansicht stehen Ihnen verschiedene Funktionen zur Verfügung.

- Wischen Sie mit dem Finger nach rechts oder links, um in der Vollbilddarstellung zwischen den gespeicherten **Fotos** zu **blättern**.
- Ein **Foto vergrößern** oder **verkleinern** Sie in der Vollbilddarstellung durch Spreizen oder Zusammenziehen von Daumen und Zeigefinger auf dem Bildschirm. Ist ein Foto größer als die Anzeige, **verschieben** Sie den sichtbaren **Bildausschnitt** per Finger auf dem Bildschirm.
- Über das *Zurück*-Symbol in der linken oberen Ecke verlassen Sie die Vollbildansicht und kehren zur Foto- oder Albenansicht der App zurück.
- Über das *Bearbeiten*-Symbol rufen Sie die nachfolgend beschriebenen **Foto-Bearbeitungsfunktionen** auf.
- Über das *Teilen*-Symbol können Sie die **Fotos** oder **Videos** per E-Mail verschicken oder mit anderen Apps **teilen**.
- Tippen Sie auf das *Löschen*-Symbol, um ein **Foto** zu **entfernen**. Dieses Löschen ist über ein Pop-up-Fenster zu bestätigen.

HINWEIS: Ein gelöschtes Foto können Sie zurückholen, indem Sie zur Fotogalerie wechseln und dort auf das Symbol des Papierkorbs tippen. Sobald Sie den Inhalt des Papierkorbs sehen, drücken Sie mit dem Finger auf ein gelöschtes Element, um dieses zu markieren und in die Anzeige zu holen.

Anschließend finden Sie in der Anzeige ein Symbol vor, um das gelöschte Element wiederherzustellen. Oder Sie wählen das Element *Löschen*, um das markierte Element endgültig aus dem Papierkorb zu entfernen. Gelöschte Fotos werden nach 60 Tagen automatisch aus dem Papierkorb entfernt. Das *Zurück*-Symbol in der linken oberen Ecke bringt Sie zur vorherigen Anzeigeseite zurück.

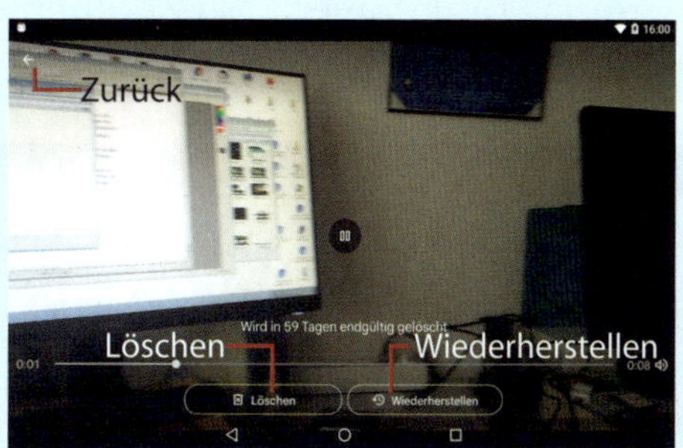

Tippen Sie in der rechten oberen Ecke der App auf die drei Pünktchen, um das hier als Fotomontage eingeblendete Menü zu öffnen. Dort lassen sich weitere Befehle abrufen.

- *Diashow:* Startet die zeitgesteuerte Wiedergabe der im Ordner *DCIM/Camera* gespeicherten Fotos.
- *Zu Album hinzufügen:* Ermöglicht das aktuelle Element eines Album hinzuzufügen.
- *Verwenden als:* Dieser Befehl öffnet ein Pop-up-Fenster, in dem Sie über Symbole ein **Foto als Hintergrund** des Sperr- und Startbildschirms oder Kontakten zuweisen.
- *Drucken:* Ermöglicht Ihnen, über eine Folgeseite das Foto aus der Vollbildansicht auf einem geeigneten Drucker auszugeben bzw. als Grafikdatei oder als PDF-Datei im Ordner *Downloads* zu speichern.

Tippen Sie in der Android-Navigationsleiste oder in der oberen linken Ecke der App auf *Zurück*, um zur Fotos- oder Albenansicht der App zurückzukehren.

Videodateien wiedergeben

Die Miniaturansicht einer Videodatei wird in der rechten oberen Ecke durch eine Zeitangabe und einem Symbol 0:04 ▶ gekennzeichnet. Wählen Sie die Miniatur einer Videodatei in der Fotos-App an, wird das Video wiedergegeben. Allerdings funktioniert das Zoomen durch Spreizen mit Daumen und Zeigefinger bei Videodateien nicht.

- In der geöffneten Videoanzeige sehen Sie die im vorherigen Abschnitt besprochenen Symbole zum Teilen, Bearbeiten und Löschen der Videodatei.
- Um die Videoansicht zu verlassen und zur Einzelbildansicht der Fotos-App zurückzukehren, verwenden Sie die *Zurück*-Schaltfläche im Android-Navigationsbereich oder (falls angezeigt) im Navigationsbereich der App.
- In der Mitte der Videovorschau erscheint ein Symbol *Wiedergeben*. Durch Antippen starten Sie die Wiedergabe des Videos. Daraufhin wird eine **Wiedergabeleiste** am unteren App-Rand mit einer **Zeitleiste** sichtbar.
- Die Zeitleiste gibt Ihnen die Videodauer, die bereits zur Wiedergabe verstrichene Zeit sowie die Wiedergabeposition an. Tippen Sie auf das Symbol *Wiedergeben/Anhalten*, um die Wiedergabe des Videos zu unterbrechen oder fortzusetzen.

Die Marke der aktuellen Wiedergabeposition in der Zeitleiste lässt sich mit dem Finger über die Zeitleiste verschieben, um im Film vor- oder zurückzugehen. Tippen Sie auf das Symbol *Bearbeiten*, gelangen Sie in eine Seite zum Beschneiden des Filmclips.

- Schieben Sie die Schnittmarken am Anfang und Ende des Clips mit dem Finger nach links oder rechts, um die Sequenz am Anfang oder Ende zu kürzen.
- Tippen Sie anschließend auf den Befehl *Kopie speichern*.

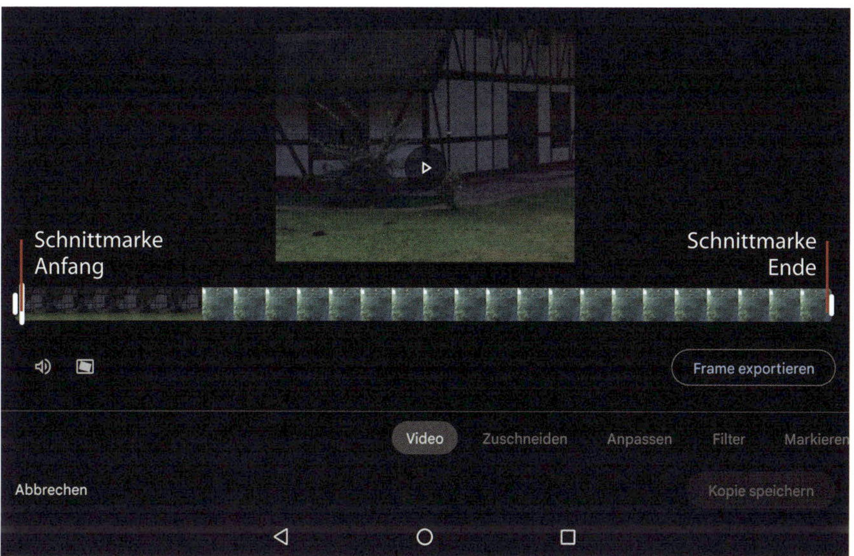

- Im Fußbereich finden Sie Befehle, um das Video einer Bearbeitung (zuschneiden, drehen, filtern etc.) zu unterziehen.

Über *Abbrechen* verlassen Sie den Videobearbeitungsmodus und verwerfen die Änderungen.

Fotoalbum anlegen

Fotos lassen sich in Fotoalben (kurz Alben) einsortieren. Gehen Sie folgendermaßen vor:

1 Tippen Sie in der App auf das Symbol *Galerie* (1) und wählen Sie in der angezeigten Seite das Symbol *Neues Album* (2).

2 Tippen Sie den Albumnamen (3) in das angezeigte Formular ein und drücken Sie auf der Tastatur die Eingabetaste.

3 Tippen Sie im angezeigten Formular auf *Fotos auswählen* (4) und dann mit Ihrem Finger auf die Fotos (5), die zum Album hinzuzufügen sind, bis sie mit einem Häkchen markiert sind.

4 Tippen Sie in der rechten oberen Ecke auf den angezeigten Befehl *Hinzufügen* (6).

5 Warten Sie, bis das Album erstellt wurde, und tippen Sie auf das Zurück-Symbol in der linken oberen Ecke (7).

HINWEIS: Auf ähnliche Weise lassen sich Animationen, Collagen oder Filme aus Einzelfotos anlegen.

Das Album wird mit den ausgewählten Fotos angelegt und lässt sich später über das Symbol *Alben* am App-Rand abrufen.

Fotos teilen und versenden

Die Fotos-App ermöglicht das Teilen eines Fotos oder Videos mit anderen Apps oder Personen. So lässt sich beispielsweise ein Foto per E-Mail versenden:

- Bei Bedarf blättern Sie mit dem Finger durch die Liste der Fotos in einem Album, bevor Sie die Vollbildansicht aufrufen.
- Tippen Sie in der Vollbildansicht eines Fotos oder Videos auf das Symbol *Teilen* (1), um die Liste der Apps (2) einzublenden.

- Tippen Sie dann die App an, um das Foto oder das Video mit dieser App zu teilen.

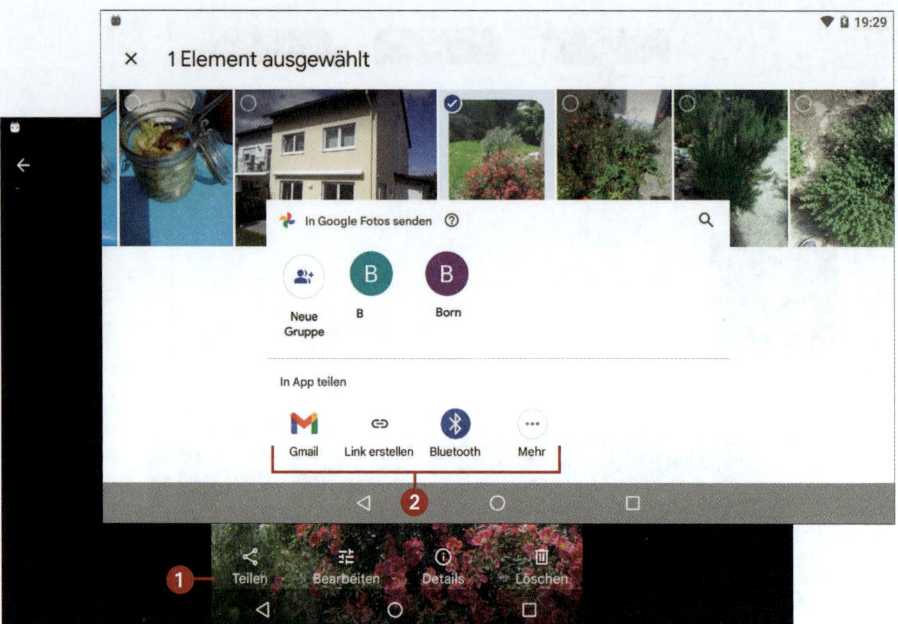

Haben Sie die Gmail-App gewählt, öffnet sich dessen Seite und legt eine neue Mail an. Tragen Sie den Empfänger, einen Betreff und den Text der Nachricht ein. Das Foto oder Video ist bereits eingefügt. Anschließend können Sie die Mail versenden. Details zu Gmail finden Sie in Kapitel 4.

Fotobearbeitung

Mittels der Fotos-App lassen sich Fotos nicht nur löschen, sondern auch bearbeiten (drehen, zuschneiden, aufhellen etc.). In den folgenden Abschnitten lernen Sie die wichtigsten Funktionen kennen.

Bearbeitungsfunktionen aufrufen

Zum Bearbeiten von Fotos navigieren Sie in der Fotos-App zur Einzelbilddarstellung, indem Sie die Miniaturansicht eines Fotos antippen (siehe die vorherigen Abschnitte). Anschließend führen Sie die folgenden Schritte aus:

1 Tippen Sie am unteren Rand der Vollbildansicht auf das Symbol *Bearbeiten* (❶).

2 In der Bearbeitungsansicht wählen Sie eines der am unteren Rand eingeblendeten Symbole (❷), um zur Bearbeitungsfunktion zu wechseln.

3 Führen Sie in der Bearbeitungsfunktion die gewünschten Korrekturschritte aus und bestätigen Sie diese.

Tippen Sie auf das Symbol (❸) und wählen Sie dann einen Filter (❹) aus, um diesen auf das Foto anzuwenden. Nach Änderungen wird in der rechten oberen Ecke der Befehl *Kopie speichern* (❺) zum Sichern der Korrekturen angezeigt. Alternativ lässt sich das Symbol *Abbrechen* wählen, um die Korrekturen zu verwerfen.

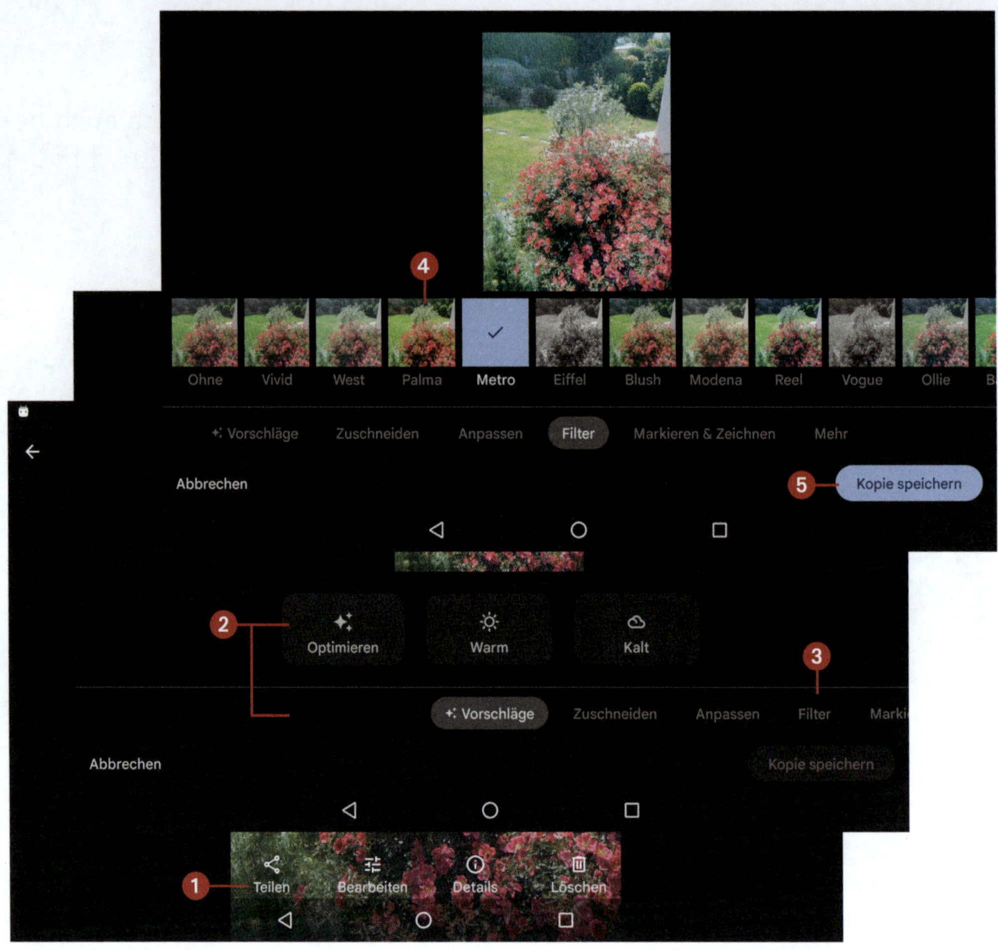

Die restlichen angezeigten Symbole (2) ermöglichen es, weitere Funktionen zur Bildbearbeitung (z.B. Filter) abzurufen.

Fotos drehen und beschneiden

Die Fotos-App besitzt eine Funktion, mit der Sie ein Foto drehen und bei Bedarf auch beschneiden können:

1 Rufen Sie den Bearbeitungsmodus (1) auf (siehe den vorherigen Abschnitt) und tippen Sie am unteren Rand auf das Symbol *Zuschneiden* (2) zum Drehen und Beschneiden.

2 Wenden Sie anschließend in der App die Bearbeitungsoptionen zum Drehen und Beschneiden an.

Die App bietet Ihnen über Bedienelemente am Foto sowie am unteren Rand verschiedene Bearbeitungsfunktionen an:

- Zum **Zuschneiden des Fotos** verschieben Sie die an den Ecken sichtbaren Ziehmarken (3) mit dem Finger. Dadurch wird der durch den Rahmen festgelegte Bildausschnitt vergrößert oder verkleinert. Tippen Sie auf das Symbol (4), um das Bild zum Beschneiden zu vergrößern.
- Alternativ tippen Sie auf das Symbol (5), um das hier als Bildmontage sichtbare Menü anzuzeigen. Dann lassen sich Standardformate zum Beschnitt auswählen.
- Als Porträtaufnahme (also hochkant) angefertigte Fotos kippen Sie durch Anwahl der Symbole (6) um 90 Grad im Uhrzeigersinn. Eine weitere Anwahl dreht das Bild erneut um 90 Grad.
- Bei schief fotografierten Motiven (z. B. schräger Horizont) lässt sich das Symbol (7) wählen. Dann lässt sich der Drehwinkel direkt mit dem Finger über die angezeigte Skala der Fotoanzeige verändern und so das Motiv »gerade rücken«.

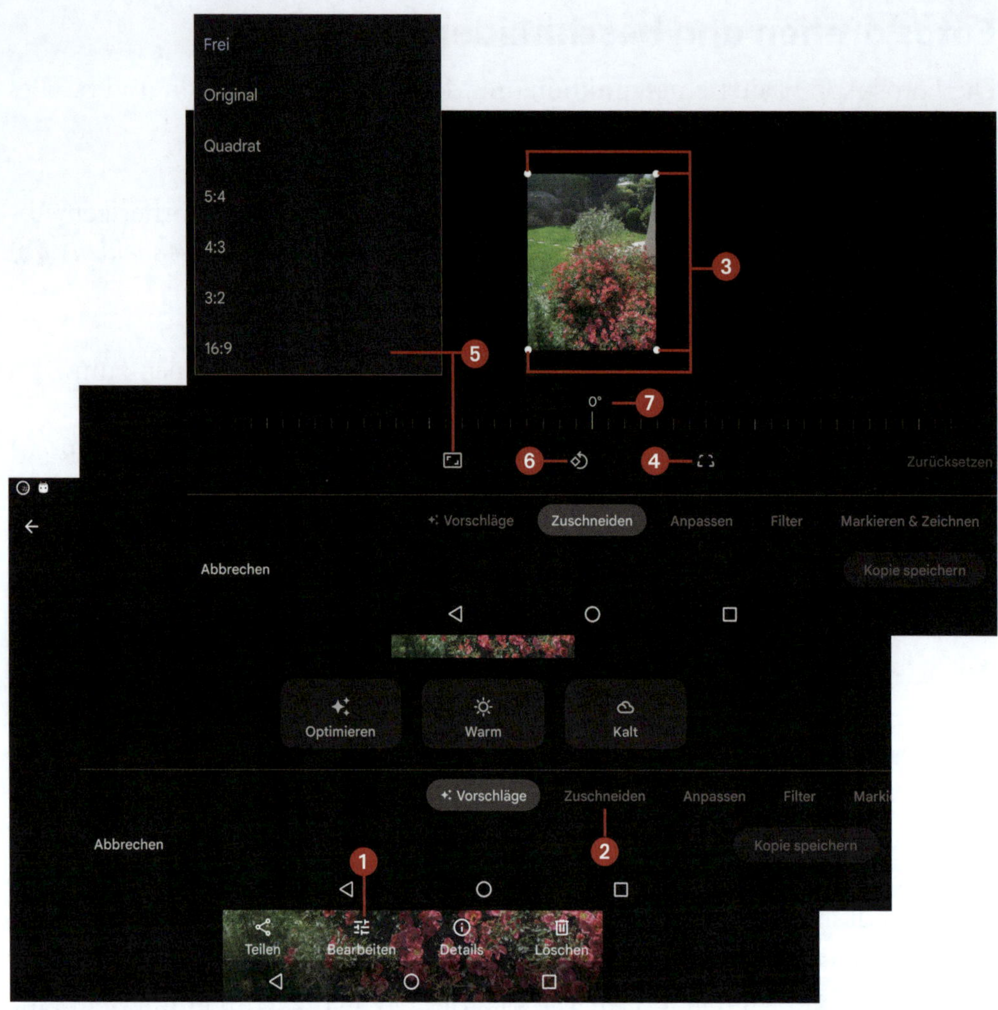

Legen Sie auf diese Weise den gewünschten Ausschnitt oder die Drehung fest. Wählen Sie nach der Bearbeitung unten rechts den Befehl *Kopie speichern* zum Speichern oder unten links den Befehl *Zurücksetzen* zum Verwerfen.

Das in der App im Bearbeitungsmodus angezeigte Symbol *Markieren & Zeichnen* öffnet eine Bearbeitungsseite, in der Sie ein Zeichnen-Werkzeug und eine Farbe auswählen. Anschließend lässt sich mit dem Finger im Bild malen. Das Text-Werkzeug ermöglicht es, einen Text in das Foto einzufügen. Über *Löschen* wird die Änderung verworfen, mit *Fertig* gehen Sie zur vorherigen App-Seite zurück. Änderungen werden dabei gespeichert.

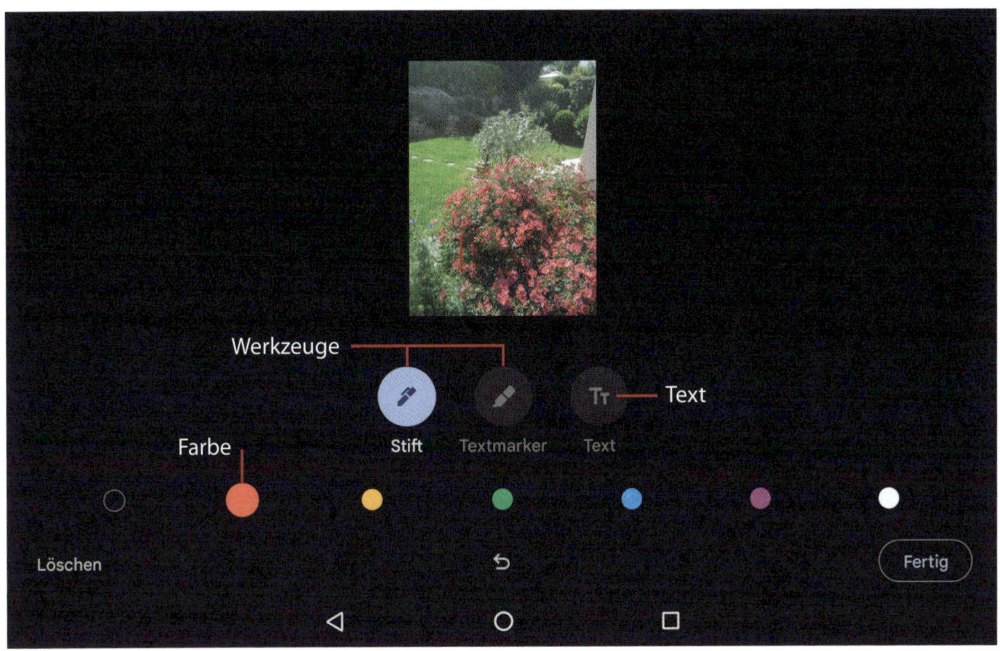

In diesem Kapitel haben Sie gelernt, wie Sie Fotos und Videos auf dem Android-Gerät anfertigen und auf einen Desktopcomputer übertragen. Zudem kennen Sie die Anzeigefunktionen für Fotos und Videos und wissen, wie Sie Fotos korrigieren. Im nächsten Kapitel lernen Sie die Apps zur Musik- und Videowiedergabe kennen.

7

Musik und Videos

Ein Smartphone oder Tablet-PC mit Android lässt sich auch zum Musikhören oder zur Wiedergabe von Videos verwenden. Die erforderlichen Apps lassen sich kostenlos aus dem App Store beziehen. Nachfolgend zeige ich Ihnen, wie die Musik- oder Videowiedergabe konkret funktioniert, und vermittle noch allerlei Wissenswertes.

Das lernen Sie in diesem Kapitel:

- Musikwiedergabe
- Videos ansehen

Musikwiedergabe

Zur Wiedergabe von Musik (Audiodateien) gibt es in Android verschiedene Apps. In diesem Abschnitt erfahren Sie, wie sich Musikstücke auf das Android-Gerät übertragen und dann in der VLC-Player-App wiedergeben lassen. Des Weiteren lernen Sie Apps kennen, mit denen Sie kostenfrei Webradio hören können.

Die VLC-Player-App im Schnellüberblick

Zur Wiedergabe von Musik (und Videos) verwende ich die App *VLC-Player*, die es kostenlos im Google Play Store gibt. Suchen Sie im Google Play Store nach „VLC Player" und installieren Sie die App.

Das Symbol der App finden Sie standardmäßig unter *Alle Apps*. Sobald Sie das Symbol antippen, startet die App mit der nachfolgend gezeigten Darstellung.

- Am unteren Rand erscheinen Symbole (1) zur Auswahl der wiederzugebenden Medien (Musik, Video, Wiedergabelisten). Mit *Dateien* wird eine Liste der auf dem Android-Gerät gefundenen Musik- und Videodateien zur Wiedergabe aufgelistet.
- Gegebenenfalls wird eine Leiste mit dem aktuell gespielten Titel (2) aufgeführt. Am rechten Rand dieser Leiste finden Sie die Start/Stopp-Symbole zur Wiedergabesteuerung (3).
- Das Symbol (4) ermöglicht die zufällige Wiedergabe von Musik- und Videotiteln, die in der App zugreifbar sind. Das Symbol (5) im Kopfbereich wiederholt die Wiedergabe des aktuellen Titels.
- Im mittleren Bereich (6) der App werden je nach Auswahl des Symbols unter (1) Alben, Musikstücke und Videos dargestellt. Die Optionen unter (7) ermöglichen bei Musik die Umschaltung der Anzeige zwischen Künstler, Alben und Titeln.

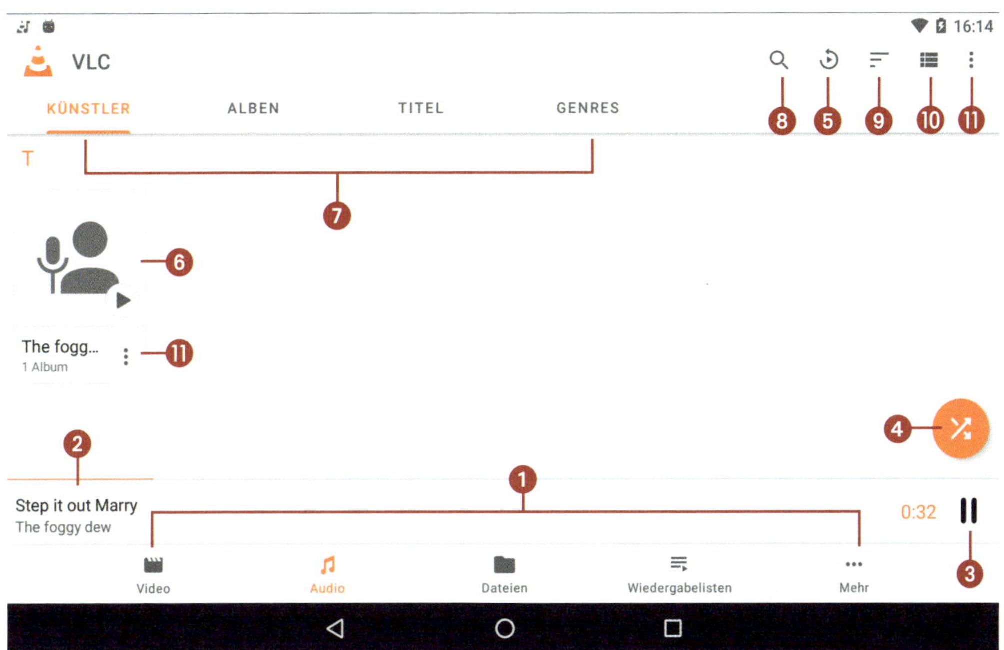

- Mit dem Lupensymbol (8) im oberen App-Bereich lässt sich **nach Titeln** auf dem Gerät **suchen**.
- Außerdem bietet die App Symbole (9) zum Sortieren der Titel nach Namen an oder zur Darstellung als Liste oder Kachel (10).

Drei senkrechte Pünktchen (11) in der App ermöglichen den Zugriff auf ein Menü, über das sich dann verschiedene Befehle (Anzeige aktualisieren, Musikstück wiedergeben etc.) abrufen lassen.

Musik mit der App wiedergeben

In der VLC-Player-App ist das Abrufen der verschiedenen Funktionen zur Musikwiedergabe sehr einfach:

- Holen Sie die Liste der Musiktitel (oder Videos oder Alben) über die Symbole im unteren Bereich in die Anzeige der App. Wischen Sie ggf. in der Liste nach oben oder unten und tippen Sie auf den gewünschten Titel.

- Eventuell müssen Sie sich durch mehrere Anzeigen hangeln, bis die Wiedergabe (eines Titels aus einem Album) startet. Bei der Wiedergabe wird am unteren App-Rand das Symbol zum Start oder Stoppen der Wiedergabe eingeblendet (siehe vorhergehendes Bild (3)).
- Wischen Sie die angezeigte Schaltfläche *Wiedergabe Start/Stopp* mit dem Finger nach oben, erscheint eine erweiterte Darstellung mit dem Albumcover, den Titeln eines Albums und weiteren Schaltflächen zur Wiedergabesteuerung (*Zurück*, *Vorwärts*, *Wiederholung* etc.).

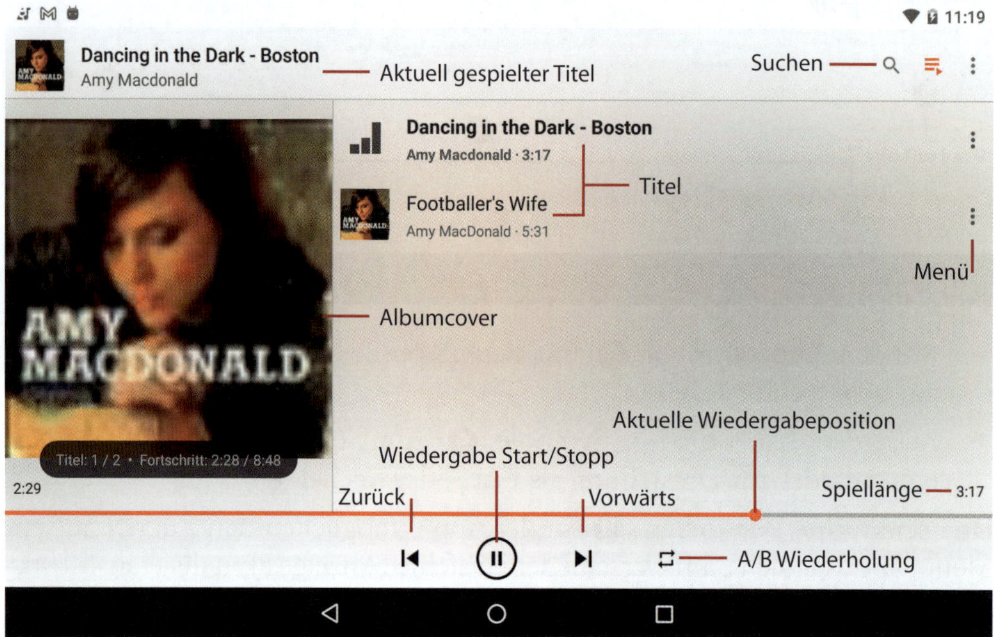

Wischen Sie mit dem Finger nach unten, um die erweiterte Darstellung mit dem Albumcover, den Titeln eines Albums etc. wieder zu einer Leiste zu verkleinern. Über das Pfeilsymbol *Zurück* in der linken oberen Ecke der App gehen Sie zur vorhergehenden Seite zurück.

Die Lautstärke der Musikwiedergabe regeln Sie über die Lautstärkewippe am Gehäuse des Android-Geräts.

HINWEIS: Wechseln Sie zu einer anderen App, kann der VLC-Player Musik im Hintergrund wiedergeben. Wischen Sie vom oberen Rand des Displays nach unten, um den Statusbereich einzublenden. Dort sehen Sie den Mini-Player mit Schaltflächen zur Wiedergabesteuerung. Wenn Sie auf den Mini-Player tippen, wird die VLC-App wieder in den Vordergrund geholt.

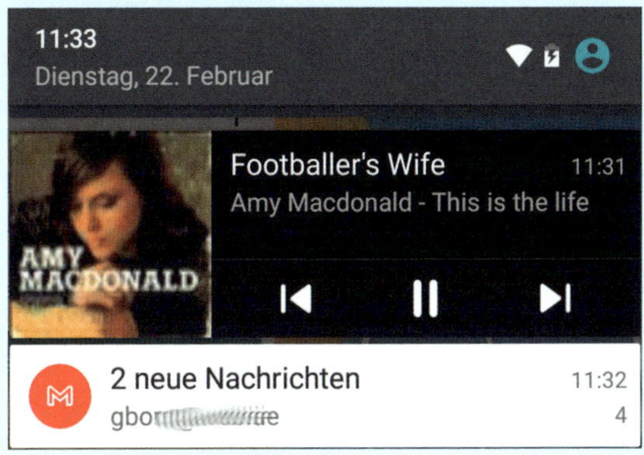

Musik auf das Android-Gerät kopieren

Es besteht die Möglichkeit, eigene Musik von einem Computer auf das Android-Gerät zu kopieren und anschließend abzuspielen:

1 Verbinden Sie das Android-Gerät per USB-Kabel mit einem Windows-Rechner oder einem Mac.

2 Warten Sie, bis die Palette angezeigt wird, tippen Sie diese an und wählen Sie im eingeblendeten Fenster *Gerät zum Anzeigen der Dateien öffnen*.

3 Kopieren Sie anschließend im Ordnerfenster die gewünschten Musikdateien vom Rechner in den Musikordner des Android-Geräts.

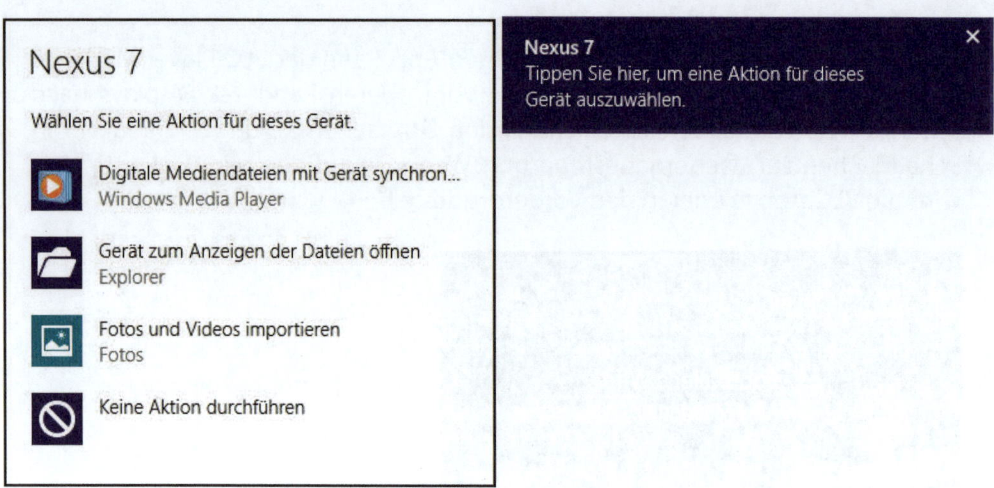

Musikdateien werden unter Android in den Ordner *Music* kopiert. Die Audiodateien sollten dabei im MP3-Format vorliegen, damit sie in der Android-App abgespielt werden können.

HINWEIS: Bei unbekannten Audioformaten erscheint unter Android ggf. eine Warnung, die besagt, dass die Musikstücke nicht wiedergegeben werden können. Musikstücke im MP3-Format erhalten Sie beim Kauf im Internet oder beim Kopieren von Audio-CDs im Windows Media Player.

HINWEIS: Musik vom Android-Gerät löschen

Möchten Sie gespeicherte **Musikstücke** (oder andere Dateien wie z. B. Videos) wieder **vom Android-Gerät entfernen**? Gehen Sie wie beim Hinzufügen von Musikstücken vor und wählen Sie im Ordnerfenster unter Windows einfach die gewünschten Audiodateien im Ordner *Music* des Android-Geräts aus. Anschließend können Sie die Audiodateien auf den Rechner zurückschieben oder löschen. Alternativ können Sie unter Android einen Datei-Manager als App verwenden. Navigieren Sie zum Ordner *Music* und löschen Sie dann die gewünschten Musikstücke.

Wiedergabelisten verwenden

Mithilfe von Wiedergabelisten können Sie Ihre Lieblingstitel zusammenstellen und diese Titel dann in der in der Liste gewählten Reihenfolge auf dem Android-Gerät per VLC-Player-App abspielen. Wiedergabelisten (Playlists) erstellen Sie in der App mit folgenden Schritten:

1 Tippen Sie in der App auf die drei Pünktchen des gewünschten Titels (1), um das Menü einzublenden.

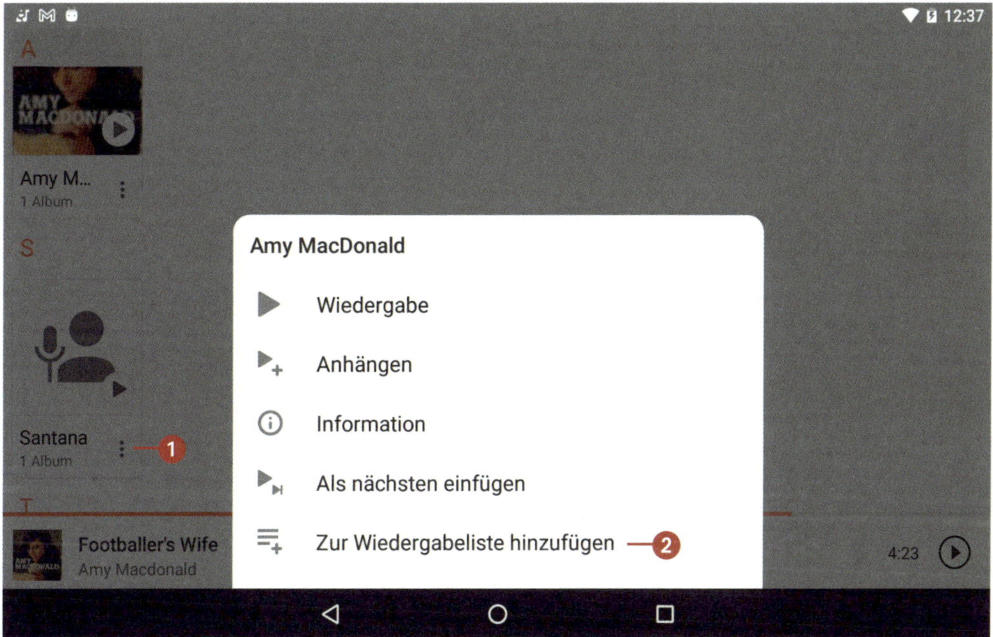

2 Wählen Sie den gewünschten Befehl *Zur Wiedergabeliste hinzufügen* (2) aus und befolgen Sie die angezeigten Anweisungen.

3 Es erscheint ein Pop-up-Fenster mit den Namen der Wiedergabeliste, in dem Sie eine vorhandene Liste auswählen können.

4 Ist noch keine Wiedergabeliste definiert, tippen Sie auf das Feld *Name der Wiedergabeliste*, tippen den Namen der Wiedergabeliste per Bildschirmtastatur ein und bestätigen dies mit *Speichern*.

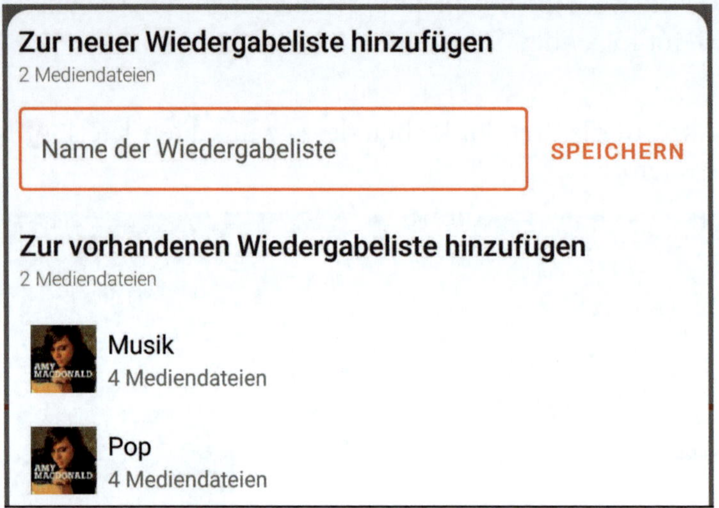

Für die weiteren Befehle im Pop-up-Fenster der VLC-Player-App gilt Folgendes:

- Über *Wiedergabe* wird der Musiktitel gespielt, und *Als Nächstes einfügen* fügt den gewählten Titel der Schlange der wiederzugebenden Titel hinzu.
- Tippen Sie im Pop-up-Menü auf *Anhängen*, um einen Titel in der Liste für die Wiedergabeliste zu merken.

Um Wiedergabelisten mit den dort festgelegten Titeln abzuspielen, wählen Sie im Startfenster der App den Eintrag *Wiedergabeliste* am unteren Rand. Die Wiedergabelisten werden damit eingeblendet und lassen sich wie Alben anwählen und abspielen. Der VLC-Player arbeitet dann die Titel der Wiedergabeliste nacheinander ab.

Tippen Sie bei einer Wiedergabeliste auf die drei Pünktchen, öffnet sich ein Pop-up-Menü. Dort finden Sie auch den Befehl *Löschen*, um die Wiedergabeliste zu löschen. Ist eine Wiedergabeliste geöffnet, öffnen die drei Pünktchen ein Pop-up-Menü mit Befehlen, um Titel aus der Liste zu löschen oder Inhalte zu teilen.

TIPP: Über das *Zurück*-Symbol in der oberen linken Ecke der App oder der Android-Navigationsleiste gelangen Sie zu den jeweils vorhergehenden Seiten der App.

HINWEIS: Zugriff auf die App-Einstellungen

Leider besitzt die VLC-Player-App kein Burger-Menü mehr. Um Einstellungen der VLC-Player-App einzusehen oder anzupassen, tippen Sie am unteren Rand auf den Befehl *Mehr*. In der Folgeseite wählen Sie das angezeigte Feld *Einstellungen*. Anschließend passen Sie auf der Seite *Einstellungen* die angezeigten Optionen ggf. durch Antippen an.

Ich will (Web-)Radio hören

Verfügt das Android-Gerät über einen UKW-Empfänger-Chip, ist auch eine Radio-App vom Hersteller verfügbar. Zum Radioempfang müssen aber Kopf- oder Ohrhörer an der Klinkenbuchse des Android-Geräts eingestöpselt sein, da das Kabel als Antenne dient.

- Ist die Radioansicht in der Radio-App gewählt, lässt sich der Radiosender durch Wischen der am unteren App-Rand angezeigten Skala einstellen.
- Über das Bedienelement *Anzeigekanal* lässt sich die Audioausgabe zwischen Kopfhörer, Lautsprecher und Bluetooth umschalten.
- Das Bedienelement *Aufnehmen* ermöglicht Ihnen, ein Radioprogramm mitzuschneiden und in eine Audiodatei zu speichern. Tippen Sie auf das Bedienelement, um die Aufzeichnung zu starten, und ein weiteres Mal, um die Aufzeichnung zu beenden. Anschließend wird der Dateiname abgefragt, unter dem die Aufnahme gespeichert wird. Diese *.aac*-Datei kann dann per VLC-Player-App aus dem Ordner *Music/fmrecording* abgespielt werden.
- Über die Symbole *Favoriten* und *Favoritenliste* können Sie Radiostation in Favoriten merken und dann aus einer Liste abrufen.

Das Burger-Menü hält Befehle bereit, um auf die Hilfe, die Aufnahmefunktion oder die Suche zuzugreifen. Über das *Beenden*-Symbol wird die Radio-App geschlossen.

In vielen modernen Android-Geräten sind jedoch keine UKW-Empfänger mehr eingebaut. Sie können sich aber Apps zum Anhören von **Webradio** aus dem Internet installieren. Diese übertragen wie normale Radiosender Musik, aber per Internet. So lassen sich überall in der Welt heimische Radiosender empfangen oder zu Hause Radiosender aus aller Welt hören.

Um eine Radiostation aus dem Internet zu empfangen, können Sie eine passende App aus dem Google App Store installieren. Geben Sie den Begriff »Radio« im Suchfeld des App Store ein, werden Ihnen verschiedene Treffer (z. B. die Apps *radio.de* und *TuneIn Radio*) angezeigt.

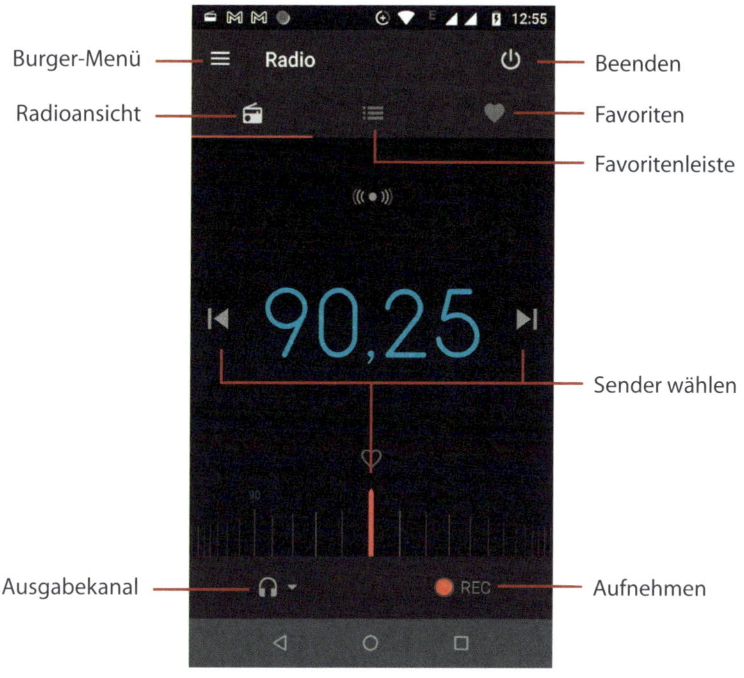

Die Bedienung dieser Apps ist weitgehend intuitiv. Wischen Sie nach oben oder unten, um die Senderliste einzusehen. Dann tippen Sie einen Sender an und können ihn hören.

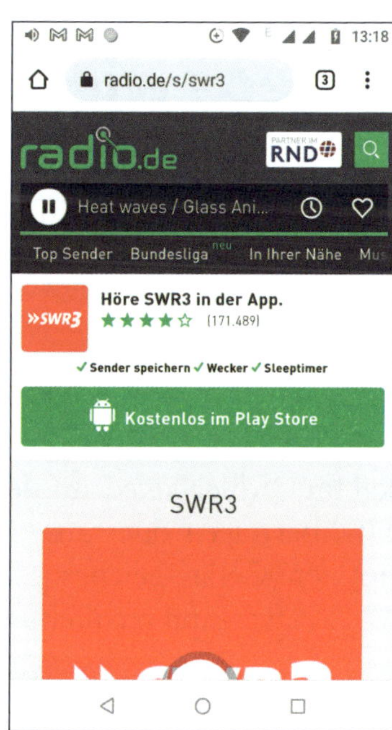

Ich selbst verzichte auf spezielle Radio-Apps und höre Webradio direkt im Chrome-Browser. Dort reicht es beispielsweise, *radio.de* als URL einzutippen. Schon kann man durch Wischen im Browserfenster den gewünschten Sender suchen und diesen durch Antippen abrufen. Eine Bedienleiste im Kopf der Radioseite ermöglicht es, die Wiedergabe anzuhalten oder zu starten.

Die Lautstärke der Wiedergabe passen Sie über die Lautstärkewippe des Android-Geräts an. Die Radio-Apps sind meist kostenlos, blenden aber Werbung ein.

HINWEIS: Der Dienst **Spotify**, für den es eine kostenlose App gibt, ermöglicht Ihnen, Musik von großen Plattenlabels zu hören. Neben einem Gratisangebot gibt es die Möglichkeit eines Musikabonnements. Kritisiert wird aber, dass die Musiker bei diesem Abo-Modell weitgehend leer ausgehen.

HINWEIS: Unter dem Kunstwort **Podcast** (setzt sich zusammen aus dem Namen des Apple-Musikplayers iPod und Broadcasting) wird das Anbieten von abonnierbaren Mediendateien wie Audio oder Video per Internet verstanden. Blogs, TV-Sender und Radiostationen bieten Informationen in Form abonnierbarer Podcasts an. Suchen Sie sich eine **Podcast-App** wie **Podcast Addict**, um auf die Angebote zugreifen zu können. Die App bietet Ihnen dann Funktionen, um Podcasts zu suchen und zu abonnieren.

Videos wiedergeben

Ein Android-Smartphone oder Tablet-PC lässt sich zur Wiedergabe von Videos und TV-Sendungen verwenden. In diesem Abschnitt stelle ich Ihnen die betreffenden Apps und deren Funktionen vor.

Video mit dem VLC-Player ansehen

Mit der Kamera Ihres Android-Geräts können Sie Videos aufnehmen und lokal im Ordner *Video* auf dem Gerät speichern. Zudem lassen sich Videos vom PC übertragen oder aus dem Internet herunterladen und im Ordner *Video* auf dem Gerät speichern. Diese lokal gespeicherten Videos lassen sich mit der VLC-Player-App recht einfach wiedergeben.

1 Tippen Sie in der gestarteten VLC-Player-App am unteren Rand auf *Video* (❶) oder auf *Dateien* (❷) und suchen Sie den Eintrag des gewünschten Videos.

2 Tippen Sie auf die Miniaturansicht des im App-Fenster gezeigten Videos (❸), um dieses im Player wiederzugeben.

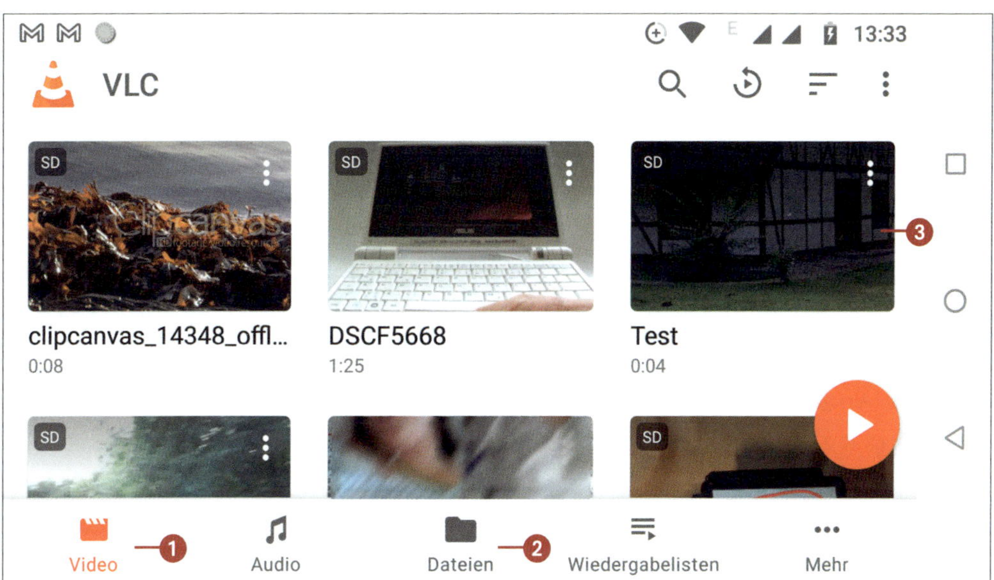

Während der Videowiedergabe werden (spätestens beim Antippen des Videos) am unteren Rand des App-Fensters die Schaltfläche zum Starten und Stoppen der Wiedergabe sowie weitere Elemente wie die Fortschrittsanzeigen eingeblendet.

Über die Android-*Zurück*-Schaltfläche gelangen Sie aus der Videowiedergabeseite zurück zur VLC-Übersicht mit den Videodateien.

HINWEIS: Die Videos müssen in einem Format vorliegen, das von der installierten Player-App wiedergegeben werden kann. Meist können MP4-Videodateien abgespielt werden.

YouTube-Videos abrufen

Auf der von Google betriebenen Webseite YouTube können Sie verschiedene Videos, auch Musikvideos, kostenlos aus dem Internet abrufen. Ich nutze das eigentlich ganz gerne, um nach älteren Musikvideos oder zu speziellen Musikthemen zu recherchieren. Für Android gibt es eine YouTube-App von Google. Die App lässt sich entweder aus dem Favoritenbereich des Startbildschirms oder über *Alle Apps* starten.

Die Handhabung der YouTube-App ist recht einfach und mit wenigen Sätzen beschrieben.

- Nach dem Start der App können Sie direkt auf **empfohlene YouTube-Videos** (1) zugreifen (einfach die Kacheln antippen), um die **Wiedergabe eines Videos** zu starten.
- Zum **Suchen nach Videos** tippen Sie in der rechten oberen Ecke der App auf das *Suchen*-Symbol (2). Dann geben Sie über die Bildschirmtastatur einen Suchbegriff in das Textfeld ein. In einem Fenster lassen sich Vorschläge auswählen. Die Suche wird über die Suchtaste *Suchen* der eingeblendeten Bildschirmtastatur gestartet.

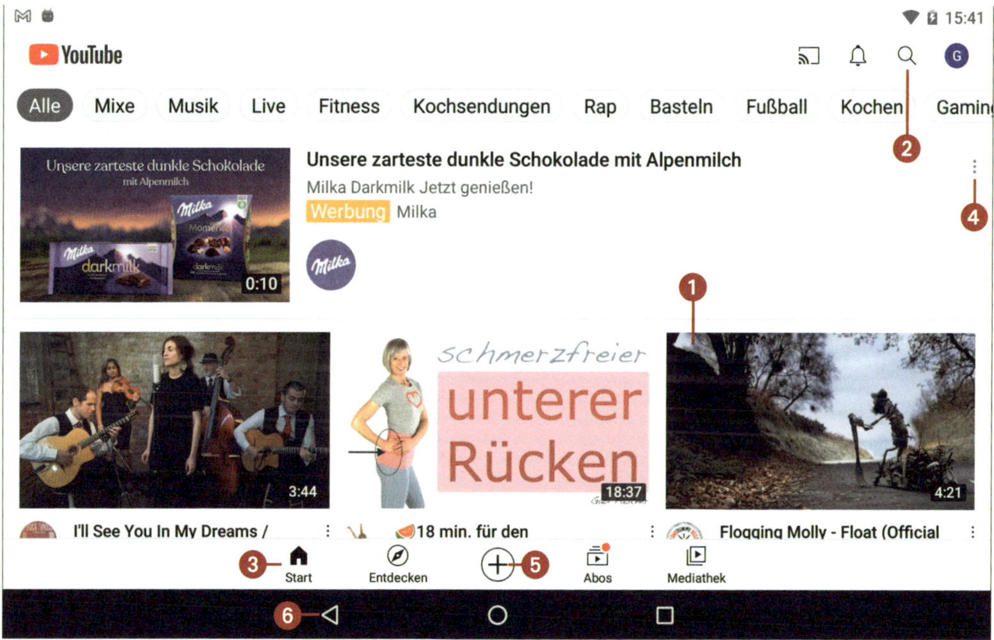

- Über die Symbole (3) der Leiste greifen Sie auf Kategorien wie *Start*, *Entdecken*, *Abos* oder die *Mediathek* zu.

- Die drei Pünktchen (4) öffnen ein Menü, über dessen Befehle Sie z.B. **Videos** mit anderen Apps **teilen** oder **zu Playlists hinzufügen** können.
- Das Symbol (5) springt zu einer Seite, um das Bild der Rückseitenkamera aufzuzeichnen sowie gespeicherte Filme anzuzeigen.

Über das Symbol *Zurück* (6) der Android-Navigationsleiste können Sie jederzeit zur vorhergehenden Seite der App zurückkehren.

- Nach Anwahl des Videos (1) öffnet sich der Player und beginnt mit der Wiedergabe der aus dem Internet geladenen Videodaten. Am rechten Rand werden weitere passende Videos oder ggf. auch eine Playlist angezeigt. Durch Antippen lassen sich diese wiedergeben.
- Tippen Sie auf den Videobereich (7), um die **Wiedergabe anzuhalten** und wieder **fortzusetzen**. Ist der Wiedergabebereich angewählt, blendet die App einige Steuerelemente in der Anzeige ein.
- Am unteren Rand erscheint die **Suchleiste** (8), auf der sich der Schieber beim Abspielen der Medientitel nach rechts bewegt. Sie sehen also, welcher Teil des aktuellen Titels bereits abgespielt wurde bzw. noch wiederzugeben ist. Durch Ziehen des Schiebers mit dem Finger lässt sich eine bestimmte Stelle im aktuellen Titel suchen.
- Rechts im Videobereich sehen Sie das Symbol (9), um das **Video** auf **Vollbildansicht** umzustellen. Anschließend findet sich in der rechten unteren Ecke ein Symbol, um die Ansicht auf den vorherigen Modus zurückzustellen.
- Am oberen Rand gibt es noch ein Symbol (10), um das Autoplay des **Videos** (also eine automatische Wiedergabe) ein- bzw. auszuschalten.
- Ein weiteres Symbol, *Teilen* (11), ermöglicht Ihnen, das **Video** mit anderen Apps zu **teilen**. Das Symbol *Speichern* trägt das Video in eine Playlist ein.
- Das Symbol (12) blendet ein Menü mit Befehlen ein, über die Sie die Wiedergabequalität anpassen, Untertitel ein- oder ausblenden, die Wiedergabegeschwindigkeit ändern und weitere Funktionen sowie die Hilfe abrufen können.

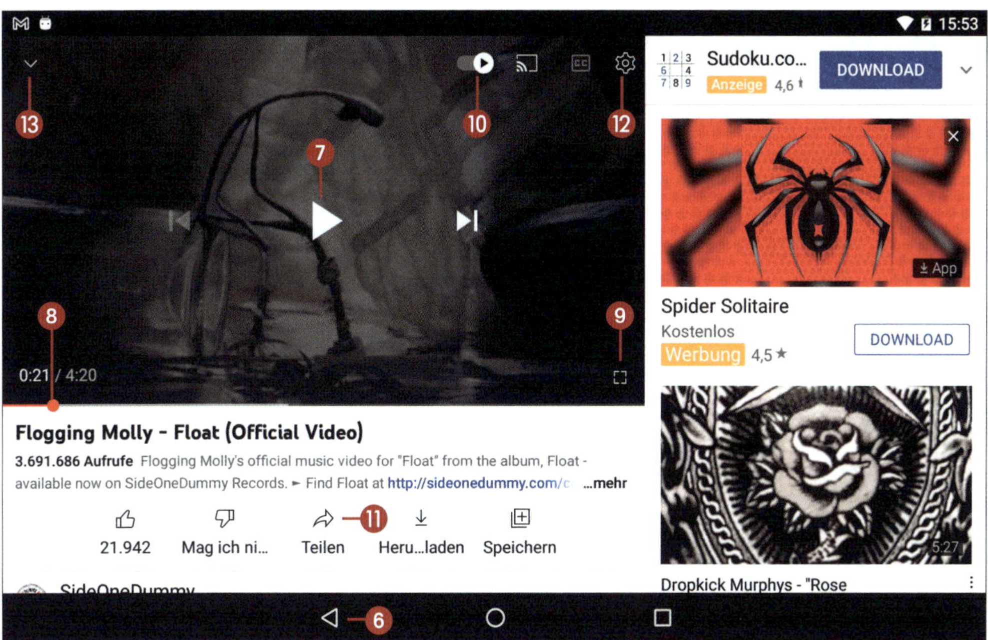

- Tippen Sie in der linken oberen Ecke des Videos auf das Symbol (13), wird die Wiedergabe verkleinert auf der Startseite als sogenannte Bild-im-Bild-Anzeige wiedergegeben. Tippen Sie erneut auf diese verkleinerte Bild-in-Bild-Anzeige, gelangen Sie zur vorherigen Ganzseitenansicht zurück.

Das ist alles nicht wirklich kompliziert. Sie benötigen lediglich eine funktionierende Internetverbindung, um YouTube-Videos anzusehen.

HINWEIS: Die Funktionen zum Herunterladen von Videos sind nur verfügbar, wenn ein kostenpflichtiges YouTube-Premium-Abonnement abgeschlossen wurde. Bei vielen Videos wird zur Finanzierung ein Werbeclip als Vorspann oder eine Werbeanzeige am unteren Videorand eingeblendet. Des Weiteren werden Werbeanzeigen im Anzeigebereich der YouTube-App eingeblendet.

In der YouTube-App wird die Wiedergabe unterbrochen, sobald Sie zu einer anderen App wechseln. Es ist also nicht möglich, **YouTube-Musikvideos im Hintergrund** zu **hören** und im Vordergrund zu surfen oder ein E-Book zu lesen.

TIPP: Für eine **bessere Klangqualität** können Sie einen Kopfhörer an der Audiobuchse des Geräts anschließen. Oder Sie **verwenden** (Bluetooth-)**Lautsprecher**, um die Musik vom Android-Gerät drahtlos zu übertragen.

Apps für ARD- und ZDF-Mediathek

Haben Sie eine TV-Sendung bei ARD oder ZDF verpasst oder wollen schnell mal außer der Reihe die Nachrichten ansehen? Sowohl ARD als auch ZDF bieten Apps für Android kostenlos im Play Store an, um sich das Programmangebot auch per Internet anzeigen zu lassen.

- Rufen Sie den App Store auf dem Android-Gerät auf und lassen Sie nach ARD oder ZDF suchen. Dann werden Ihnen die *ARD Mediathek*, *Das Erste* oder die *ZDF Mediathek* als Apps zum Download angeboten.
- Aber Sie sind nicht auf die oben genannten Sender begrenzt. Auch die Dritten Programme, 3sat und weitere Sender lassen sich über Android-Apps ansehen. Leserinnen und Leser aus Österreich suchen nach ORF, und meine Leser aus der Schweiz können nach SRF suchen und die betreffende App installieren lassen.

Starten Sie eine solche App über deren Symbol auf dem Startbildschirm, erhalten Sie Zugriff auf das Programm des betreffenden Senders und können dort Sendungen oder Zusatzinformationen abrufen.

Sie sind also nicht mehr unbedingt darauf angewiesen, eine TV-Sendung zum Ausstrahlungszeitpunkt abzurufen. Und wenn Sie sich über das TV-Programm informieren möchten, gibt es auch dafür Apps, die Ihnen dieses aufs Android-Gerät bringen (einfach im App Store nach »TV-Programm« suchen).

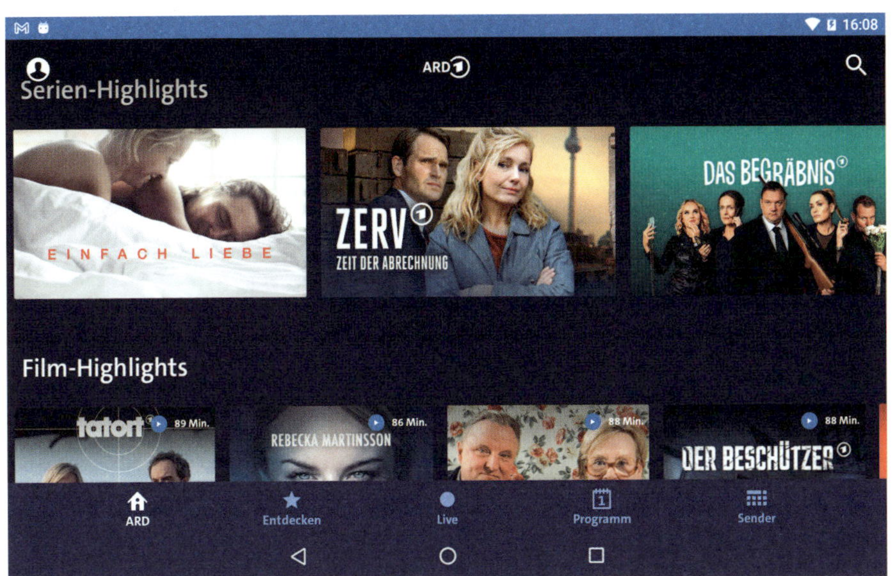

HINWEIS: Chromecast, Miracast und DLNA

Falls Ihnen der Bildschirm des Android-Geräts zu klein ist oder mehrere Personen eine Sendung anschauen möchten, können Sie den **Bildschirminhalt** auch **auf das TV-Gerät übertragen**. Von Google gibt es den sogenannten **Chromecast-Empfänger**, und einige **SmartTV**-Geräte unterstützen den **DLNA**-Übertragungsstandard. Des Weiteren lassen sich Geräte mit einem sogenannten **Miracast-Empfänger** in Form eines HDMI-Sticks nachrüsten. Diese Empfänger lassen sich am HDMI-Eingang des TV-Geräts anschließen, um die Inhalte vom Android-Gerät drahtlos zu empfangen und am Bildschirm wiederzugeben. Eine genauere Betrachtung dieser Funktionen sprengt aber den Rahmen dieses Buchs. Interessierte Leser möchte ich auf meinen Blogbeitrag *www.borncity.com/blog/?p=144134* verweisen, in dem ich entsprechende Lösungen beschreibe.

In diesem Kapitel haben Sie die Möglichkeiten zur Wiedergabe von Musik und Videos mittels entsprechender Android-Apps kennengelernt. Außerdem habe ich Ihnen kurz einige Apps zum Zugriff auf YouTube, Webradio oder die Mediatheken verschiedener TV-Sender vorgestellt. Im nächsten Kapitel geht es um die Kommunikation mittels Android-Geräten, also ums Telefonieren, um Kontakte und mehr.

8

Kommunikation

Das lernen Sie in diesem Kapitel:

- Telefonieren
- Telefonieren mit Skype
- Textnachrichten
- Soziale Netzwerke

Ein Smartphone lässt sich nicht nur zum Telefonieren verwenden. Sie können auch SMS verschicken, skypen oder Nachrichten mit WhatsApp austauschen. Weiterhin lassen sich soziale Netzwerke wie Facebook nutzen sowie Kontakte auf dem Android-Gerät verwalten. In diesem Kapitel stelle ich Ihnen diese Funktionen vor.

Telefonieren

Mit einem Android-Smartphone können Sie telefonieren. Wie das geht, wird in diesem Abschnitt kurz erläutert.

Telefonieren, so geht's

Zum Telefonieren werden Android-Smartphones mit einer Telefonie-App ausgeliefert. Sobald eine passende SIM-Karte eines Mobilfunkanbieters eingelegt wurde und ein Vertrag besteht bzw. Guthaben auf einer Prepaid-SIM-Karte vorhanden ist, lassen sich Telefonanrufe tätigen.

1 Um ein Telefonat zu führen, starten Sie die App über das Symbol in der Favoritenleiste des Startbildschirms.

2 Anschließend wählen Sie die gespeicherte Telefonnummer in Ihrem Telefonbuch aus oder tippen diese ein (siehe die folgenden Hinweise).

3 Danach reicht es, auf das Telefonsymbol (siehe ⑩ in der Abbildung auf Seite 238) zu tippen um den Anruf zu tätigen.

Hier noch eine kurze Übersicht über die wichtigsten Elemente und Symbole der Telefonie-App.

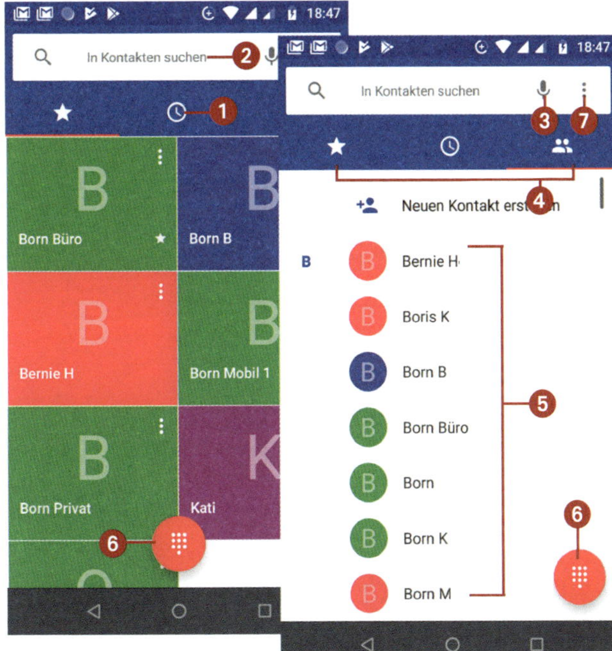

- Sie können über die zuletzt geführten und angezeigten Anrufe (1) ein Telefonat mit diesem Teilnehmer führen, indem Sie auf den gewünschten Eintrag tippen.
- Alternativ verwenden Sie das Suchfeld (2), um in den auf dem Gerät gespeicherten Kontakten und Orten nach der Telefonnummer des Teilnehmers zu suchen. Über das Mikrofonsymbol (3) lässt sich die Spracheingabe zur Suche aktivieren.
- Verwenden Sie die Einträge (4), um zwischen den Kategorien (*Favoriten, Letzte Anrufe, Kontakte*) umzuschalten.
- Sobald ein Kontakt (5) angezeigt wird, lässt sich dessen Telefonnummer durch Antippen anrufen.
- Sie haben zudem jederzeit die Möglichkeit, über das Tastensymbol (6) das Ziffernfeld (8) einzublenden.

HINWEIS: Über die drei Pünktchen (7) in der rechten oberen Ecke der App blenden Sie ein Menü (11) ein (siehe hierzu die folgende Abbildung). Über dessen Befehle greifen Sie auf die Einstellungen und die Anrufliste zu oder legen einen neuen Kontakt an.

- Haben Sie die Ziffernwahl aufgerufen, lässt sich jede beliebige Telefonnummer über die Tasten im Ziffernfeld (8) eintippen.
- Tippen Sie auf die *Rück*-Taste (9), um die zuletzt eingegebene **Ziffer** zu **löschen**.
- Sobald Sie das Symbol (10) mit dem grünen Kreis und dem Telefonhörer antippen, wird die Nummer gewählt.

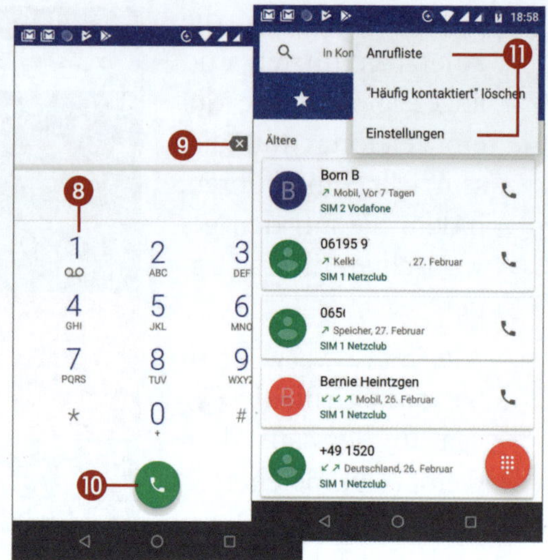

TIPP: Bei Android-Smartphones gibt es eine Reihe von Tastencodes, über die Sie spezielle Funktionen abrufen können. Mit der Tastenkombination *100# (oder *101#) rufen Sie beispielsweise bei vielen Anbietern den aktuellen Guthabenstand eines Prepaid-Kontos ab. Verwenden Sie eine Suchmaschine und geben Sie Begriffe wie USSD-Codes, Handy-Codes, Handy-Tastencodes ein, um Seiten, auf denen diese Codes aufgeführt sind, zu finden.

Beim Angerufenen blendet Android eine Infoleiste auf dem Display ein. Über diese Infoleiste kann der Anruf angenommen oder abgelehnt werden.

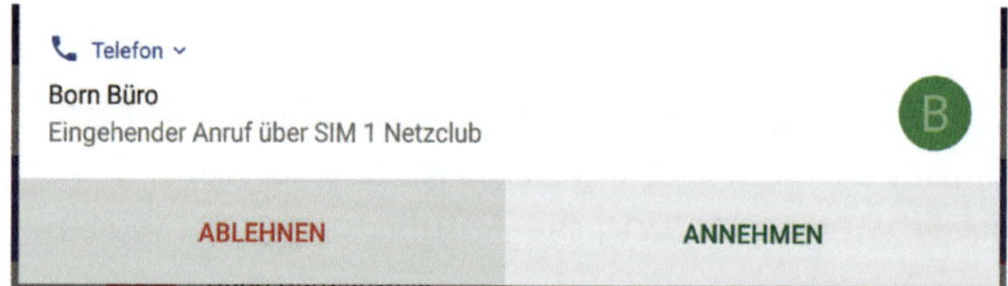

Nimmt der angerufene Teilnehmer den Anruf entgegen, können Sie das Telefonat führen. Ein Gespräch beenden Sie, indem Sie in der App auf das Symbol mit dem nun roten Kreis und dem Telefonhörer tippen.

Telefonnummer als Kontakt speichern

Android besitzt eine Kontakte-App, die sich über ein eigenes Symbol in der App-Seite aufrufen lässt. Aus der Telefon-App lässt sich aber direkt auf die Kontakte zugreifen. Haben Sie gerade jemanden angerufen und möchten Sie diese Telefonnummer als Kontakt speichern? Oder wollen Sie einfach einen neuen Kontakt anlegen? Dann gehen Sie folgendermaßen vor:

1 Wählen Sie in der App die Kategorie mit den Anrufen (1) und tippen Sie in der App auf die Telefonnummer (2).

2 Wählen Sie den Befehl *Neuen Kontakt erstellen* (3), um zur Kontakteseite der App zu wechseln.

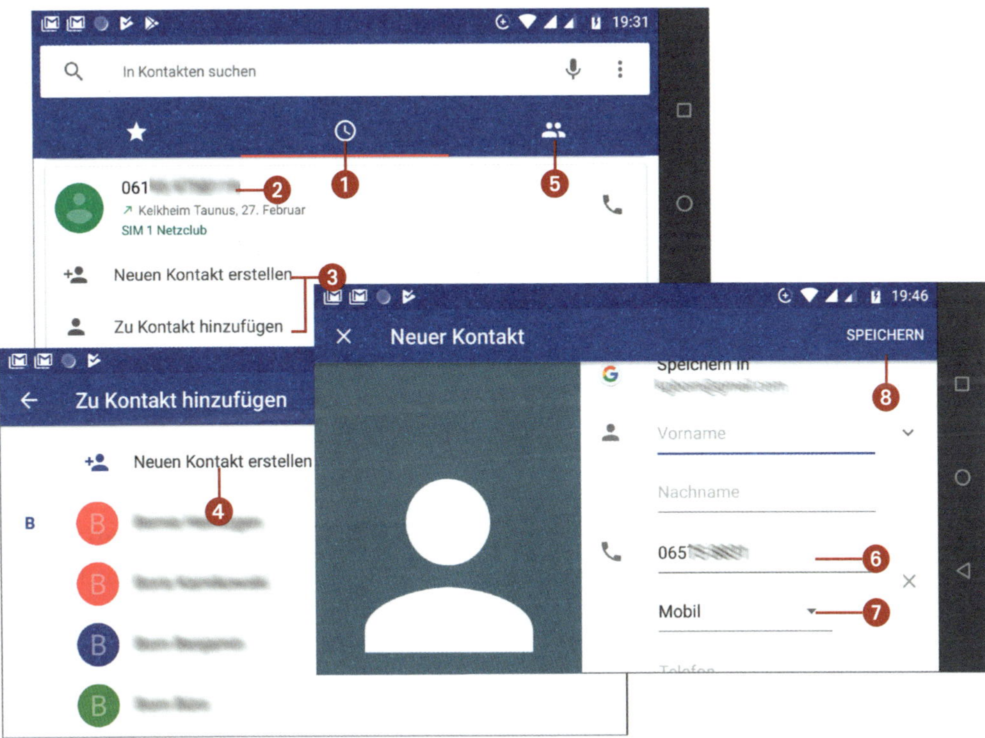

Über *Zu Kontakt hinzufügen* gelangen Sie zur Kategorie mit den Kontakten, in der Sie ebenfalls einen Befehl finden (4), um einen neuen Kontakt anzulegen. Wird der Hyperlink *Zu Kontakt hinzufügen* oder *Neuen Kontakt erstellen* nicht angezeigt bzw. möchten Sie einfach nur den Kontakt anlegen, tippen Sie in der App auf das Kontaktesymbol (5). Auf der angezeigten App-Seite finden Sie den Befehl *Neuen Kontakt erstellen* (4), über den Sie den neuen Kontakt anlegen können. Auf der Kontakteseite der App stehen Ihnen Felder zur Verfügung, in die Sie die Kontaktdetails eintragen.

Wurde der Hyperlink einer Telefonnummer verwendet, ist die betreffende Telefonnummer bereits eingetragen (6). Ist ein Eintrag mit einem Dreieck (7) markiert? Tippen Sie auf dieses Feld, erscheint ein Auswahlmenü mit den verfügbaren Optionen.

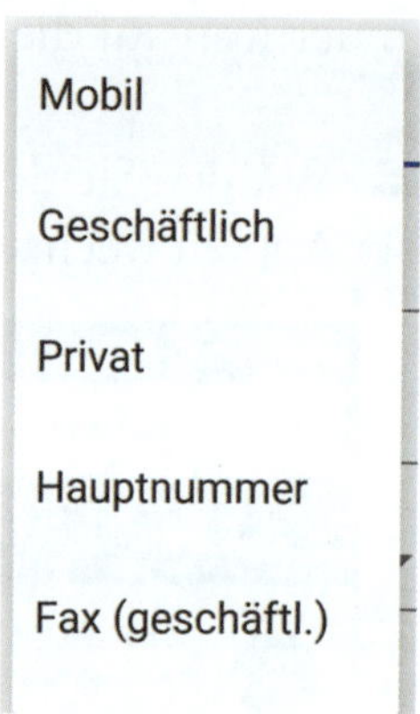

Bei einer Telefonnummer lässt sich zwischen *Mobil*, *Geschäftlich* und *Privat* wählen. Sobald alle Daten eingetragen sind, tippen Sie auf den Befehl *Speichern* (8).

Kontakte einsehen, ändern und löschen

Das Abrufen der Daten eines Kontakts ist recht einfach. Tippen Sie auf das Symbol (1) oder (2) der gewünschten Kategorie. In der Kategorie *Schnellauswahl* (1) tauchen die Kacheln von Kontakten in der App auf. Um die Daten eines Kontakts einzusehen, haben Sie folgende Möglichkeiten:

- Tippen Sie in der Kategorie *Schnellauswahl* (1) der Telefon-App auf die in der Kachel des Kontakts angezeigten drei senkrecht angeordneten Pünktchen (3).
- Alternativ können Sie in der App zur Rubrik *Kontakte* (2) wechseln und dann den Eintrag des gewünschten Kontakts antippen.

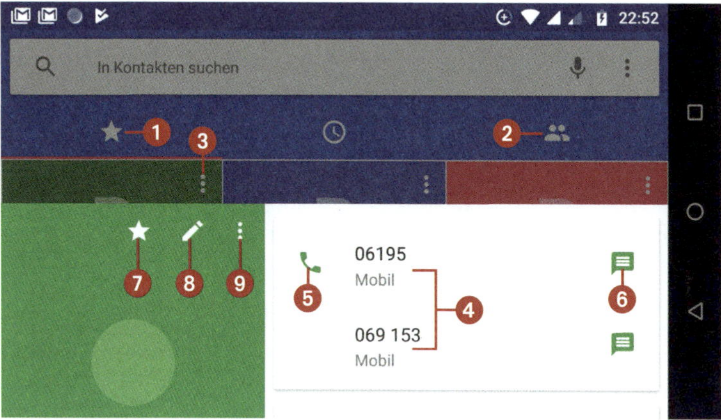

In beiden Fällen blendet die Android-App die Daten (4) des Kontakts ein. Sie können anschließend weitere Funktionen wählen.

- Tippen Sie auf das Symbol (5) des Kontakts, um die betreffende Nummer anzurufen.
- Ist die (im nachfolgenden Abschnitt vorgestellte) Skype-App installiert und ein Skype-Name in den Kontaktdaten vorhanden, können Sie mit dem Teilnehmer chatten (Textnachrichten austauschen) oder ein Skype-Telefonat führen.
- Ist dem Kontakt eine E-Mail-Adresse zugewiesen, können Sie diese anwählen, um eine Nachricht per Mail-App zu verfassen.
- Das am rechten Rand einer Telefonnummer eingeblendete Symbol (6) ermöglicht Ihnen, die App zum Versenden von SMS-Nachrichten aufzurufen und eine SMS-Nachricht an diese Telefonnummer zu versenden.
- Tippen Sie auf das Sternchen (7), wird der Kontakt in die Favoritenliste aufgenommen und unter der Kategorie *Schnellauswahl* aufgeführt. Ein erneutes Antippen hebt die Markierung als Favorit auf, belässt den Eintrag aber in der Kategorie *Schnellauswahl*.
- Das Symbol eines Stifts (8) öffnet beim Antippen die App-Seite mit den Kontaktdaten, und Sie können diese ändern. Tippen Sie auf den zu ändernden Wert, können Sie eingegebene Zeichen über die *Rück*-Taste der Bildschirmtastatur löschen und anschließend neue Daten eingeben.

Sobald Sie auf das in der App angezeigte *Speichern*-Symbol tippen, werden die Änderungen gespeichert. Über das in der App-Seite links angezeigte *Schließen*-Symbol (*x*) verlassen Sie die Seite, ohne die Änderungen zu speichern.

- Tippen Sie auf die drei Pünktchen (9), öffnet die App ein Menü. Über den Befehl *Löschen* lässt sich der Kontakt aus der Kontakteliste entfernen. Mit *Teilen* blendet Android eine Auswahlliste mit Apps ein. Wählen Sie eine App in der Liste aus, übergibt die Kontakte-App die Kontaktdaten an die betreffende andere App. Über *Verknüpfung erstellen* wird ein Symbol zum Direktzugriff auf diesen Kontakt auf dem Android-Startbildschirm abgelegt.

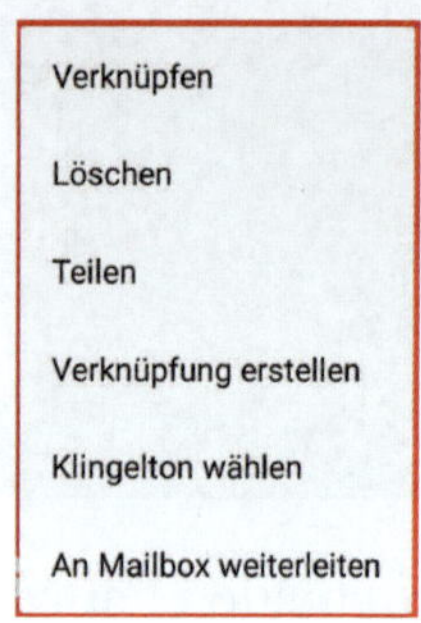

Soll ein Eintrag, d. h. die betreffende Kachel, aus der Kategorie *Schnellauswahl* entfernt werden?

1 Drücken Sie den Finger einige Sekunden auf die zu löschende Kachel.

2 Ziehen Sie die Kachel über den eingeblendeten *Entfernen*-Eintrag.

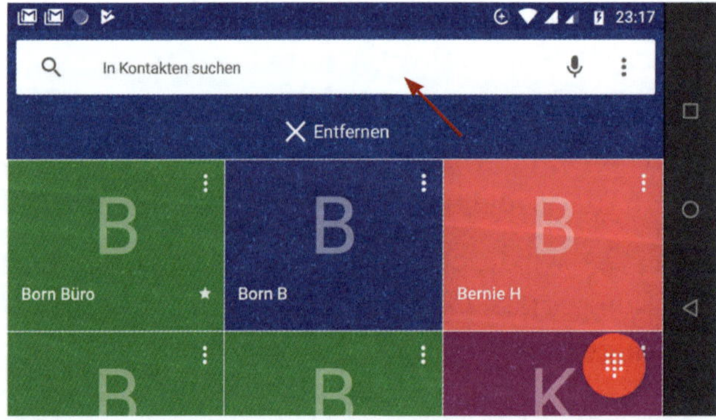

Sobald Sie den Finger heben, wird die Kachel mit dem Eintrag entfernt. Der Kontakt bleibt aber weiterhin erhalten, er wird also nicht aus Ihrer Kontakteliste gelöscht.

Was ist mit der Kontakte-App?

In Android steht Ihnen für den Aufruf der Kontakte-App ein entsprechendes Symbol zur Verfügung.

Rufen Sie die betreffende App über das Symbol auf, erscheint diese App-Darstellung, die Ihnen vermutlich bereits von den Ausführungen der vorherigen Seiten bekannt vorkommt. Wenn Sie mit der Telefon-App arbeiten, steckt die Kontakte-App von Android hinter den angebotenen Funktionen zur Verwaltung der Kontakte.

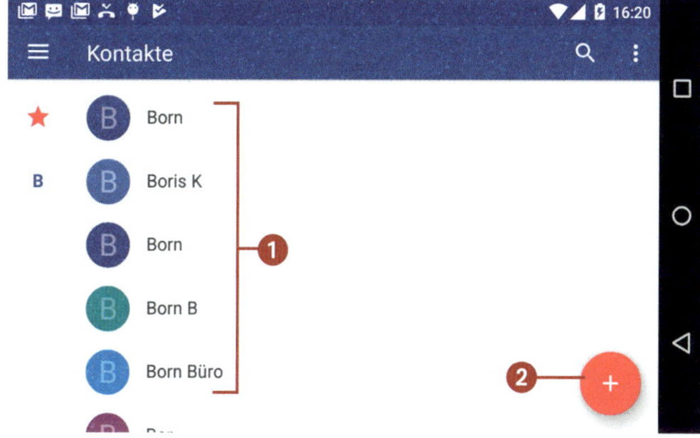

- Dort werden die Kontakte (1) als Liste aufgeführt. Tippen Sie auf einen Kontakt, werden dessen Details angezeigt – alles wie bei der Telefon-App beschrieben.
- Das Symbol in der rechten unteren Ecke (2) öffnet die App-Seite, um einen neuen Kontakt einzutragen.
- Weiterhin können Sie in der Kopfzeile über das Lupensymbol nach Kontakten suchen.

Die drei Pünktchen öffnen das Menü mit Befehlen zum Auswählen der Kontakte. Das Burger-Menü oben links ermöglicht den Zugriff auf Einstellungen, Kontakte, Vorschläge und Labels (selbst angelegte Gruppen wie Familie). Gegenüber der Beschreibung der Kontaktverwaltung in der Telefon-App ändert sich praktisch nichts. Damit kennen Sie auch die wichtigsten Funktionen der Kontakte-App. Beachten Sie aber, dass sich die Bedienung in Abhängigkeit der bei Ihnen installierten Android-Version ändern kann.

HINWEIS: Kontakte synchronisieren

Sobald Sie in der Kontakte-App ein Konto (Google, Skype, Exchange) hinzufügen, werden die Kontakte übernommen und mit dem Konto synchronisiert. Zum Auslesen der Kontakte von einem PC und zum Synchronisieren gibt es beispielsweise die Anwendung MyPhoneExplorer. Dieses Programm lässt sich unter *www.fjsoft.at/de/* herunterladen und unter Windows ausführen. Ist das Smartphone per USB-Kabel mit dem PC verbunden, kann MyPhoneExplorer auf die Kontakte zugreifen und diese mit bestimmten Konten synchronisieren. Details dazu finden Sie in der Programmbeschreibung.

Telefonieren mit Skype

Auch wenn Ihr Android-Tablet-PC vielleicht keine Mobilfunkunterstützung besitzt, gibt es die Möglichkeit, Telefonate über das Internet (WLAN) mittels der Skype-App bzw. dem entsprechenden Dienst zu führen. In diesem Abschnitt möchte ich Skype vorstellen.

Skype, was steckt dahinter?

Skype ist ein sogenannter Internetdienst, der eine Möglichkeit zum Telefonieren über das Internet bietet. Zwischenzeitlich wird dieser Dienst vom Windows-Anbieter Microsoft betrieben und stellt einige äußerst nützliche Möglichkeiten bereit:

- Alles, was Sie unter Android benötigen, ist die kostenlose Skype-App für Android und ein kostenloses Skype-Benutzerkonto. Eine WLAN-Verbindung, ein Mikrofon und ggf. eine Kamera sind bei Android-Geräten in der Regel vorhanden.
- Sobald Sie beim Anbieter Skype angemeldet sind, können Sie mit der App über das Internet telefonieren (Sprach- und Videotelefonie). Zudem lassen sich Textnachrichten (Chat) und Dateien austauschen.

- Telefonate zu anderen Skype-Teilnehmern sind (abgesehen von den eventuell für die Internetverbindung anfallenden Gebühren) kostenlos. Anrufe ins Festnetz oder auf Handys kosten Gebühren, sind aber bei internationalen Gesprächen sehr günstig.

Das Geniale: Skype ist nicht auf Android beschränkt. Damit steht Ihnen zur Kommunikation ein komfortables Medium zur Verfügung, das Mobiltelefonate weit in den Schatten stellt.

HINWEIS: Informationen zu Skype gibt es auf der Internetseite *www.skype.com/de/*. Skype-Apps sind für Android, iOS, Windows und andere Betriebssysteme verfügbar. Die Skype-App für Android gibt es gratis im Google Play Store, wenn Sie nach »Skype« suchen. Zwischenzeitlich lässt sich Skype in Deutschland sogar im Browser über die Webseite *web.skype.com* verwenden.

Skype aufrufen, anmelden und nutzen

Ist die Skype-App unter Android installiert, lässt sich diese über das hier gezeigte Symbol aufrufen.

Skype meldet sich beim ersten Aufruf und fordert Sie zur Eingabe der Skype-Anmeldedaten (Benutzername und Kennwort) auf.

Sie können dabei einen Skype-Namen oder ein Microsoft-Konto (wird z. B. bei Windows automatisch eingerichtet) zur Anmeldung verwenden. Tippen Sie auf *Anmelden oder erstellen* und durchlaufen Sie die Anmeldeseiten, in denen die Anmeldedaten samt Kennwort abgefragt werden. Bestätigen Sie mit *Anmelden*.

HINWEIS: Besitzen Sie noch kein Skype- oder Microsoft-Konto, registrieren Sie sich über *Konto erstellen* bei Skype. Sie bekommen das Konto kostenlos zugeteilt.

Ist eine Internetverbindung vorhanden und sind Sie bei Skype angemeldet, sollte die hier gezeigte Darstellung erscheinen.

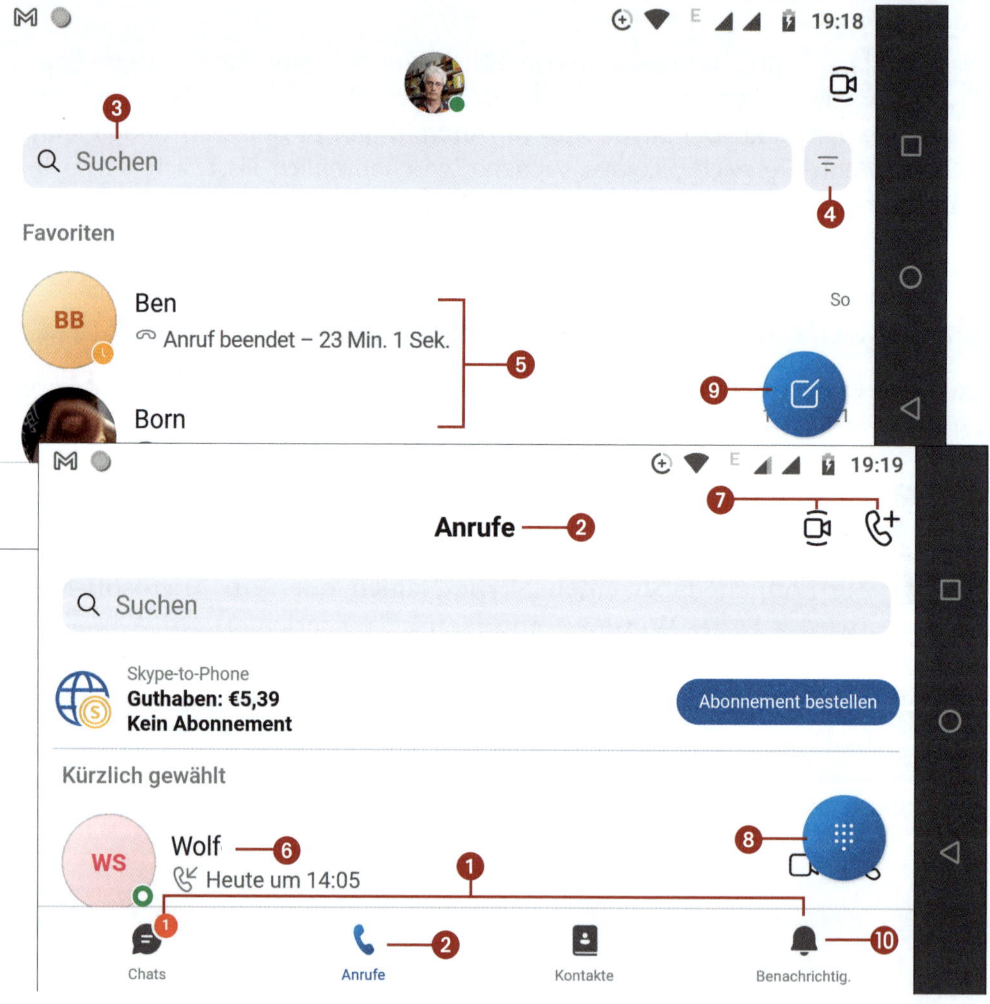

- Verwenden Sie die Symbole (1) am unteren Rand der App zur Auswahl der gewünschten Kategorie (*Chats*, *Anrufe* (2), *Kontakte* oder *Benachrichtigungen* (10)).
- Das *Suchen*-Feld (3) im oberen Bereich der App dient der Suche nach Kontakten in der Anruferliste. Sie können in das angezeigte Suchfeld einen Namen eintippen und dann die *Suchen*-Taste der Bildschirmtastatur betätigen. Jetzt wird der Skype-Teilnehmer im Skype-Adressenbestand gesucht. Durch Anwahl eines Treffers erscheint die Seite, um den Teilnehmer anzurufen oder auch andere Skype-Funktionen zu nutzen.
- Die drei Striche (4) in der rechten oberen Ecke der App öffnen ein Menü, um ein kompaktes Layout anzuzeigen oder um die Favoritenanzeige mit den Skype-Kontakten ein-/auszublenden. Zudem gibt es Befehle, die dazu dienen, die Kontakte und Nachrichten nach diversen Kriterien zu sortieren.
- Gespeicherte Skype-Kontakte (5) und Anrufe (6) lassen sich über die App-Seiten (z. B. Kategorie *Kontakte*) einsehen.
- Mithilfe des Symbols *Anrufe* am unteren App-Rand (2) wechseln Sie zur betreffenden App-Seite. Dort finden Sie Kontakte und ein Symbol (7), um einen Kontakt anzurufen. Über das angezeigte Symbol (8) blenden Sie die Wähltastatur zur Anwahl einer beliebigen Telefonnummer im Fest- oder Mobilfunknetz ein. Solche Anrufe sind dann aber nicht mehr kostenlos, sondern werden über Ihr Skype-Guthaben abgerechnet.
- In der Kategorie *Chat* öffnet das Symbol (9) eine Seite, um neue Gruppenchats, einen Anruf, eine private Unterhaltung oder eine Einladung einzuleiten.

Das Symbol (10) öffnet die Seite mit den Benachrichtigungen (von anderen Skype-Teilnehmern oder von Skype).

Telefonieren mit Skype

Um einen Teilnehmer über Skype direkt (und gratis) anzurufen, muss dieser als Kontakt im Skype-Konto bekannt sein. Zudem ist es erforderlich, dass der Skype-Teilnehmer ebenfalls online ist und Sie als Kontakt akzeptiert hat. Bei Anrufen einer Festnetz- oder Mobilfunknummer ist dies natürlich nicht erforderlich.

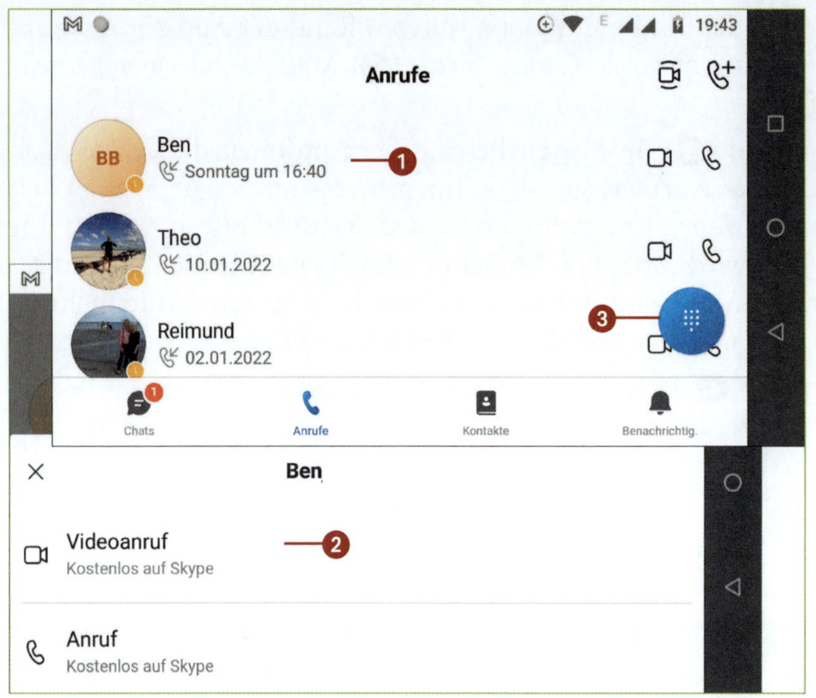

- Zum Anrufen reicht es, den Kontakt in der Skype-Kontaktliste der App (1) anzuwählen – ein grüner Punkt zeigt, dass der Kontakt gerade in Skype online ist.
- Dann erscheint die Skype-Seite (2) im Vordergrund, in der Sie über die Einträge auswählen, ob ein Videoanruf oder ein Telefonanruf über den Skype-Dienst erfolgen soll.
- Tippen Sie auf das Symbol (3), um die Bildschirmtastatur einzublenden und einen Teilnehmer per Festnetz- oder Mobilfunknummer anzurufen. Dieser Anruf ist aber kostenpflichtig.

Haben Sie das Symbol für einen Sprach- oder Videoanruf gewählt, versucht Skype, eine Verbindung mit dem Kontakt aufzunehmen. Beim Anrufer erscheint dann die Darstellung des Anrufs.

- Wischen Sie auf dem Symbol des grünen Telefonhörers (**1**) nach oben, um den Skype-Anruf entgegenzunehmen.
- Durch Wischen des roten Telefonhörers (**2**), oder wenn der Angerufene nicht innerhalb einer gewissen Zeit reagiert, beendet Skype die Verbindung automatisch.

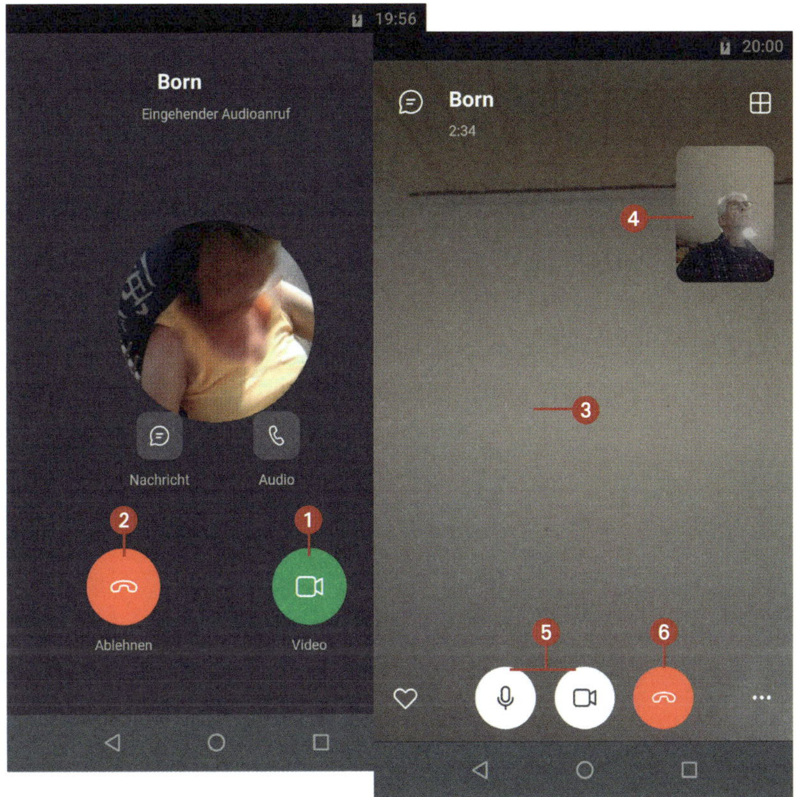

Wird ein Gespräch angenommen, kann das Skype-Telefonat wie ein normales Telefongespräch geführt werden. Bei Videotelefonaten wird das Bild der Kamera mit übertragen.

- Bei Annahme eines Videoanrufs wird das Kamerabild (**3**) des Angerufenen im Display gezeigt (hier habe ich die Kamera auf eine leere Fläche gerichtet).

8 Kommunikation

- Rechts oben in der Ecke erscheint verkleinert das Kamerabild des Anrufenden (4).

Tippen Sie auf das Display, werden Symbole im unteren Bereich der App eingeblendet.

- Über die beiden Symbole (5) kann der Teilnehmer Mikrofon und/oder Kamera ein- bzw. ausschalten.
- Mit dem Symbol des roten Telefonhörers (6) beenden Sie ein Skype-Telefonat.

Die drei Pünktchen ermöglichen es, Optionen (z. B. *Untertitel einblenden*) anzuzeigen. Bei verpassten Anrufen zeigt die Android-App diese in einer Verlaufsseite automatisch an. Durch Antippen eines Eintrags kann man einen Rückruf starten.

HINWEIS: Beachten Sie, dass Microsoft die Skype-App immer wieder überarbeitet, sodass sich das Aussehen und die genaue Bedienung geringfügig ändern können. Weitere Informationen, speziell über die Kosten, entnehmen Sie bitte der Skype-Internetseite.

Textnachrichten

Anstatt ein Telefonat zu führen, können Sie auch über Textnachrichten kommunizieren. SMS ist der am häufigsten gebräuchliche Ansatz zum Versenden solcher Textnachrichten über den Mobilfunkanbieter. Aber neben dem im vorherigen Abschnitt erwähnten Skype lassen sich auch Textnachrichten über den Dienstanbieter Signal oder über SMS-Apps austauschen. In diesem Abschnitt lernen Sie Funktionen zum Versand von Textnachrichten kennen.

SMS-Nachrichten empfangen/versenden

SMS-Nachrichten werden auf Mobilfunkgeräten verschickt. Die Abrechnung der Kosten für die SMS-Nachrichten erfolgt dann über den Mobilfunkanbieter.

HINWEIS: Je nach Android-Version ist eine separate SMS-App zum Versenden von Kurznachrichten bereits vorhanden. Falls nicht, sollten Sie sich die nachfolgend beschriebene App *Android Messages* oder die App *Signal* aus dem Google Play Store herunterladen und installieren.

1 Starten Sie die App über das in der Favoritenleiste des Startbildschirms oder über das in der App-Seite angezeigte Symbol.

Dann erscheinen die ggf. bereits eingetroffenen SMS-Nachrichten in der App.

2 Zum Beantworten einer SMS tippen Sie einfach auf die betreffende Nachricht (1).

3 Dann tippen Sie in der Fußzeile (2) den Text der SMS ein und schicken die Nachricht über das Symbol (3) ab.

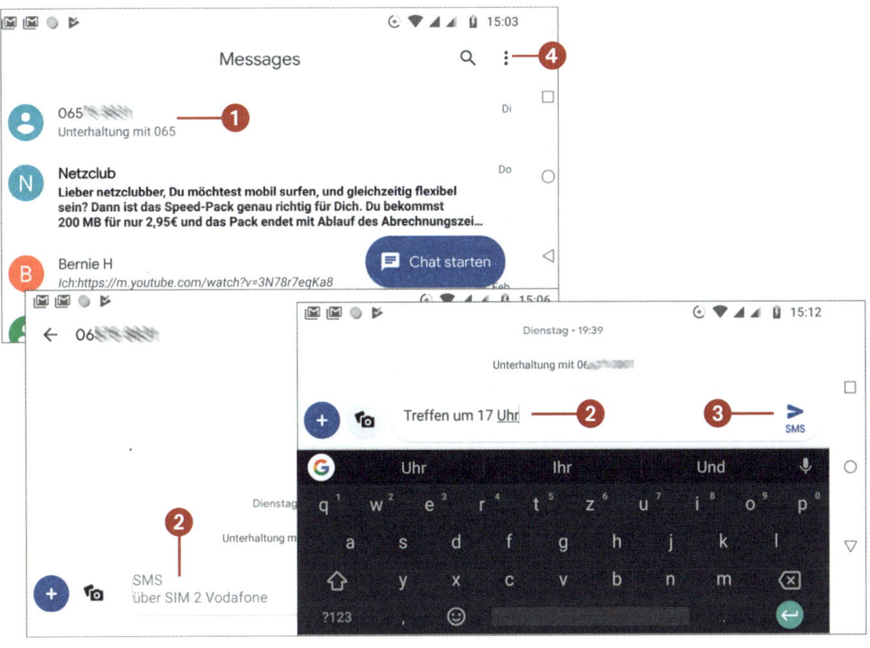

Mehr gibt es zum Beantworten von SMS nicht zu wissen. Zum Löschen einer eingetroffenen SMS tippen Sie diese an. Dann öffnen Sie das Menü über die drei Pünktchen (4) und wählen den Befehl *Löschen*. Oder Sie drücken ein paar Sekunden auf den Nachrichtentext. Dann erscheint eine Leiste, in der Sie ein Papierkorbsymbol zum Löschen der Nachricht finden. Das Löschen muss in einem Pop-up-Fenster bestätigt werden.

4 Zum Erstellen einer neuen SMS tippen Sie auf das Symbol (5) und geben in der Folgeseite die Telefonnummer ein (6).

Bei Bedarf übernehmen Sie diese Telefonnummer aus den gespeicherten Kontakten (7).

5 Dann tippen Sie den Text der SMS ein (8) und schicken diese über das Symbol (9) ab.

Die Nachricht sollte anschließend beim Empfänger auf dem Smartphone angezeigt werden.

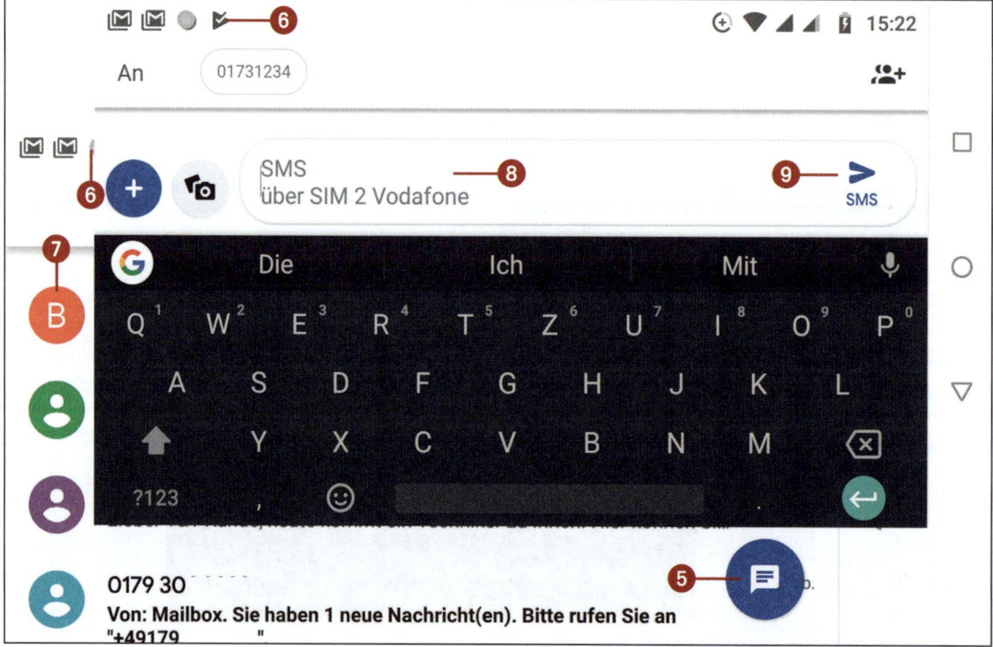

HINWEIS: Eintreffende SMS-Nachrichten werden auf dem Sperrbildschirm des Geräts und in der Statusleiste am oberen Bildschirmrand signalisiert. Wischen Sie auf der Startseite von oben nach unten, um den Inhalt der Statusleiste und damit die SMS einzusehen.

Messenger für Nachrichten, was ist das?

Als Alternative zur SMS lassen sich Textnachrichten und ggf. Dateien mit Fotos, Videos etc. auch über sogenannte Messenger versenden. Viele Menschen verwenden inzwischen solche Messenger anstelle von SMS zur Kommunikation. Das Ganze funktioniert über Mobilfunk oder über WLAN, und der Versand der Nachrichten ist kostenlos.

HINWEIS: Einer der populären Dienste ist das zum US-Anbieter Facebook gehörende WhatsApp. Dieser Anbieter ist aber durch seine Datensammelei bei den Datenschutzbehörden in Verruf geraten und darf in Firmen aus rechtlichen Gründen eigentlich nicht mehr eingesetzt werden. Wegen der rechtlichen Problematik im beruflichen Einsatz verwende ich WhatsApp seit Jahren nicht mehr. Ich setzte den ebenfalls kostenlosen Messenger Signal ein, der 2022 von der Stiftung Warentest als bestes Produkt bewertet wurde.

Um einen Messenger wie Signal oder WhatsApp zu verwenden, laden Sie sich die kostenlose App dieses Diensts aus dem Google Play Store auf Ihr Android-Gerät herunter.

1 Starten Sie die installierte Android-App über das betreffende Symbol, das sich auf der Startseite oder auf den App-Seiten befindet.

2 Befolgen Sie die Anweisungen zur Inbetriebnahme, die die App beim ersten Aufruf auf dem Smartphone zeigt.

Beim ersten Aufruf der App (z. B. von WhatsApp) werden Sie zur Registrierung aufgefordert. Dazu ist meist die Angabe der Telefonnummer Ihres Android-Smartphones notwendig, da diese zur Kommunikation verwendet wird. Die

Messenger-App veranlasst dann, dass der Anbieter eine SMS zur Verifizierung an das Gerät sendet.

Befolgen Sie die Anweisungen, die auf dem Smartphone angezeigt werden. Sobald das Telefon verifiziert wurde, können Sie Textnachrichten, Bilder, Videos etc. über Messenger wie WhatsApp oder Signal verschicken.

HINWEIS: Ist ein Kontakt aus der Kontaktliste auch bei Signal registriert, schlägt die App vor, diesen in die Liste der Kommunikationspartner aufzunehmen.

Die Bedienung ist bei den Apps immer ähnlich – wie hier bei der App Signal. Im App-Fenster sind beim Öffnen die empfangenen Nachrichten zu sehen. Die Bedienung ist mit wenigen Sätzen erklärt.

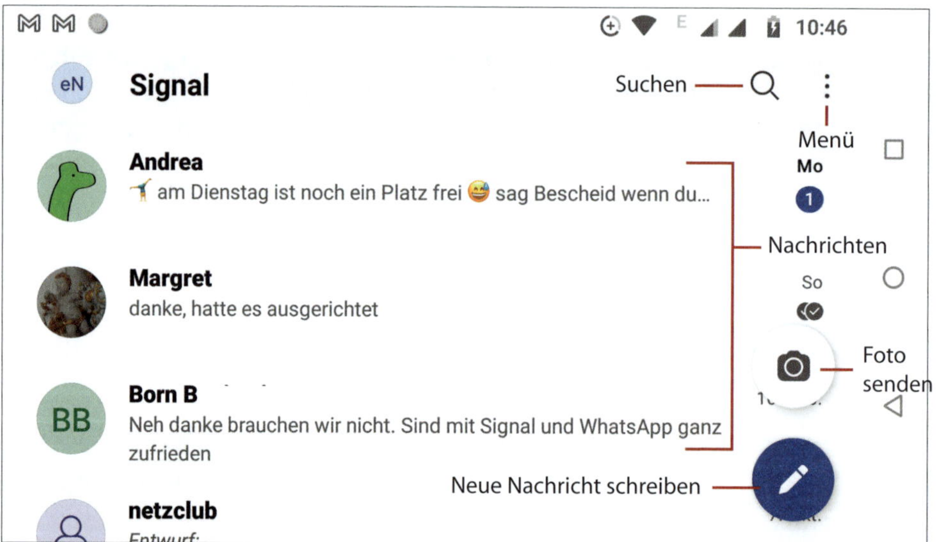

- Tippen Sie auf eine empfangene Nachricht, wird diese mit der kompletten Kommunikation dieses Empfängers in einer separaten App-Seite angezeigt. Dort findet sich auch ein Textfeld, um auf die letzte Nachricht zu antworten.

- In der App finden Sie zudem Symbole, um neue Nachrichten zu verfassen oder ein Foto mit der Handy-Kamera aufzunehmen und zu verschicken.
- Bei Anwahl der Symbole für neue Nachrichten oder Fotos zeigt die App die vorhandenen Kontakte. Dann reicht das Antippen des gewünschten Kontakts, um dessen Daten zu übernehmen.

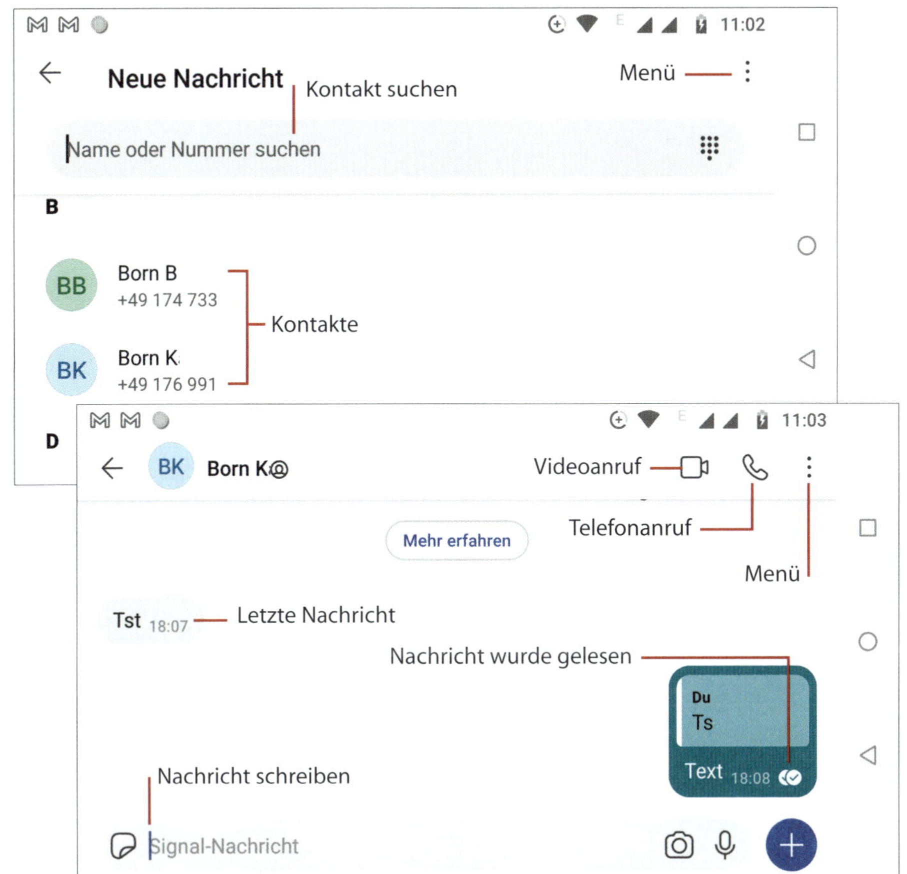

- In einer Folgeseite wird die letzte Nachricht des Kontakts angezeigt. Dort finden Sie am unteren App-Rand ein Textfeld, um die neue Nachricht per Bildschirmtastatur einzutippen.
- Dabei kann auch ein Foto oder eine Sprachnachricht über die Symbole (Kamera, Mikrofon) des Textfelds an die Textnachricht angehängt werden.

- Sobald das Textfeld eine Nachricht enthält, erscheint rechts daneben ein Symbol, um diese Nachricht zu versenden.
- Im Fenster zum Verfassen der Nachricht finden Sie zudem zwei Symbole, um einen Telefon- oder Videoanruf (ähnlich wie per Skype) mittels der Signal-App zum anderen Signal-Teilnehmer einzuleiten.
- Um eine Nachricht in Signal zu löschen, drücken Sie mit dem Finger etwas länger auf den betreffenden Text. In dem dann erscheinenden Pop-up-Menü können Sie den Befehl *Löschen* auswählen und die Sicherheitsnachfrage bestätigen.

Über die drei Pünktchen in der App lässt sich ein Menü mit Befehlen zum Anpassen der Einstellungen, zum Anlegen von Gruppen etc. öffnen.

Soziale Netzwerke

In diesem Abschnitt finden Sie einige Informationen rund um soziale Netzwerke wie Facebook & Co.

Facebook im Überblick

Facebook ist als soziales Netzwerk sehr beliebt. Falls Sie ein Facebook-Konto besitzen, können Sie auch von Android aus auf dieses soziale Netzwerk zugreifen. Für Facebook steht zwar eine kostenlose Android-App im Google Play Store zur Verfügung. Aber nicht für alles und jedes muss unbedingt eine App herhalten, zumal man aus jedem Browser auf sein Facebook-Konto zugreifen kann.

HINWEIS: Die Facebook-App fordert sehr viele Berechtigungen (u. a. den Zugriff auf die gespeicherten Telefonkontakte) an. Persönlich verzichte ich daher auf die Verwendung dieser App und verwende Google Chrome, um auf meine Facebook-Seite zuzugreifen. Ein Facebook-Konto können Sie gratis über die Webseite *www.facebook.com* im Browser anlegen.

Rufen Sie die Webseite *www.facebook.com* im Browser auf und melden Sie sich am Facebook-Benutzerkonto an. Anschließend erscheint die Facebook-Seite, die auf einem Smartphone oder Tablet-PC in der Mobile-Darstellung angezeigt wird.

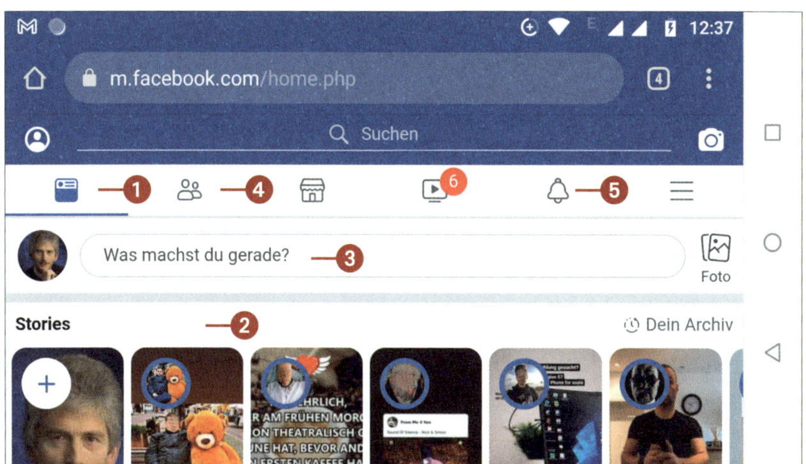

- Ist in der Kopfzeile die Kategorie *Startseite* (1) gewählt, sehen Sie die Facebook-Zeitleiste (Timeline) mit den Facebook-Statusnachrichten (den sogenannten Posts) Ihrer Facebook-Freunde (2). Über die Befehle *Gefällt mir* und *Kommentieren* können Sie eine Rückmeldung zu diesen Nachrichten geben. Diese wird an die Nachricht angefügt und angezeigt.
- Im Feld »Was machst du gerade?« (3) können Sie Texte oder Webseitenadressen eintippen. Über die Symbole oberhalb des Textfelds lassen sich Fotos, Ortsangaben oder mehr zur Statusnachricht hinzufügen. Die Schaltfläche *Posten* veröffentlicht das Ganze in Facebook unter Ihrem Konto. Diese Nachrichten sind durch Facebook-Mitglieder einsehbar.
- Wählen Sie in der Kopfzeile die Kategorie *Freundschaftsanfragen* (4) aus, erhalten Sie eine Liste mit Facebook-Nutzern, die Ihnen solche Anfragen geschickt haben oder die Sie selbst möglicherweise kennen könnten. Bestätigen Sie ggf. solche Freundschaftsanfragen oder versenden Sie selbst solche Anfragen an Facebook-Mitglieder, indem Sie den betreffenden Eintrag anwählen.

- Über die Kategorie *Benachrichtigungen* (5) erhalten Sie eine Liste mit Infos über die Reaktionen (Kommentare oder Gefällt-mir-Markierungen) Ihrer Facebook-Freunde auf eigene Statusnachrichten.

Über das Lupensymbol können Sie nach bestimmten Begriffen oder Facebook-Freunden suchen, und über das Symbol des Burger-Menüs werden Befehle aufgelistet, um auf Facebook-Funktionen zurückzugreifen oder sich abzumelden. Mehr braucht man über die Facebook-Funktionen eigentlich nicht zu wissen, um Nachrichten anderer einzusehen, zu kommentieren oder eigene Statusnachrichten zu veröffentlichen.

Feierabend.de und Seniorentreff.de

Neben Facebook gibt es spezielle Webseiten für die Zielgruppe ab 50 Jahren. Hier möchte ich die Angebote Feierabend.de (*www.feierabend.de*) und SeniorenTreff (*www.seniorentreff.de*) herausheben. Beide Angebote sind kostenlos und werden im Browser abgerufen. Sie benötigen lediglich ein Benutzerkonto, das bei den Anbietern nach einer Registrierung vergeben wird.

Bei Feierabend.de handelt es sich um ein kommerzielles Angebot, das sich aber kostenlos nutzen lässt (lediglich einzelne Zusatzfunktionen können kostenpflichtig zugebucht werden). Der Anbieter stellt über eine eigene Redaktion Inhalte auf der Webseite zusammen und verschickt einen wöchentlichen Newsletter. Angemeldete Mitglieder können auf Chats, Foren etc. zugreifen und eine eigene Webseite erstellen. Bei Feierabend.de gibt es Regionalgruppen zur Kontaktpflege, die durch Feierabend-Scouts betreut werden. Hier ist die Startseite von *Feierabend.de* mit der Anmeldung zu sehen.

Über die Symbole am oberen Seitenrand lässt sich zwischen der Startseite und verschiedenen Themenseiten umschalten. Das komplette Angebot kann erst nach einer Benutzeranmeldung abgerufen werden. Details dazu entnehmen Sie bitte bei Interesse der Feierabend.de-Webseite.

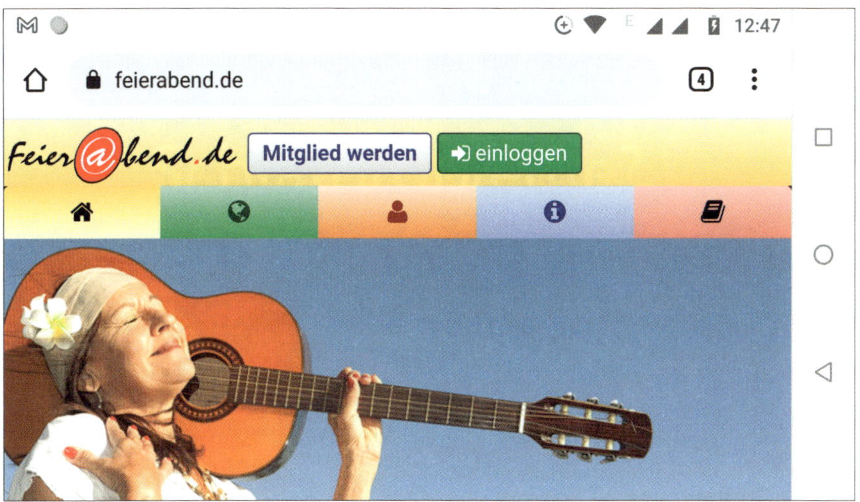

Beim SeniorenTreff handelt es sich um ein von Privatpersonen betriebenes Portal mit Forum, Chats etc. für aktive Senioren. Das Angebot lässt sich unter *www.seniorentreff.de* im Browser aufrufen. Über Navigationselemente am Seitenanfang können Sie zwischen verschiedenen Angeboten umschalten. Um das Angebot des Seniorentreffs aktiv zu nutzen (z. B. Nachrichten in Foren einstellen), ist eine Anmeldung über ein Benutzerkonto erforderlich. Dieses Konto lässt sich kostenlos einrichten.

In diesem Kapitel haben Sie die Funktionen zum Telefonieren unter Android sowie den Umgang mit Skype kennengelernt. Sie können Textnachrichten per SMS oder über Messenger austauschen und haben einen Überblick über soziale Netzwerke wie Facebook erhalten. Im nächsten Kapitel stelle ich Ihnen ausgesuchte Funktionen wie Kartendienste, E-Book-Reader und mehr vor, die Sie über Android-Apps nutzen können.

9 Nützliche Apps

Das lernen Sie in diesem Kapitel:

- Android als E-Book-Reader
- Kartendienst Google Maps
- Gesundheit, Fitness und Wissen
- Spielen mit Android
- Einkaufen

Das Geniale an Android ist der Umstand, dass sich dessen Funktionen über Apps beliebig erweitern lassen. Navigieren mit der Karten-App Google Maps oder die Verwendung eines Tablet-PCs als E-Book-Reader ist kein Problem. Fitness-Apps ermöglichen Ihnen, die täglichen Bewegungen aufzuzeichnen. Und mit Spiele-Apps lässt sich schon mal Langeweile vertreiben. In diesem Kapitel stelle ich Ihnen einige nützliche oder einfach nur nette Apps vor.

Android als E-Book-Reader

Ein Tablet-PC (und ggf. auch ein Smartphone mit größerem Display) ist wegen seines Touchbildschirms prima als E-Book-Lesegerät (E-Book-Reader) geeignet. Mit Googles Play Bücher bringt Android gleich die richtige App mit, um Bücher im Google Play Store zu kaufen. Wer lieber bei Amazon shoppt, findet in der Kindle-App das richtige Werkzeug, um E-Books zu verwalten und zu lesen. Dieser Abschnitt gibt Ihnen einen Überblick über Play Bücher (Google Books) und die Kindle-App.

Die Play-Bücher-App vorgestellt

In Android ist die Play-Bücher-App bereits enthalten oder kann aus dem Google Play Store kostenlos heruntergeladen werden. Diese ermöglicht Ihnen, Bücher aus dem Google Play Store herunterzuladen und anschließend auf dem Android-Gerät zu lesen. Die App starten Sie über das hier gezeigte Symbol auf der Seite *Alle Apps*.

- Die App startet mit einer Seite (1), über die Sie Bücher im Google Play Store kaufen oder auf eigene Bücher zugreifen können. Durch Wischen lässt sich zwischen den Angeboten blättern.
- Tippen Sie im Kopfbereich der App auf das Suchfeld (2), um nach heruntergeladenen Büchern zu suchen.
- Haben Sie bereits Bücher erworben, tippen Sie auf das Symbol *Mediathek* der Symbolleiste (3). Dann werden die vorhandenen Titel aufgelistet.
- Über das Symbol (4) des Benutzerkontos greifen Sie auf die Einstellungen oder über *Kaufen* auf den Play Store zu.

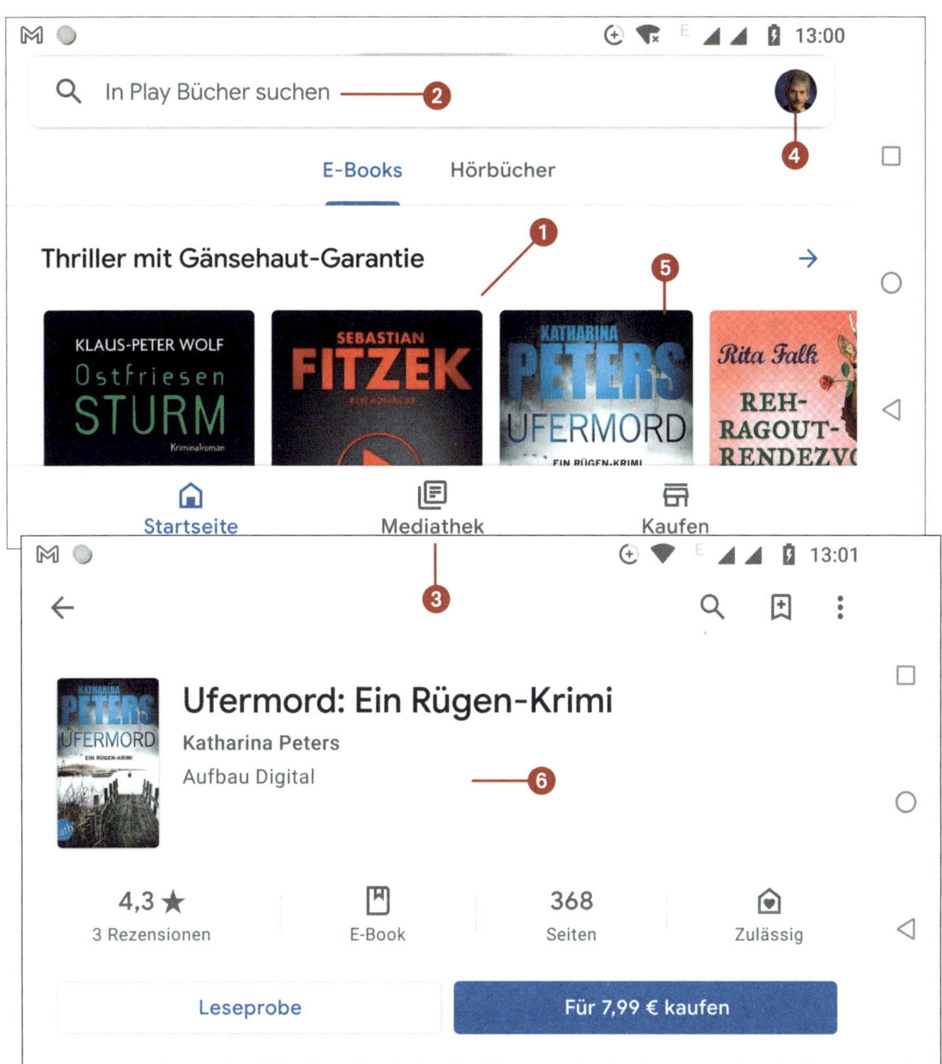

- Tippen Sie im Play Store auf ein Buch-Cover (5), gelangen Sie zur Detailseite, auf der Sie das Buch kaufen können (6).

Sie werden beim Kauf über verschiedene Pop-up-Fenster durch den Vorgang geleitet. Um mit Buchkäufen risikolos zu experimentieren, können Sie aber bei vielen E-Books eine Leseprobe gratis über die neben dem Preis angezeigte Schaltfläche *Leseprobe* anfordern.

Ein Buch in der Play-Bücher-App lesen

Wählen Sie das Symbol *Mediathek* (1) an, um zur Bibliothek und der hier sichtbaren Darstellung zu gelangen. Tippen Sie auf ein Buchcover (2), wird das Buch in der App zum Lesen geöffnet.

Bei Bedarf blättern Sie durch Wischen mit dem Finger durch Ihre Bibliothek oder schalten die Darstellung zwischen den Kategorien *Meine Bücher, Regale* und *Reihe* (3) um. Die drei Pünktchen neben einem Buchcover (4) öffnen eine separate Seite mit Befehlen, um den Titel herunterzuladen, aus der Bibliothek zu löschen oder als gelesen zu markieren.

Sobald ein E-Book in der Leseanzeige (5) geöffnet ist, sollten Sie zum Lesen folgende Bedienhinweise kennen:

- Durch Wischen mit den Fingern nach links oder rechts blättern Sie zwischen den Buchseiten.
- Tippen Sie auf das Display, um die hier sichtbare Seitenübersicht (5) des E-Books abzurufen. Ein erneutes Antippen des Displays bringt Sie zur vorherigen Leseansicht zurück.
- Mit der Leiste am unteren Rand (6) navigieren Sie zwischen den Seiten. Einfach den Punkt per Finger nach links oder rechts verschieben.
- Im Kopfbereich findet sich ein Lupensymbol (7) zum Suchen nach bestimmte Begriffen im Buch.
- Weitere Symbole ermöglichen Ihnen, das Inhaltsverzeichnis (8) sowie die Optionen (Schriftdarstellung etc.) für den Lesemodus (9) in einem Pop-up-Fenster abzurufen.

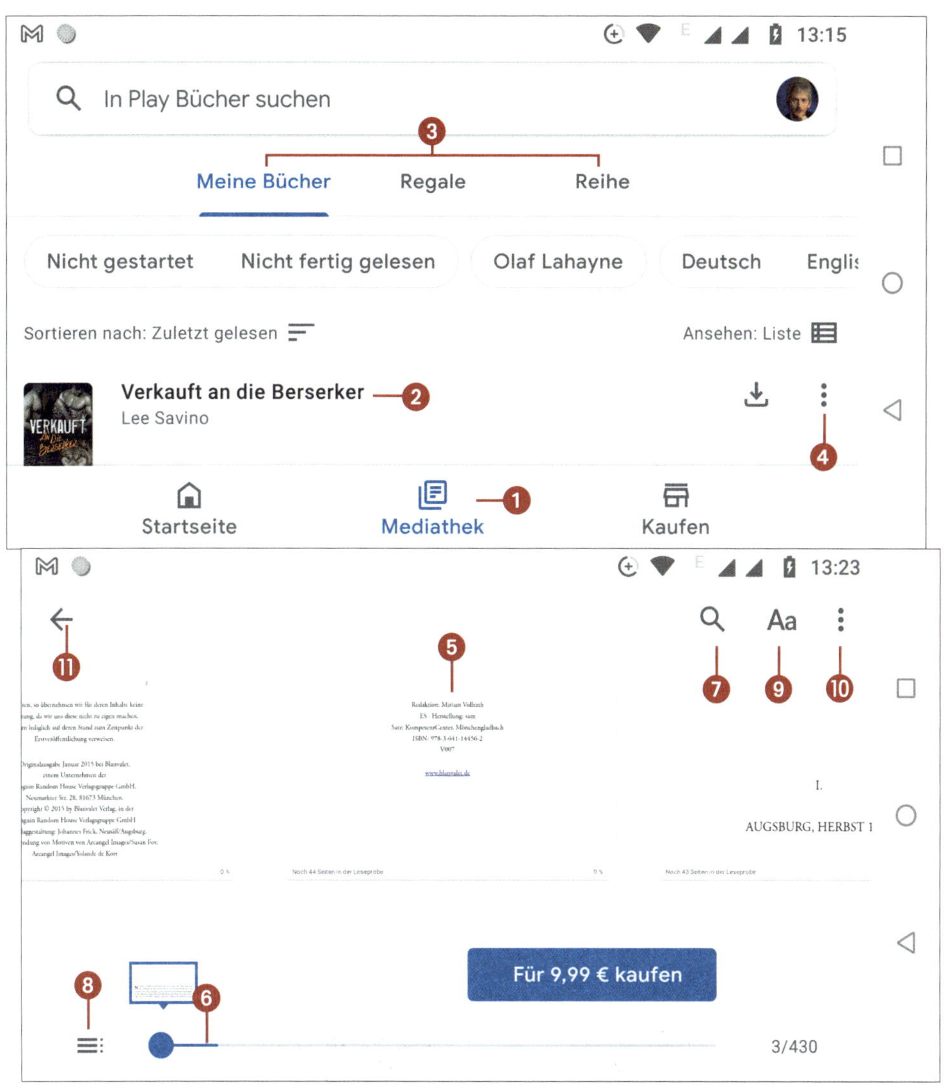

- Die drei Pünktchen (⓾) oben rechts in der App öffnen ein Menü zum Zugriff auf die Einstellungen, zum Teilen, zum Hinzufügen von Lesezeichen, zum Starten des Vorlesen und zum Aufrufen der Hilfe.

Über die *Zurück*-Schaltfläche (⓫) in der linken oberen Ecke gelangen Sie ebenfalls zur Leseansicht zurück.

TIPP: In der mir vorliegenden Fassung der App sind die Android-Navigationsschaltflächen im Lesemodus einer Buchseite nicht mehr sichtbar. Tippen Sie dann auf das Display, um die Seitenübersicht einzublenden. Dort sind auch die Schaltflächen wieder sichtbar.

HINWEIS: Vergleichen Sie hierzu die letzte Abbildung: Tippen Sie auf die drei Pünktchen (4), öffnet sich eine Seite. Darin finden Sie Befehle, um ein Buch aus der Bibliothek zu entfernen. Das Buch wird in diesem Fall sowohl vom Gerät entfernt als auch aus dem Google-Konto als Kauf gelöscht.

HINWEIS: Von der Onleihe, dem Verleihdienst öffentlicher Büchereien, gibt es auch eine App, um E-Books aus öffentlichen Büchereien auszuleihen und dann zu lesen.

Kindle-App als E-Book-Reader

Sofern Sie E-Books lieber über den Anbieter Amazon kaufen, lässt sich die Kindle-App kostenlos aus dem Google Play Store herunterladen. Starten Sie die Kindle-App, ist eine einmalige Anmeldung an Ihrem Amazon-Kundenkonto erforderlich.

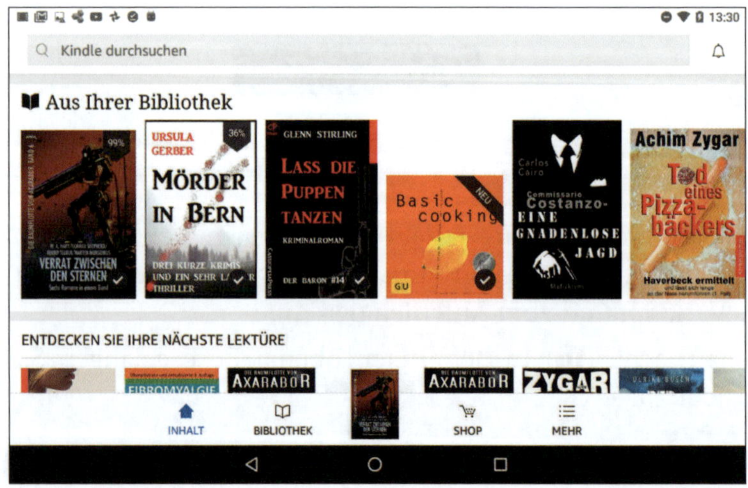

Anschließend ermöglicht es die Kindle-App, auf die bei Amazon gekauften E-Books zuzugreifen und diese (ähnlich wie bei der Play-Bücher-App) zu lesen. Auch bei Amazon können Sie E-Books erwerben. Die Handhabung der Kindle-App ähnelt der von Googles Play-Bücher-App.

HINWEIS: Ich ziehe die Amazon-Kindle-App der Google-App vor, da ich die E-Books auch auf meinen Apple-iPads sowie auf meinen Windows-Rechnern lesen kann.

Kartendienst Google Maps

Ein Android-Smartphone (oder ein Tablet-PC mit GPS-Empfänger) lässt sich auch als Navigationsgerät nutzen. Der Kartendienst Google Maps ist bereits in Android über eine App integriert. Hier eine kurze Übersicht über die Funktionen der App.

Google Maps kurz vorgestellt

Maps

Die App Google Maps ist unter Android automatisch installiert. Sie können diese über das hier gezeigte Symbol der Seite *Alle Apps* aufrufen.

HINWEIS: Google Maps fragt beim ersten Start ggf. nach, ob Sie den Zugriff auf Ihren aktuellen Standort zulassen. Zudem müssen Sie die Nutzungsbedingungen in einem Formular akzeptieren. Google Maps braucht zur GPS-Navigation ein Android-Gerät mit Mobilfunkunterstützung. Auf einem Tablet-PC ohne GPS funktionieren aber zumindest die Kartenfunktion sowie die Routenplanung.

Die App zeigt nach dem Aufruf eine Karte, die sich durch Spreizen oder Kneifen mit zwei Fingern in der Größe anpassen und mit dem Finger verschieben lässt.

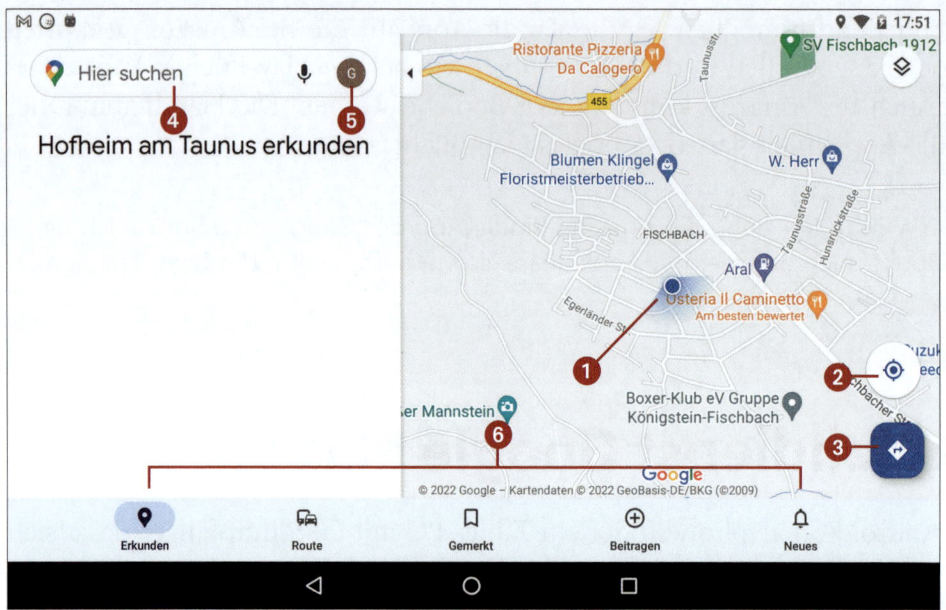

- Das Zeichen (1) in der Karte zeigt den per GPS (oder Mobilfunkverbindung) ermittelten aktuellen Standort an.
- Tippen Sie auf das Symbol (2), bestimmt Google Maps den aktuellen Standort und vergrößert die Kartendarstellung.
- Tippen Sie auf das Symbol (3), erscheint die App-Seite zur Routenplanung.
- In das Suchfeld (4) können Sie über die Bildschirmtastatur einen Ort eintippen (oder über das Mikrofonsymbol einsprechen). Daraufhin wird über die *Suchen*-Funktion der angegebene Ort gesucht und in der Karte angezeigt.

Über das Google-Symbol (5) sowie mithilfe der Symbole unter (6) greifen Sie auf diverse Funktionen zu.

HINWEIS: Der in Android-Geräten eingebaute GPS-Empfänger kann das GPS-Satellitensignal in der Regel nur im Freien empfangen.

Routenplanung mit Google Maps

Tippen Sie im App-Fenster auf das Symbol zur Routenplanung, wird ein Eingabeformular für den Start- und Zielpunkt sowie für Routenoptionen eingeblendet.

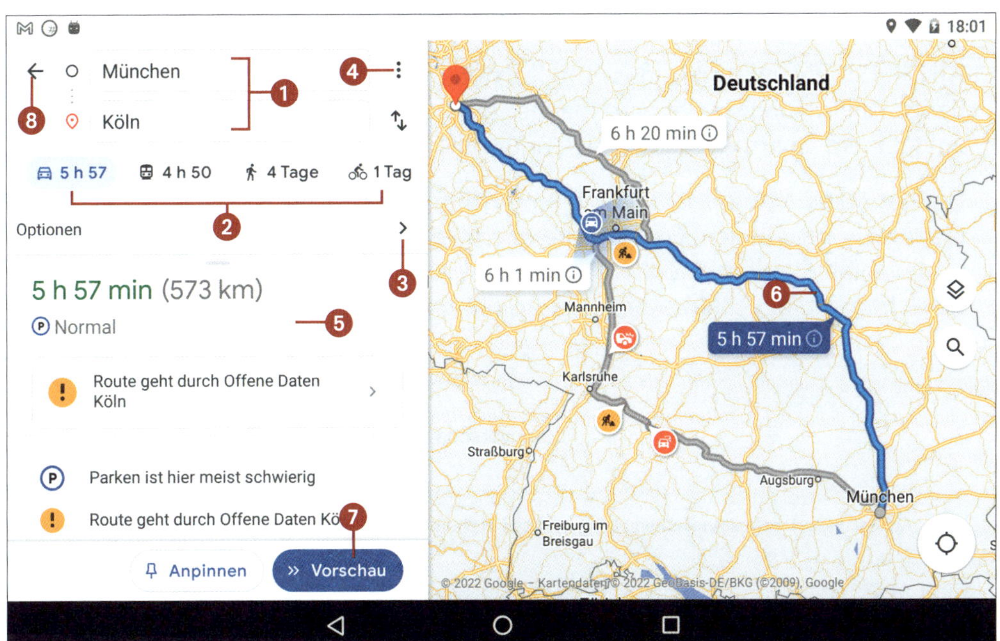

- Tragen Sie per Bildschirmtastatur den Start- und Zielort (1) in die Felder ein, wird die Route geplant. Der Startpunkt kann der aktuelle per GPS ermittelte Standort sein.
- Auf Wunsch können Sie die Fortbewegungsart (2) sowie die Routenoptionen (3) anpassen. Über die drei Pünktchen (4) öffnen Sie ein Menü, über dessen Befehle Sie den Rückweg planen, Zwischenstopps hinzufügen oder weitere Optionen wählen können.
- Die Routenvorschläge werden sofort im unteren Bereich der App (5) – und abhängig vom Gerät in einer Karte (6) – eingeblendet. Durch Antippen einer Route in der Karte lässt sich ein anderer Routenvorschlag wählen. Für jeden Routenvorschlag werden die Entfernung sowie die voraussichtliche Reisezeit angegeben.

- Tippen Sie auf die angezeigte Schaltfläche *Vorschau* (7), wird eine Navigationsvorschau der Straßenführung in der Karte eingeblendet.

Über die *Zurück*-Schaltfläche (8) gelangen Sie zur vorherigen Kartendarstellung zurück. Bei Bedarf können Sie den Karten- und Navi-Ausschnitt mit dem Finger zoomen oder verschieben.

HINWEIS: Beachten Sie, dass die Darstellung der App etwas vom Gerät abhängt. Auf meinem Tablet wird die hier sichtbare Darstellung gezeigt, während auf meinem Smartphone die Karte unterhalb der Bedienoptionen erscheint.

Google Maps ermöglicht auch einen **Offlinekartenmodus**, bei dem die Kartenausschnitte auf dem Gerät gespeichert werden. Öffnen Sie das Burger-Menü und wählen Sie den Befehl *Tipps und Tricks*. Auf der angezeigten Seite ist beschrieben, wie der Offlinekartenmodus für einen Ort aktiviert wird.

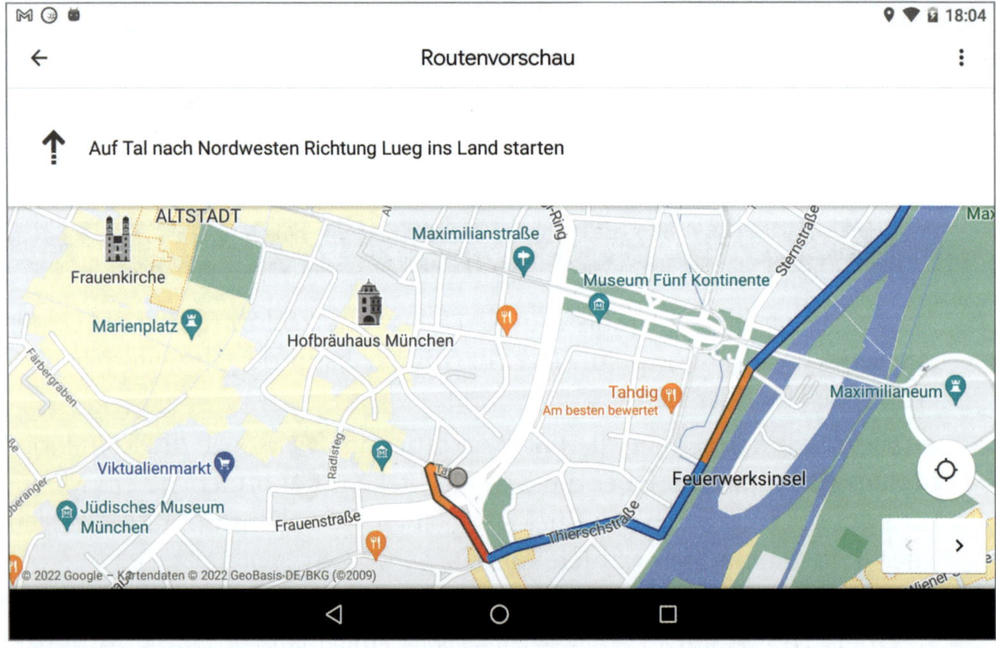

Neben dem Kartendienst Google Maps können Sie weitere Apps wie beispielsweise Städtekarten, Apps von öffentlichen Verkehrsunternehmen zur Abfrage von Fahrplänen, den DB-Navigator für Zugverbindungen und mehr einsetzen. Die meist kostenlosen Apps finden Sie im Google Play Store.

Gesundheit, Fitness und Wissen

Mit geeigneten Apps lässt sich Ihr Android-Gerät auch zur Gesundheits- und Fitness-Überwachung verwenden. Zudem lassen sich Pflanzen per App bestimmen. In diesem Abschnitt stelle ich Ihnen einige Apps aus diesem Themenbereich vor.

Google Fit, erfasse die Bewegungen

Momentan boomen ja Fitness-Tracker in Form von Armbändern, die die täglichen Bewegungen des Trägers aufzeichnen. Aber das ist eigentlich nicht erforderlich, grundsätzlich reicht der Bewegungssensor eines Android-Smartphones dafür ebenfalls aus.

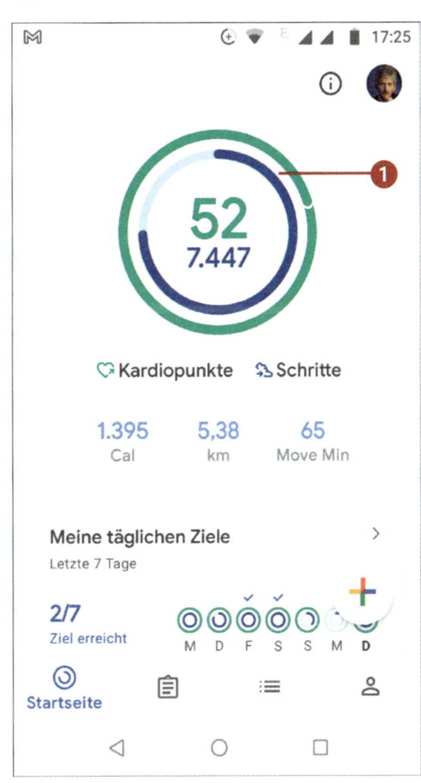

Neben Ihrem Android-Smartphone benötigen Sie lediglich noch die kostenlose App Google Fit aus dem Google Play Store – fertig ist das Aufzeichnungsgerät. Sobald die App einmalig gestartet ist und die Positionserfassung zugelassen wurde, zeichnet diese alle Ihre Schritte oder ggf. sonstigen Aktivitäten wie Radfahren auf.

- Nach dem Start zeigt die App die bereits aufgezeichneten Aktivitäten (1) an.

- Durch Wischen mit dem Finger lässt sich die Anzeige verschieben. Die App listet im unteren Bereich die Historie der Aktivitäten auf. Dort erhält man durch Antippen Zugriff auf die Grafikdarstellung der Aktivitäten.

Mehr muss man über die App eigentlich nicht wissen. Beachten Sie aber, dass Google die Darstellung der App immer mal wieder ändert.

HINWEIS: Neben Google Fit gibt es weitere Apps zum Erfassen der Schritte. Schauen Sie sich im Google Play Store die Apps Accupedo und Schrittzähler an.

Puls und Vitaldaten erfassen

Treiben Sie Sport oder wollen Sie die Pulsfrequenz überwachen? Die Aufzeichnung und Überwachung ist auch mit Apps möglich. Gehen Sie in den Google Play Store und lassen Sie nach »Pulsmessung kostenlos« suchen. Die Apps verwenden die Kamera, um den Puls an einem Finger zu ermitteln.

Leiden Sie unter Bluthochdruck, Diabetes oder möchten bzw. müssen Sie andere Vitalfunktionen Ihres Körpers erfassen und dokumentieren? Für Android gibt es einige Apps, die diese Aufgaben unterstützen. Auch hier empfiehlt es sich, im Google Play Store nach den betreffenden Begriffen suchen zu lassen.

HINWEIS: Achten Sie bei der Auswahl der Apps darauf, dass keine Registrierung mit einem Benutzerkonto erforderlich wird. Ich persönlich möchte meine Vitaldaten nicht unbedingt irgendwo ins Internet hochladen. Zur manuellen Erfassung und Langzeitdokumentation der Bluthochdruck-, Blutzucker- oder anderer Werte können Sie auch ein Tabellenkalkulationsprogramm (z. B. Microsoft Excel) als Android-App installieren.

Arzneimittel und Apotheken

Im Hinblick auf die Beschaffung notwendiger Arzneien lässt sich ebenfalls auf einige Apps im Google Play Store zurückgreifen. Geben Sie Begriffe wie Hausapotheke, Medikamente oder Apothekennotdienst oder Apothekenverzeichnis in der Suchfunktion des Play Store ein, werden Ihnen die betreffenden Apps (die meist kostenlos sind) angeboten. Manche Apps können auch die Lage der Apotheke in einer Karte samt Route anzeigen. Die Preise von Arzneimitteln lassen sich mit verschiedenen Apps wie Arzneimittel von Medipreis etc. ermitteln.

Pflanzenbestimmung mit Flora

Wer viel in der Natur oder im Garten unterwegs ist, stößt vielleicht auf unbekannte (Heil-)Pflanzen und Blumen. Ich habe auf meinem Smartphone die App Flora Incognita der Technischen Universität Ilmenau aus dem Google Play Store installiert. Mit der App kann man Pflanzen und Blumen bestimmen lassen.

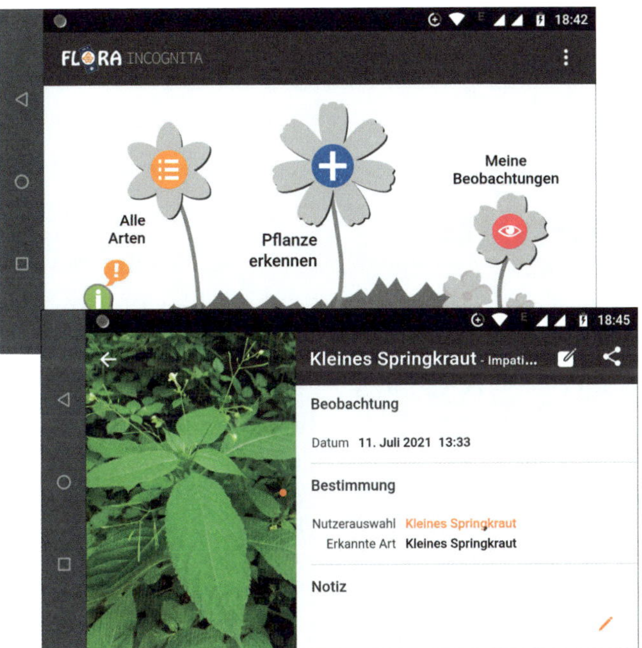

Nach dem Start der App lässt sich das Symbol *Pflanze erkennen* auswählen. Anschließend werden Sie von der App durch die Schritte zur Pflanzenbestimmung geführt.

- Auf einer Seite kann eine Vorauswahl (Wildblume oder Strauch, Baum, Gras, Farn) ausgewählt werden.
- Dann erscheint eine Seite, um die Kamera des Smartphones zu aktivieren. Sobald die Kamera aktiv ist, fotografieren Sie die unbekannte Pflanze oder Blüte.
- Die App führt den Benutzer schrittweise durch den Vorgang und fordert ggf. dazu auf, zusätzlich die Blüte oder ein Blatt mit der Kamera zu fotografieren.

Liegen genügend Daten vor, erscheint die Ergebnisseite, auf der die bestimmte Pflanze mit Fotos beschrieben wird. Diese Seiten mit bestimmten Pflanzen können auf der Startseite der App auch über das Symbol *Meine Beobachtungen* abgerufen werden. Ich habe die App gelegentlich eingesetzt und war erstaunt, wie gut sie bei bekannten und unbekannten Pflanzen und Blumen Hinweise geben konnte. Leider erfordert die App in den aktuellen Versionen eine Internetverbindung, um eine Pflanze zu bestimmen.

Spielen mit Android

Mit geeigneten Spielen lässt sich ein Smartphone oder ein Tablet-PC zur Unterhaltung und zum Zeitvertreib verwenden. Android enthält keine Spiele, aber Sie können einige kostenlose oder kostenpflichtige Apps aus dem Google Play Store beziehen. Sie finden diese, indem Sie nach dem Begriff (z. B. »Mahjong«) suchen und dann eine App zum Installieren auswählen:

- **Kartenspiele:** Kartenspiele sind eigentlich der Klassiker zum Zeitvertreib. Wer alleine ist, kann mit entsprechenden Android-Apps diverse Kartenspiele beziehen. Das Kartenspiel Solitär (ist eine Patience) lässt sich als App beispielsweise von mehreren Anbietern kostenlos aus dem Google Play Store herunterladen (suchen Sie nach dem Begriff »Solitär«). Hearts, Freecell etc. sind Varianten dieses Kartenspiels. Aber auch andere Kartenspiele wie Skat etc. werden als Apps im Play Store angeboten.

- **Brettspiele:** Für Android gibt es ebenfalls eine Reihe Brettspiele, angefangen von Dame oder Schach bis hin zu Mensch ärgere dich nicht. Mahjong ist ein altes chinesisches Brettspiel, das auch als App für Android verfügbar ist.
- **Memory, Puzzle, Kreuzworträtsel, Sudoku:** Falls Sie gerne Ihr Gedächtnis trainieren, könnten Memory-Spiele, Puzzles, Kreuzworträtsel oder Sudoku das Richtige sein. Diese Spiele gibt es ebenfalls als Apps gratis im Play Store.

Sobald die App installiert ist, können Sie das Spiel über das entsprechende Symbol über die Seite *Alle Apps* aufrufen.

Einkaufen

Es gibt einige Apps, die sich dem Thema Einkaufen widmen. Dabei sind nicht nur Kauf-Apps gemeint, sondern auch Apps, die den Zugriff auf Preisangebote oder Prospekte ermöglichen:

- **Hotelangebote:** Die Hotelsuche und die Auswahl von Reiseanbietern hat sich längst ins Internet verlagert. Für die Buchung von Hotelzimmern stellen Anbieter wie Booking.com, Hotel.de, Hotels.com, Hotel Suche HRS, Trivago etc. passende Apps bereit. Lassen Sie einfach nach »Hotel« im Play Store suchen.
- **Reiseangebote:** Die Reiseauswahl und -buchung lassen sich über Apps (suchen Sie nach »Reise«) erledigen. Und über das Reiseziel kann man sich ebenfalls häufig per App informieren. Reiseführer sind ebenso als App erhältlich wie Sprachführer und Wörterbücher oder Übersetzungs-Apps.
- **Einkaufshilfen:** Neben reinen Kauf-Apps gibt es auch spezialisierte Apps, die Sie beim Auffinden von Angeboten oder Preisvergleichen unterstützen. Geben Sie »Einkauf« als Suchbegriff ein, um auf Apps wie kaufDa, Prospekte etc. zuzugreifen. Auch die gängigen Discounter bieten eigene Einkaufs-Apps an.

Ob Sie solche Apps verwenden oder doch eher auf die Webseiten der Anbieter ausweichen, bleibt Ihnen überlassen. Ich verwende bevorzugt die Webseiten der Anbieter, da ich dann einerseits flexibler bin und zudem die Apps nicht den Speicher des Geräts belegen.

ACHTUNG: Es gibt Untersuchungen, dass man in Apps oft einen höheren Preis als beim Vergleich im Web angezeigt bekommt. Von daher bin ich bei Apps zur Kaufunterstützung etwas zurückhaltend.

In diesem Kapitel wurden Lese-Apps und die Karten-App Google Maps detaillierter vorgestellt. Weiterhin haben Sie eine kurze Übersicht über Apps aus zusätzlichen Kategorien erhalten. Über den Google Play Store steht Ihnen die Welt der Apps offen. Suchen Sie Apps für die von Ihnen gewünschten Funktionen, indem Sie im Play Store den betreffenden Suchbegriff eingeben. Im nächsten Kapitel erfahren Sie, wie Sie die Android-Einstellungen anpassen.

10

Einstellungen

Das lernen Sie in diesem Kapitel:

- Einstellungen anpassen
- Updates aufspielen und Gerät zurücksetzen

In Kapitel 1 wurde die Einrichtung von Android bei der ersten Inbetriebnahme behandelt. Sie können aber viele Einstellungen auch nachträglich anpassen. Zudem kann es Updates (also Aktualisierungen) für Android geben. In diesem Kapitel gehe ich auf Fragen rund um diese Themen ein.

Einstellungen anpassen

Bei Android erfolgt der Zugriff auf die Einstellungen des Betriebssystems und der Apps über die App *Einstellungen*. In diesem Abschnitt erfahren Sie, wie sich ausgewählte Einstellungen wie das Einrichten einer WLAN- oder Mobilfunkverbindung, die Kopplung eines Bluetooth-Geräts etc. vornehmen lassen.

Zugriff auf die Android-Einstellungen

Um die Android-Einstellungen einzusehen oder anzupassen, wird die App *Einstellungen* benötigt. Das betreffende Symbol finden Sie bei den meisten Geräten in der App-Seite *Alle Apps*.

Nach Anwahl des Symbols *Einstellungen* öffnet die App eine Übersicht der Einstellungskategorien.

HINWEIS: Die genaue Darstellung hängt vom Hersteller des Android-Geräts ab. Die nachfolgende Darstellung zeigt links die Anzeige der App *Einstellungen* auf einem Google-Nexus-7-Tablet mit einem »reinen« Android. Viele Hersteller von Android-Geräten nehmen aber Anpassungen an Android und der App *Einstellungen* vor. Dies ist in der rechten Abbildung am Beispiel des Motorola Moto G30 mit Android 11 zu erkennen. Hier im Buch werden die reinen Android-Einstellungen beschrieben. Weicht Ihr Gerät von dieser Darstellung ab, schauen Sie in der App *Einstellungen* nach, wo die betreffende Option zu finden ist.

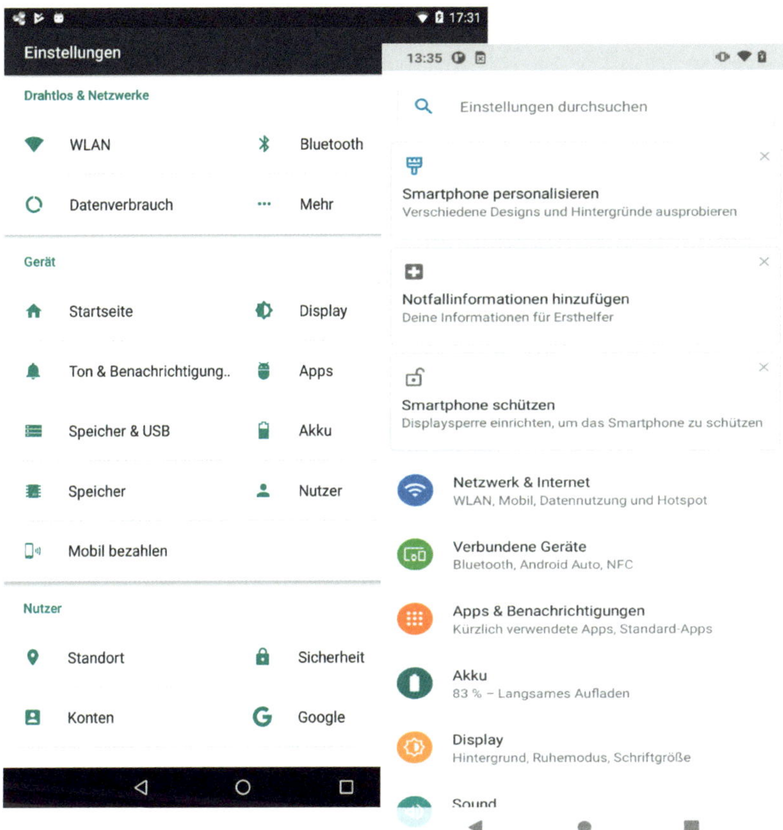

Tippen Sie auf eine Kategorie (z. B. *WLAN, Netzwerk & Internet etc.*), um die zugehörigen Details einzusehen. Über die *Zurück*-Schaltfläche im Android-Navigationsbereich oder im Kopfbereich einer Unterkategorie navigieren Sie eine Ebene zurück.

WLAN-Verbindung einrichten

Um mit dem Android-Gerät über einen WLAN-Router ins Internet zu gehen, müssen Sie zunächst den WLAN-Empfang einrichten:

1 Starten Sie die App *Einstellungen* und tippen Sie in der angezeigten Kategorie *Einstellungen* auf den Eintrag *WLAN* (siehe vorherigen Abschnitt).

- Die App zeigt Ihnen dann die gefundenen WLAN-Verbindungen (1) an. Der Text »Verbunden« weist darauf hin, dass das Android-Gerät am betreffenden WLAN-Zugang eingebucht ist. Das stilisierte Schloss neben dem *WLAN*-Symbol signalisiert, dass der WLAN-Zugang durch eine Verschlüsselung abgesichert ist. Ein Zugang zum Netzwerk ist also nur durch Eingabe des WLAN-Schlüssels möglich.
- Tippen Sie auf den Eintrag einer bestehenden Internetverbindung, um die Details der WLAN-Verbindung einzusehen. In der Detailseite findet sich auch einen Befehl zum Entfernen eines WLAN-Eintrags.
- Stellen Sie sicher, dass der WLAN-Schalter (2) auf »An« steht. Nur dann ist der WLAN-Empfang eingeschaltet. Die Umschaltung erfolgt ggf. durch Antippen des Schaltersymbols.

Über den Pfeil (3) können Sie jederzeit zur vorherigen Einstellungskategorie zurückkehren.

HINWEIS: Bei Smartphones gibt es in der Kategorie *Mehr* der Einstellungen einen Schalter *Flugmodus*. Dieser ermöglicht Ihnen, alle Funkverbindungen (WLAN, Mobilfunk) des Geräts abzuschalten. Dies ist beispielsweise im Flugzeug gefordert, wenn das Gerät zwar betrieben wird, aber sichergestellt sein muss, dass das WLAN- oder 3G-Sendeteil abgeschaltet ist. Den Flugmodus oder den WLAN-Empfang können Sie auch direkt über Symbole des Statusbereichs ein-/ausschalten (siehe in Kapitel 2 den Abschnitt »Zugriff auf Schnelleinstellungen«).

2 Um eine neue WLAN-Verbindung einzurichten, tippen Sie auf den betreffenden Eintrag des gefundenen Funknetzwerks.

3 Tippen Sie im eingeblendeten Pop-up-Fenster den Netzwerkzugangsschlüssel im Feld *Passwort* ein und bestätigen Sie dies über *Verbinden*.

Die *Verbinden*-Option wird erst freigegeben, wenn das Feld *Passwort* genügend Zeichen aufweist. Das Passwort wird durch den WLAN-Router festgelegt. Über das Kontrollkästchen *Passwort anzeigen* blenden Sie das Kennwort während der Eingabe im Klartext ein (andernfalls werden zum Schutz gegen Ausspähen Punkte angezeigt). Die Verschlüsselungsmethode kann Android automatisch ermitteln und einstellen. Das Kontrollkästchen *Erweitert* ermöglicht Ihnen, optionale Einstellungen vorzugeben – was aber in der Regel nicht erforderlich ist.

Ist das korrekte Kennwort eingetragen, verbindet sich das Android-Gerät mit dem WLAN-Zugang und merkt sich auch das Kennwort. Immer wenn sich das Android-Gerät zukünftig in der Nähe des WLANs befindet, bucht es sich automatisch ein.

HINWEIS: Möchten Sie eine neue WLAN-Verbindung einrichten, ohne dass das WLAN in der Nähe ist? Tippen Sie auf das Symbol mit den drei Pünktchen (4) und wählen Sie im angezeigten Menü den Befehl *Netzwerk hinzufügen*.

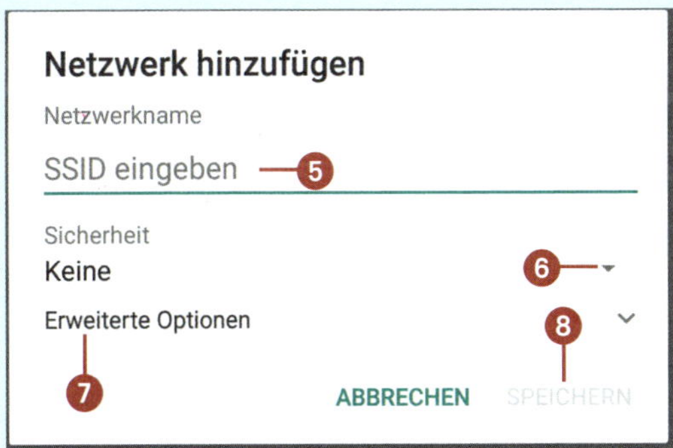

Tippen Sie auf das Feld *SSID eingeben* (5) und tragen Sie den Netzwerknamen des WLAN-Routers über die Bildschirmtastatur ein. Tippen Sie bei Bedarf auf das Feld *Sicherheit* (6) und wählen Sie einen der angebotenen Verschlüsselungsstandards aus. Auch hier lassen sich bei Bedarf über *Erweiterte Optionen* (7) zusätzliche Einstellungen einsehen bzw. anpassen. Bisher war dies in meinem Umfeld aber noch nicht erforderlich. Anschließend tippen Sie auf *Speichern* (8), um die Eingaben zu sichern.

HINWEIS: Die Kontrollkästchen *Passwort anzeigen* und *Erweiterte Optionen* werden nur angezeigt, wenn genügend Platz vorhanden ist. Gegebenenfalls drehen Sie das Android-Gerät hochkant, falls Sie Zugriff auf diese Optionen benötigen.

ACHTUNG: Bei öffentlichen Funknetzwerken (Hotspot) in Hotels, Bahnhöfen oder Flughäfen ist meist keine abgesicherte WLAN-Verbindung vorhanden. Dann fehlt das stilisierte Schloss, und es wird kein Netzwerkzugangsschlüssel abgefragt. Der Internetzugang wird durch eine Zugangsseite des Hotspotbetreibers gesteuert, auf der ein Zugangscode einzugeben ist. Diesen erhalten Sie vom Hotelpersonal oder per SMS auf Ihr Handy. Bei solchen nicht abgesicherten Verbindungen ist es möglich, dass Dritte Ihre Daten einsehen können. Daher sollten Sie vertrauliche Informationen im Internet nur dann abrufen, wenn diese durch eine *https://*-Verbindung verschlüsselt sind (z. B. im Browser im Adressfeld zu erkennen).

Mobilfunkverbindung einrichten

Ist das Gerät mit einer Mobilfunkunterstützung (5G- oder 4G-Modem) ausgestattet, können Sie unterwegs mobil ins Internet gehen. Damit dies funktioniert, muss (je nach Gerätemodell) eine Micro-, SIM- oder Nano-SIM-Karte eingelegt werden (siehe in Kapitel 1 den Abschnitt »Welche Geräteausstattung brauche ich?«). Das Einlegen der SIM-Karte sollte in den Geräteunterlagen beschrieben sein.

- Anschließend kontrollieren Sie über die App *Einstellungen* in der Kategorie *Netzwerk & Internet* (❶), ob die Option *Mobilfunknetz/Mobile Daten* (❷) eingeschaltet ist. Nur dann können der Browser, die Mail-App oder andere Programme mobil ins Internet gehen.
- Ob eine Mobilfunkverbindung aktiv ist, wird in der rechten oberen Ecke (❸) im Statusbereich des Displays angezeigt. Angaben wie E oder H+ signalisieren den Übertragungsmodus für Daten.

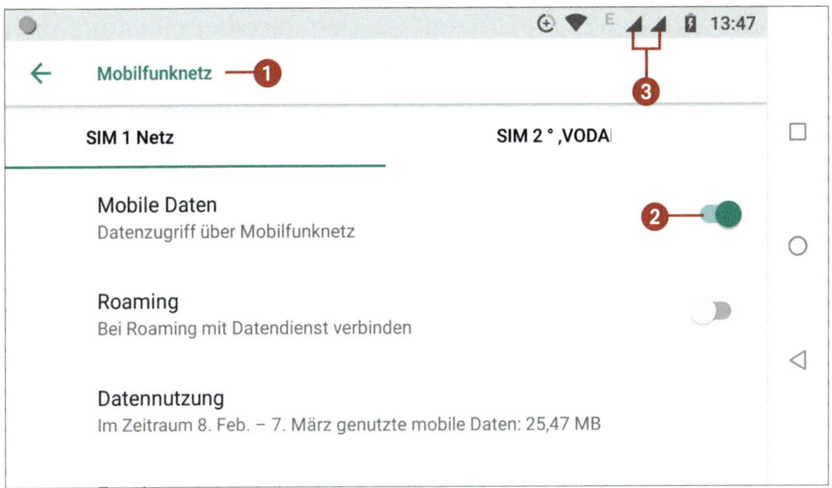

HINWEIS: Beachten Sie, dass die Seite *Datennutzung* je nach Gerät und Android-Version geringfügig anders aussehen kann.

HINWEIS: Achten Sie darauf, dass Ihr Mobilfunkvertrag einen Tarif für den Datentransfer ins Internet aufweist, und schauen Sie nach, wie hoch das Datenübertragungsvolumen angesetzt ist. Das Überschreiten des Datenübertragungsvolumens kann – je nach Mobilfunkvertrag – ziemlich teuer werden, oder die Anbieter drosseln die Übertragungsgeschwindigkeit bei Überschreiten des Übertragungsvolumens. Persönlich deaktiviere ich daher den Datentransfer über Mobilfunknetz an meinen Android-Geräten, wenn ich im WLAN eingebucht bin.

Standardmäßig werden die Verbindungsdaten des Mobilfunkproviders anhand der SIM-Karte automatisch übernommen. In den Einstellungen lassen sich unter *Netzwerk & Internet* (4) die Einstellungen kontrollieren.

- Wählen Sie *Mobilfunknetze* (5), um auf der Folgeseite (6) über *Zugangspunkte (APNs)* und *Mobilfunkanbieter* (7) zu kontrollieren, ob die korrekten Zugangsdaten festgelegt wurden. Die Daten bekommen Sie von Ihrem Mobilfunkanbieter (siehe folgende Abbildung).

- Im Ausland oder in Grenznähe sollten Sie den Netzbetreiber manuell wählen. Zudem empfiehlt es sich, im Ausland die Option *Roaming* (8) für den Internetzugang abgeschaltet zu lassen, um nicht in eine Kostenfalle zu laufen.

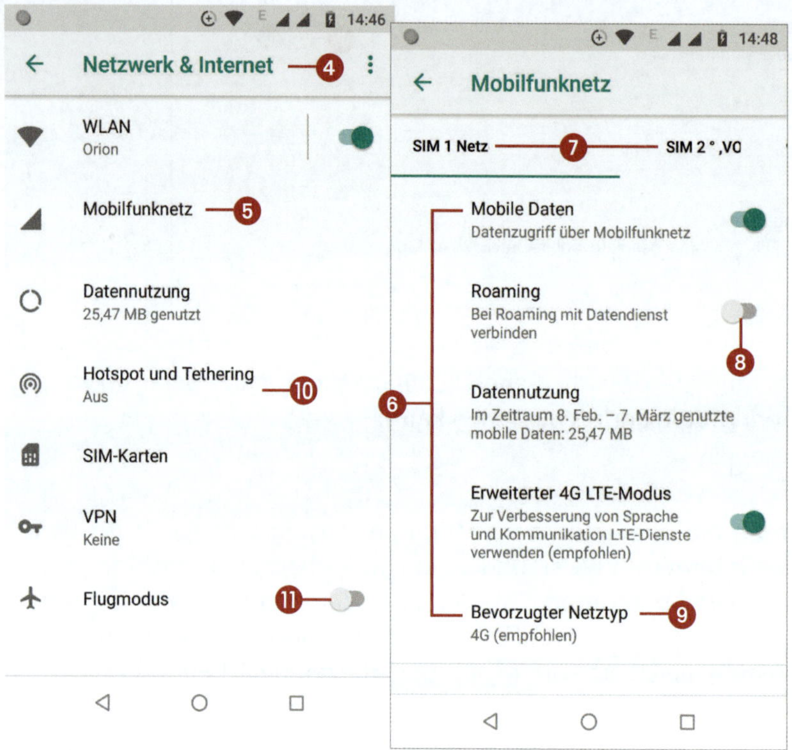

Über die Option *Bevorzugter Netzwerktyp* (9) können Sie festlegen, welcher Standard (2G, 4G, 5G) bei der Datenverbindung verwendet werden soll. Unter *Tethering & mobiler Hotspot* (10) lässt sich das Gerät bei Bedarf so einrichten, dass es für andere Geräte einen Internetzugang per WLAN, Bluetooth oder USB-Kabel bereitstellt. Über die Option *Flugmodus* (11) können Sie die Benutzung der Mobilfunkverbindung ein- oder ausschalten.

Bluetooth-Gerätekopplung

Die meisten Android-Geräte unterstützen die Kopplung mit Bluetooth-Geräten. Um ein solches Gerät mit dem Android-Smartphone oder einem Tablet-PC mit Android zu koppeln, führen Sie die folgenden Schritte aus:

1 Wechseln Sie in der App *Einstellungen* zur Kategorie *Bluetooth* (❶) und stellen Sie sicher, dass Bluetooth (❷) eingeschaltet ist.

In der Rubrik *Verfügbar* sollten die bereits gekoppelten bzw. bekannten Bluetooth-Geräte (❸) aufgelistet werden. Bei Bedarf können Sie auf die drei Pünktchen (❹) tippen und den Menübefehl *Aktualisieren* wählen, um die verfügbare Geräteliste neu anzuzeigen.

2 Schalten Sie das betreffende Bluetooth-Gerät ein und drücken Sie ggf. dessen Bluetooth-Koppeltaste.

3 Sobald das Bluetooth-Gerät in der Liste *Verfügbar* (❸) auftaucht, tippen Sie dessen Eintrag an.

4 Befolgen Sie die ggf. auf dem Android-Gerät angezeigten Anweisungen (im Beispiel ist eine Tastenkombination auf dem Bluetooth-Gerät einzutippen).

Klappt die Kopplung, wird das Gerät unter *Verfügbar* (❸) als »Verbunden« aufgelistet. Zum Trennen reicht es, das Bluetooth-Gerät wieder auszuschalten.

TIPP: Um **Energie** zu **sparen** und möglichst lange mit der Akkuladung auszukommen, sollten Sie am Android-Gerät alle nicht benötigten Funktionen deaktivieren. Sind keine Bluetooth-Geräte in Betrieb, schalten Sie auch die Bluetooth-Option in den Einstellungen ab. Wird kein WLAN benötigt, deaktivieren Sie diese Option in den Einstellungen. Ähnliches gilt für die Ortungsdienste, die den GPS-Empfang beeinflussen. Auch eine heruntergeregelte Helligkeit hilft, die **Akkulaufzeit zu verlängern**.

Anzeige und Helligkeit

Um die Anzeigeeinstellungen (Textgröße) oder die Bildschirmhelligkeit anzupassen, wählen Sie in der App *Einstellungen* die Kategorie *Display*.

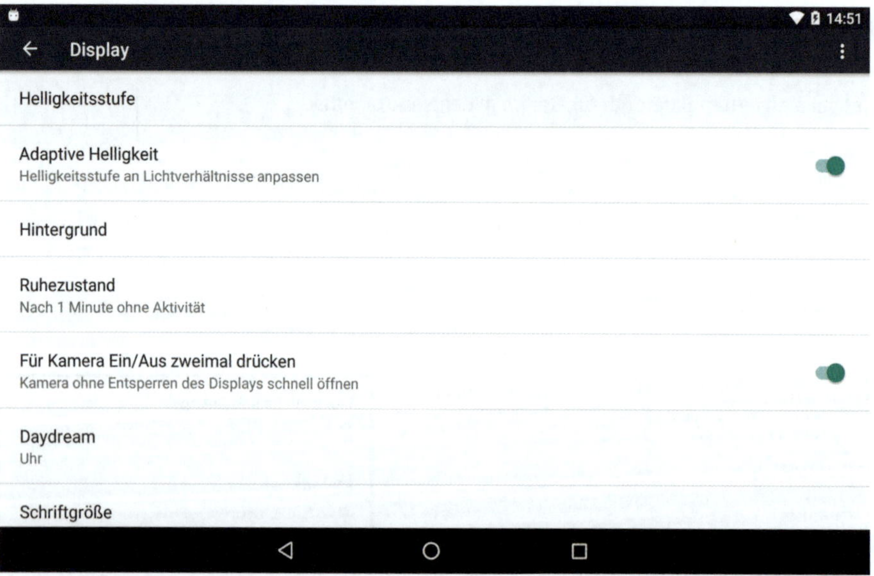

Anschließend schalten Sie die automatische Helligkeitssteuerung über *Adaptive Helligkeit*, *Automatische Helligkeit* oder ähnlich ab und passen die Helligkeit manuell an. Zudem lassen sich die Schriftgröße und die Zeit, bis das Gerät in den Ruhezustand geht, ändern. Auch hier wieder der Hinweis, dass auf Ihrem Gerät weitere Optionen wie z. B. *Farbmodus* etc. vorhanden sein können.

Sicherheitseinstellungen anpassen

Möchten Sie verhindern, das Dritte das Gerät unbefugt verwenden, legen Sie eine Displaysperre fest:

1 Gehen Sie in der App *Einstellungen* zur Kategorie *Sicherheit & Standort* und tippen Sie auf *Displaysperre*.

2 Auf der angezeigten Seite wählen Sie zwischen *Wischen*, *Muster*, *PIN* und *Passwort* für die Displaysperre.

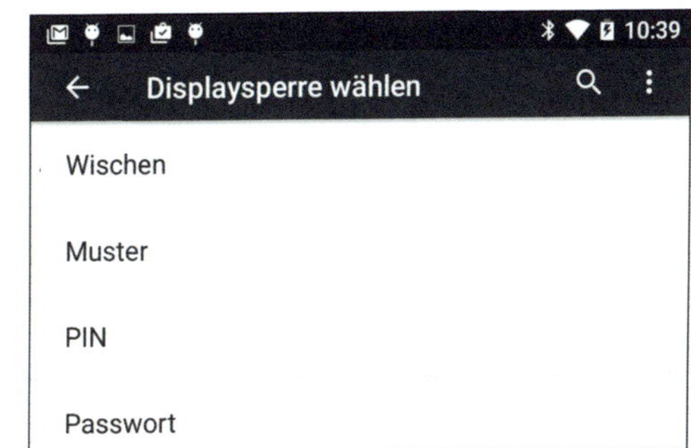

Wischen ist der Standard. Wählen Sie beispielsweise *PIN*, können Sie anschließend den Entsperrcode festlegen.

Dieser Code ist später zum Entsperren des Geräts einzutippen, bevor Sie zum Startbildschirm gelangen.

HINWEIS: In der Kategorie *Sicherheit* können Sie Infos zum Geräteeigentümer eintragen, die Daten des Geräts verschlüsseln oder die Installation von Apps aus unbekannter Quelle zulassen. Dort wird ggf. auch der Fingerabdruck-Scan eingerichtet, oder der Standort sowie die Standortermittlung werden ein-/ausgeschaltet.

Unterstützung durch Bedienungshilfen

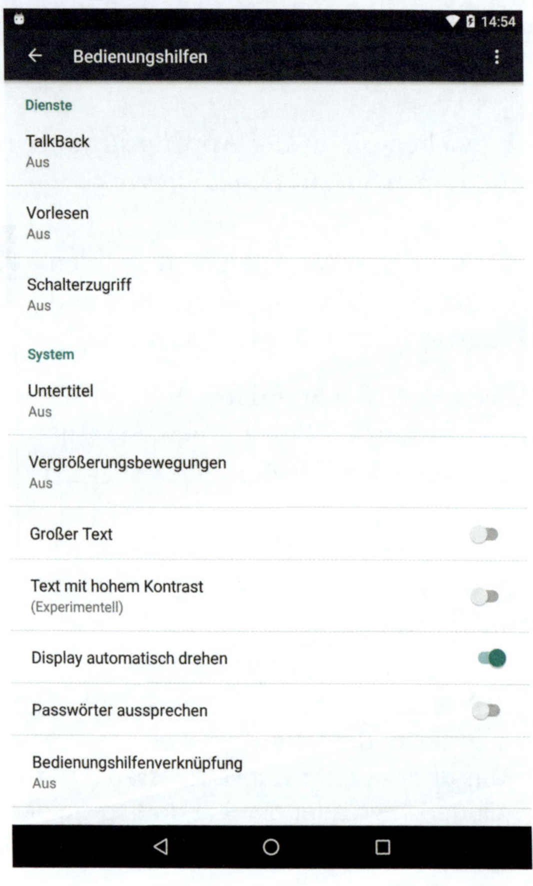

Haben Sie Schwierigkeiten, die Darstellung auf dem Gerät zu lesen, oder möchten Sie sich die Bildschirminhalte vorlesen lassen? Android ermöglicht Ihnen, verschiedene Bedienungshilfen einzuschalten, um die Gerätehandhabung zu erleichtern:

1 Öffnen Sie die App *Einstellungen* und wählen Sie die Kategorie *Bedienungshilfen*.

2 Anschließend passen Sie die einzelnen Einstellungen an.

Die Option *TalkBack* ermöglicht Ihnen, sich die Bildschirminhalte vom Screenreader vorlesen zu lassen. Weiterhin können Sie die Bedienung über Schalter zulassen, großen Text oder hohen Kontrast aktivieren sowie eine Farbumkehr einschalten. Auch Vergrößerungsbewegungen sind einschaltbar. Eine Beschreibung der einzelnen Optionen hat Google auf der Webseite *https://support.google.com/accessibility/android/answer/6006564?hl=de* veröffentlicht.

Weitere Einstellungen

Über die App *Einstellungen* erhalten Sie Zugriff auf alle Einstellungen von Android. Hier noch einige Hinweise zu verschiedenen Einstellungen:

- **Ton & Benachrichtigungen:** Ermöglicht Ihnen, die Lautstärken sowie die Klingel- und Hinweistöne für diverse Ereignisse (E-Mail, Nachrichten etc.) anzupassen.
- **Speicher sowie Verbundene Geräte bzw. Speicher & USB:** Zeigt die Speicherbelegung des Android-Geräts an. Sofern vorhanden, wird hier auch die Verwaltung der SD-Speicherkarte vorgenommen.
- **Akku:** Zeigt den Ladezustand des Akkus sowie Infos zum Akkuverbrauch an.
- **Apps & Benachrichtigungen:** Listet die installierten Apps auf und ermöglicht Ihnen, die aus dem Google Play Store installierten Apps nach Anwahl über Schaltflächen zu deinstallieren.
- **Nutzer & Konten:** Zeigt die eingerichteten Benutzer auf dem Android-Gerät an und ermöglicht es, Nutzerprofile hinzuzufügen oder zu löschen.
- **Standort:** Ermöglicht Ihnen, die Standorterfassung für Apps per GPS ein-/auszuschalten, und zeigt die letzten Standortanfragen an. Zudem kann der Modus zur Standortbestimmung angepasst werden.
- **Konten:** Verwaltet die eingerichteten Konten (Google, Office, E-Mail).

Über den Eintrag *Über das Tablet* oder *System* der App *Einstellungen* können Sie Informationen wie die Android-Version oder den Akku- und Netzwerkstatus (samt Telefonnummer bei Handys) abrufen. Je nach Gerät können weitere Einträge in den Einstellungen vorhanden sein.

Updates aufspielen und Gerät zurücksetzen

Einige Android-Geräte erhalten Updates von Google oder den Herstellern. Bei Problemen oder beim Verkauf lässt sich das Android-Gerät zurücksetzen. In diesem Abschnitt erfahren Sie Wissenswertes zu diesen Themen.

Android-Updates

Google stellt bei Fehlern und Sicherheitslücken Updates zur Verfügung. Weiterhin wird das Betriebssystem weiterentwickelt und mit neuen Funktionen versehen. Je nach Gerätehersteller werden diese Updates über das Internet auf die Geräte verteilt. Man spricht auch vom Over-The-Air-Update (OTA-Update).

Steht ein Update an, signalisiert Android dies über eine Benachrichtigung im Statusbereich. Wischen Sie vom oberen Bildschirmrand nach unten, werden Details zum Update in einem Benachrichtigungsfenster angezeigt. Sie brauchen dann lediglich auf *Installieren* zu tippen und den Anweisungen zu folgen.

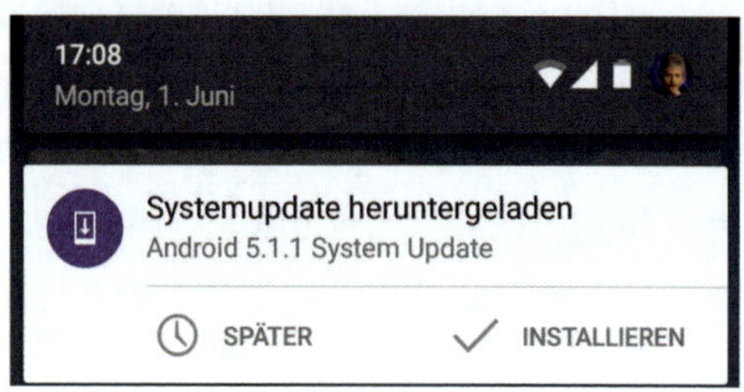

HINWEIS: Sie können in der *Einstellungen*-App auch zur Kategorie *Über das Tablet/Telefon* wechseln. Über den Punkt *Systemupdates* lässt sich die Suche nach Updates anstoßen.

Die hier gezeigte Abbildung zeigt die Update-Seite eines Geräts. Anschließend lassen Sie auf der Folgeseite das angezeigte Update über *Neu starten & installieren* (oder einem ähnlich lautenden Befehl) installieren.

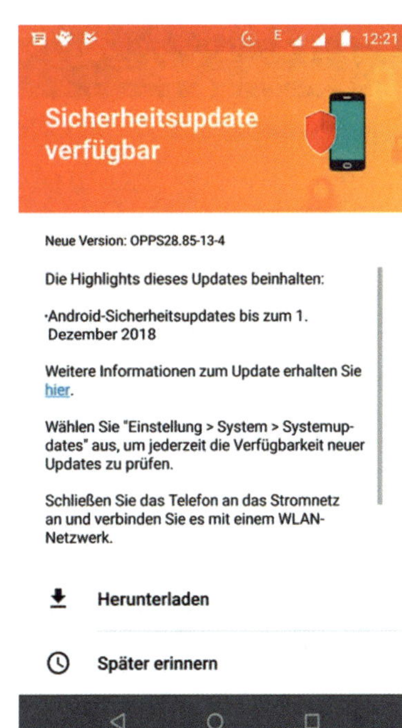

ACHTUNG: Stellen Sie sicher, dass bei einem anstehenden Update eine WLAN-Verbindung besteht. Aufgrund der Größe von Updates kann bei Mobilfunkverbindungen schnell das vertragliche Datenlimit überschritten werden. Dann fallen möglicherweise hohe Kosten an, oder die Übertragungsgeschwindigkeit wird bis zum Ende des Abrechnungszeitraums reduziert.

Das Android-Gerät zurücksetzen

Gibt es Probleme mit Android oder dem Gerät und etwas klappt nicht mehr so, wie es soll? Vielleicht möchten Sie aber auch das Gerät an eine andere Person weitergeben oder verkaufen und vorher alle vorhandenen Daten löschen? In diesem Fall ist das Zurücksetzen von Android auf den Zustand der Werksauslieferung möglich:

1 Starten Sie die App *Einstellungen* und wählen Sie die Kategorie *Sichern & zurücksetzen*.

2 Tippen Sie auf *Auf Werkszustand zurück* und in der Folgeseite auf *Tablet zurücksetzen* oder einen ähnlichen Eintrag.

Vor dem Zurücksetzen können Sie auf der Seite *Sichern & zurücksetzen* sicherstellen, dass die Optionen *Meine Daten sichern* und *Autom. Wiederherstellung* eingeschaltet sind.

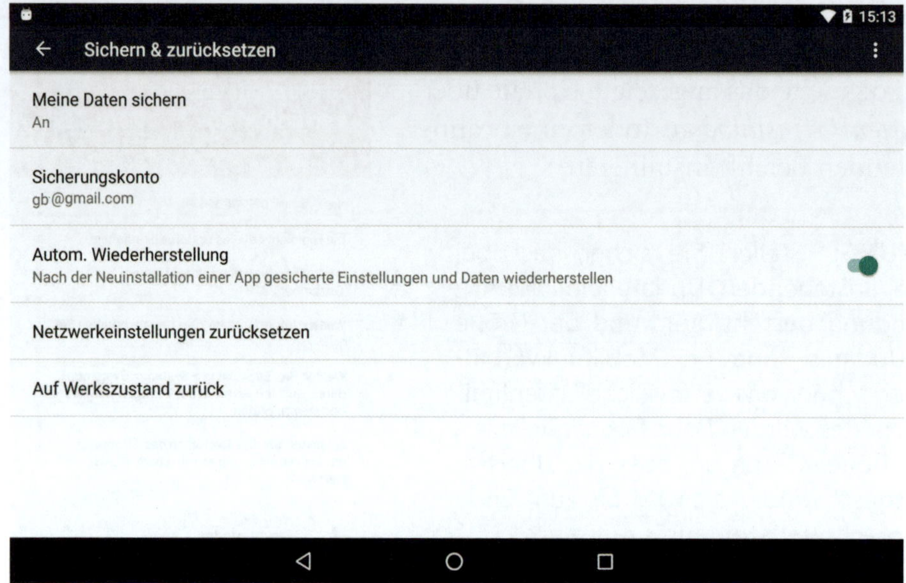

Dann speichert Android Ihre App-Daten, WLAN-Kennwörter und andere Daten unter dem Sicherungskonto auf den Google-Servern. Bei der anschließenden Inbetriebnahme kann Android diese Daten dann automatisch von den Google-Servern herunterladen und übernehmen.

ACHTUNG: Beim Zurücksetzen auf den Werkszustand werden eventuell nicht alle Daten sicher gelöscht und können von Profis ggf. rekonstruiert werden. Hier empfiehlt es sich, sofern verfügbar, den Speicher über *Einstellungen/Sicherheit/Tablet verschlüsseln* erst verschlüsseln zu lassen. Wird dann das Gerät zurückgesetzt, lassen sich die Daten anschließend nicht mehr rekonstruieren.

Damit möchte ich den Einstieg in Android beenden. Sie haben in diesem Buch bereits eine Menge über Android gelernt und beherrschen die grundlegende Bedienung Ihres Smartphones oder Tablet-PCs. Sollte nicht alles sofort auf Anhieb klappen, lesen Sie in den betreffenden Abschnitten im Buch nach und probieren Sie es einfach aus. Weiterhin können Sie unter *support.google.com* nach Anleitungen suchen.

A

Kleine Probleme beheben

In diesem Anhang finden Sie einige Hilfestellungen zum Beheben kleinerer Probleme.

Nach dem Einschalten tut sich nichts

Prüfen Sie bitte die folgenden Punkte:

- Wurde die richtige Einschalttaste gedrückt?
- Haben Sie die Einschalttaste für ein paar Sekunden gedrückt?
- Ist der Akku eventuell entladen?

Verbinden Sie das Gerät mit dem Netzteil und lassen Sie es ein paar Stunden laden.

Beim Tippen/Wischen tut sich nichts

Reagiert der Bildschirm beim Antippen oder Wischen nicht und erst beim zweiten oder dritten Mal?

- Der Grund kann sehr trockene Haut an den Fingern sein. In manchen Fällen hilft es, einen Eingabestift für die Bedienung zu verwenden. Solche sogenannten kapazitiven Stifte gibt es im Handel.

Es ist kein Ton zu hören

Ist beim Wiedergeben von Musik- oder Videodateien nichts zu hören?

- Prüfen Sie über den Lautstärkewippschalter, ob die Lautstärke heruntergeregelt wurde, und erhöhen Sie diese, bis etwas zu hören ist.

Eine App fehlt

Vermissen Sie eine App auf dem Startbildschirm, obwohl diese dort vorhanden sein sollte?

- Prüfen Sie, ob die App vielleicht auf der Seite *Alle Apps* zu finden ist.
- Prüfen Sie in der *Einstellungen*-App, ob die App dort aufgelistet wird.

Eine App wird nur hochkant angezeigt

Es kann an der App liegen; manche Apps sind nur für den sogenannten Porträtmodus entworfen und drehen sich nicht ins Querformat:

- Prüfen Sie, ob andere Apps im Hoch- und Querformat des Geräts korrekt dargestellt werden.
- Prüfen Sie, ob ggf. die Drehsperre über den Seitenschalter des Geräts (falls vorhanden) aktiviert wurde.

Probleme mit dem Google-Konto

Wird die Anmeldung am Google-Konto abgelehnt bzw. erhalten Sie bei der Anmeldung den Hinweis auf ein falsches Kennwort?

- Prüfen Sie, ob vielleicht ein Eingabefehler bei der Kennworteingabe vorliegt.
- Wiederholen Sie ggf. die Kennworteingabe mehrfach, um Tippfehler (Groß-/Kleinschreibung beachten) auszuschließen.

Die Verbindung zum Internet klappt nicht

Kann der Browser oder eine andere App keine Verbindung zum Internet herstellen? Rufen Sie die *Einstellungen*-App auf und überprüfen Sie die folgenden Punkte:

- Ist der Flugmodus aktiv? Falls ja, deaktivieren Sie diesen.
- Ist eventuell WLAN oder die Mobilfunkverbindung abgeschaltet?
- Sind Sie im WLAN-Router mit dem korrekten Sicherheitsschlüssel eingebucht (siehe auch Kapitel 10)?
- Ist der Internetzugang korrekt konfiguriert, oder liegt vielleicht eine Internetstörung vor?
- Ist der WLAN-Router eingeschaltet?

Die angewählte Webseite wird nicht geladen

Sehen Sie nach, ob die Adresse korrekt geschrieben ist. Geben Sie ggf. die Adresse einer anderen Webseite zum Test ein. Wird diese Seite angezeigt, liegt eine Störung im Internet vor; probieren Sie es zu einem späteren Zeitpunkt nochmals mit der Adresse.

B

Glossar

A

Account (Zugang)

Berechtigung, sich an einem Computer per Datenleitung anzumelden und z. B. im World Wide Web (WWW) zu surfen.

Adresse

Angabe zur Lage einer Webseite bzw. zum Empfänger einer E-Mail.

App

Eine spezielle Form von Programmen die für Android-Smartphones und -Tablet-PCs nur über den Google Play Store erhältlich sind.

Android

Ein von der Firma Google (in Konkurrenz zu Apple iOS) entwickeltes Betriebssystem für Smartphones und Tablet-PCs.

B

Backslash

Der umgekehrte Schrägstrich \ (wird z. B. zum Trennen von Ordnernamen benutzt).

Betriebssystem

Dies ist das Betriebsprogramm (z. B. Android, iOS, Linux, Windows), das sich nach dem Einschalten des Geräts meldet.

Bluetooth

Nach dem dänischen König Blauzahn benannte Funktechnik, um Geräte wie Maus, Tastatur etc. drahtlos mit dem Computer, Smartphone oder Tablet-PC zu verbinden. Soll schneller und zuverlässiger als die Infrarotübertragung arbeiten.

Booten

Laden des Betriebssystems nach dem Einschalten des Geräts.

Bug

Englische Bezeichnung für einen Programmfehler.

Byte

Gibt eine Menge von Computerdaten an. Ein Byte besteht aus 8 Bit und kann Zahlen von 0 bis 255 darstellen. 1.024 Byte = 1 Kilobyte (KB), 1.024 KB = 1 Megabyte (MB), 1.024 MB = 1 Gigabyte (GB).

C

Chat

Englischer Ausdruck für »schwätzen« oder »plaudern«. Bezeichnet eine Internetfunktion, bei der sich Teilnehmer per Computer über Textnachrichten (oder real, z. B. bei Videochats) unterhalten können.

Cookie

Eine kleine Datei mit Zusatzinformationen, die vom Server beim Surfen im Internet auf dem Gerät abgelegt wird. Wegen der Gefahr des Missbrauchs (Ausspionieren des Surfers) allgemein nicht gerne gesehen; bei bestimmten Webseiten wie beispielsweise Onlineshops aber zur Speicherung des Warenkorbs erforderlich.

CPU
Englische Abkürzung für **C**entral **P**rocessing **U**nit, die Recheneinheit (Prozessor) des Computers.

D

Datenschutz
Gesetzliche Bestimmungen zum Schutz personenbezogener Daten gegen Missbrauch durch Dritte.

Download
Herunterladen von Daten aus dem Internet.

E

Edge
Mobilfunkstandard zur Übertragung von Daten (auch als 2G, für 2. Generation, bezeichnet, sehr langsam).

F

Flugmodus
Option bei Smartphones, um den Mobilfunkteil und die WLAN-Funktion zentral abzuschalten (z. B. in Flugzeugen).

G

GB
Abkürzung für **G**iga**b**yte (GByte, entspricht 1.024 MB).

H

Hardware
Als Hardware werden alle Teile eines Computers bezeichnet, die sich anfassen lassen (das Gegenteil ist Software).

Homepage
Startseite einer Person oder Firma im World Wide Web. Von der Startseite führen Hyperlinks zu weiteren Webseiten.

Hotspot
Empfangsstation eines öffentlichen Funknetzwerks, die einen Internetzugang bereitstellt.

Hotline
Telefonische Kontaktstelle eines Herstellers für Hilfe bei Problemen mit einem Produkt.

HSDPA/HSDPA+
Mobilfunkstandard zur Übertragung von Daten (gehört zum 3G-Standard).

HTML
Steht für **H**yper**t**ext **M**arkup **L**anguage, das Dokumentformat im World Wide Web. Mit HTML werden Webseiten erstellt.

HTTP/HTTPS

Abkürzung für **H**ypert**e**xt **T**ransfer **P**rotocol, ein Standard zum Abrufen bzw. Übertragen von Webseiten. Bei HTTPS wird die Übertragung durch Verschlüsselung abgesichert (das S steht für Secure).

I

IMAP

Standard (wie POP3 und SMTP) zur Verwaltung von E-Mail-Konten.

Installieren

Einrichten eines Programms auf einem Computer bzw. einer App in Android.

Internet

Weltweiter Verbund von Rechnern in einem Netzwerk.

J

JPEG

Zur Speicherung von Fotos benutztes Grafikformat.

Junkmail

Bezeichnung für unerwünschte E-Mails mit Werbung für Potenzmittel, unseriöse Jobangebote oder Ähnliches.

K

KB

Abkürzung für **K**ilo**b**yte (KByte, entspricht 1.024 Byte).

Kindle

E-Book-Lesegerät und Tablet der Firma Amazon. Auch ein Name für eine E-Book-Lese-App von Amazon.

Konvertieren

Umwandeln von Daten oder Signalen in eine andere Darstellung (z. B. ein Dateiformat in das Format eines anderen Dateityps umsetzen).

L

LTE

Schneller Mobilfunkstandard (auch als 4G bezeichnet) zur Übertragung von Daten.

M

Mailbox

Englisch für elektronischen Briefkasten.

MB

Abkürzung für **M**ega**b**yte (MByte, 1 Million Byte).

MMS

Abkürzung für **M**ultimedia **M**essaging **S**ervice, ein Dienst, der im Gegensatz zu SMS auch Fotos und Videos versenden kann.

MP3

Standard zur Komprimierung und Speicherung von Musik in Dateien. Das MP3-Verfahren führt zu sehr kleinen Dateien.

MPEG

Steht als Abkürzung für **M**otion **P**icture **E**xperts **G**roup, ein Gremium zur Standardisierung von Verfahren zur Komprimierung und Speicherung von Musik und Videos in Dateien. Es gibt verschiedene MPEG-Verfahren (MPEG-1, MPEG-2, MPEG-4) zur Speicherung und Wiedergabe dieser Dateien.

N

Netzteil

Bauteil zur Stromversorgung von Computern oder Geräten.

O

Online

Bezeichnet den Zustand, in dem eine Verbindung zum Internet (oder zu einem anderen Rechner) besteht. Offline dagegen bedeutet, dass keine Verbindung besteht.

Onlineshop

Webseite, über die Waren bestellt werden können.

P

Passwort

Anderer Begriff für ein Kennwort, das ggf. zur Nutzung eines Rechners benötigt wird.

PDF-Format

Spezielles Format der Firma Adobe zur Speicherung und Wiedergabe von Dokumenten (Texten, Bildern etc.). PDF-Dateien lassen sich u. a. mit der App Play Bücher anzeigen.

PIN

Abkürzung für **P**ersonal **I**dentification **N**umber, die persönliche Identifikationsnummer zum Entsperren eines Handys oder einer SIM-Karte.

POP3

POP ist die Abkürzung für **P**ost **O**ffice **P**rotocol. Dies ist ein Verfahren, mit dem ein lokaler Rechner die für den Empfänger im Internet-Posteingangsfach eingetroffene Post vom E-Mail-Server abholen kann.

Q

QWERTY-Tastatur

Dieser Name bezeichnet die englische Tastatur (die ersten sechs Tasten der zweiten Reihe ergeben das Wort QWERTY).

R

RAM
Englisch für **R**andom **A**ccess **M**emory ist der Name für die Bausteine, aus denen der Hauptspeicher des Handys/Tablet-PCs besteht.

Registrierung
Mitteilung an einen Hersteller, dass man eine App oder ein Angebot benutzt.

Reset
Englisches Wort für Zurücksetzen, nämlich für das Zurücksetzen bzw. Neustarten des Geräts.

S

Skype
Dienst der Firma Microsoft zum Telefonieren per Internet.

Smiley
Aus Zeichen wie :-) stilisiert dargestellte Gesichter. Werden bei elektronischen Nachrichten (E-Mail) häufig in den Text eingebaut, um Aussagen abzuschwächen oder Stimmungen wiederzugeben.

Snapshot/Screenshot
Schnappschuss, allgemein ein Abzug des aktuellen Bildschirminhalts.

SMTP
Abkürzung für **S**imple **M**ail **T**ransfer **P**rotocol, ein Protokoll, mit dem sich elektronische Post von einem lokalen Computer in den »Briefkasten« des E-Mail-Servers im Internet übertragen lässt. Gegenstück ist das POP3-Protokoll zum Abholen eingegangener Post.

SMS
Abkürzung für **S**hort **M**essage **S**ervice, ein Dienst, der kurze Textnachrichten bis 140 Zeichen übermittelt.

Spammail
Bezeichnung für unerwünschte E-Mails, die Werbung, Kettenbriefe oder anderen Müll enthalten.

Software
Das ist ein anderer Name für die Programme bzw. Apps.

Suchmaschine
Webseite im Internet, über die Sie gezielt über Stichwörter nach anderen Seiten im WWW suchen lassen können.

T

Textfeld
Eingabeelement in Android für Texteingaben.

U

UMTS
Veralteter und abgeschalteter 3G-Mobilfunkstandard (3. Generation) zur Übertragung von Daten. Standard ist inzwischen 4G (LTE) oder 5G.

URL
Abkürzung für **U**niform **R**esource **L**ocator (Adresse einer Webseite).

USB
Eine bei Computern, Smartphones und Tablet-PCs zum Anschluss von Geräten (Drucker, Maus etc.) oder Ladegeräten verwendete Technik.

V

Verschlüsselung
Bezeichnet ein Verfahren zur Umwandlung von Nachrichten (z. B. Daten) in Zeichenfolgen, in denen die Ursprungsdaten nicht mehr erkennbar sind. Der Empfänger solcher Daten kann diese mit dem richtigen Schlüssel wieder in die Ursprungsdaten zurückwandeln (entschlüsseln). Verhindert die missbräuchliche Einsicht vertraulicher Daten durch Dritte.

W

Website
Eine Präsenz einer Firma oder einer Person im World Wide Web.

WLAN
Abkürzung für Wireless LAN, also ein drahtloses Netzwerk (Funknetz).

WWW
World Wide Web, Teil des Internets, über den sich Texte und Bilder mit einem Browser sehr leicht abrufen lassen.

X

XML
Abkürzung für E**x**tended **M**arkup **L**anguage, eine Spezifikation zur Speicherung von Daten in Webseiten.

Z

Zurücksetzen
Das Gerät in den Auslieferungszustand versetzen.

Zwischenablage
Ein durch Android verwalteter, interner Speicherbereich, in den Apps Daten und Informationen ablegen und auch wieder herausholen können. So lassen sich Texte, Fotos etc. zwischen Apps austauschen. Der Inhalt der Zwischenablage geht beim Herunterfahren des Geräts verloren.

C

Kleiner Wissenstest

In diesem Abschnitt finden Sie einige Testfragen zur Überprüfung Ihres Wissens.

Kapitel 1

- **Was ist ein Phablet?**
  Ein Kunstwort aus Phone und Tablet; steht für ein größeres Smartphone mit einer Bildschirmgröße ab ca. 5 Zoll.
- **Was passiert bei der ersten Inbetriebnahme?**
  Das Gerät wird bei Google aktiviert und für den Benutzer personalisiert. Dabei werden ein Google-Konto und ein Kennwort zum Zugriff auf dieses Konto festgelegt.

Kapitel 2

- **Wie schalten Sie ein Android-Gerät ein/aus?**
  Halten Sie die Einschalttaste ein paar Sekunden gedrückt. Zum Herunterfahren drücken Sie die Einschalttaste und bestätigen den Befehl *Ausschalten*.
- **Was zeigt der Startbildschirm?**
  Die Favoritenleiste am Rand sowie Symbole von Apps im restlichen Bereich und eine Statusleiste am oberen Rand.
- **Wie verschieben oder löschen Sie Apps?**
  Den Finger auf ein App-Symbol drücken, dann das App-Symbol an die gewünschte Position oder über das eingeblendete *Entfernen*-Symbol ziehen.
- **Was benötigen Sie zum App-Kauf?**
  Neben einer Internetverbindung benötigen Sie ein Google-Konto zum Zugriff auf den Google Play Store. Bei kostenpflichtigen Apps sind Zahlungsinformationen oder ein Guthaben auf dem Konto erforderlich.
- **Wie kommen Sie von einer App zur Startseite?**
  Drücken Sie die Starttaste.

Kapitel 3

- **Was versteht man unter einem Hyperlink?**
  Ein Verweis innerhalb einer Webseite auf eine andere Webseite oder einen anderen Abschnitt im gleichen Dokument. Das Dokument wird durch Anklicken des Hyperlinks im Browser abgerufen.
- **Wie laden Sie eine Webseite im Browser?**
  Starten Sie den Browser über dessen Symbol, geben Sie im Adressfeld die Internetadresse der Webseite über die Bildschirmtastatur ein und tippen Sie auf die *Öffnen*-Taste.
- **Wie lässt sich die vorherige Seite im Browser abrufen?**
  Tippen Sie auf das Symbol *Zurück*.
- **Wie öffnen Sie eine Webseite in einem neuen Tab?**
  Drücken Sie den Finger länger auf den Hyperlink und wählen Sie nach dem Loslassen den Befehl *In neuem Tab öffnen*.
- **Wie suchen Sie im Web?**
  Geben Sie den Suchbegriff über die Bildschirmtastatur in das Adressfeld ein und tippen Sie auf die *Öffnen*-Taste.

Kapitel 4

- **Wie richten Sie E-Mail ein und ändern App-Einstellungen?**
  Öffnen Sie die App und wählen Sie die Option *Einstellungen*. Gehen Sie dann wie in Kapitel 4 im Abschnitt »E-Mail-Konten einrichten« beschrieben vor.
- **Wie rufen Sie E-Mails ab?**
  Tippen Sie auf das Gmail-App-Symbol, wählen Sie in der Mail-App ggf. das Postfach aus und warten Sie, bis die App die E-Mails über das Internet heruntergeladen hat.
- **Wie beantworten Sie eine E-Mail?**
  Wählen Sie die gewünschte Nachricht in der Mail-App an. Tippen Sie dann auf das Symbol bzw. den Befehl *Antworten*.

- **Wie fügen Sie ein Foto zum Versenden in die E-Mail ein?**
  Tippen Sie im Fenster der Mail auf das Symbol der Büroklammer, dann auf *Datei anhängen* und wählen Sie die anzufügende Datei aus.

Kapitel 5

- **Wie führen Sie auf dem Android-Gerät eine Terminliste?**
  Starten Sie die Kalender-App und legen Sie den anzuzeigenden Kalenderzeitraum fest.
- **Wie korrigieren Sie einen Text?**
  Drücken Sie den Finger etwas länger auf das Wort mit dem Tippfehler, um dieses zu markieren. Oder tippen Sie auf die Stelle mit dem Tippfehler, bis die Einfügemarke rechts neben dem fehlerhaften Text steht. Drücken Sie die *Rück*-Taste an der Bildschirmtastatur, um Buchstaben zu löschen, und geben Sie neue Buchstaben ein.
- **Wie führt man eine Rechtschreibkorrektur im Text aus?**
  Tippen Sie auf das fehlerhafte Wort. Wählen Sie die korrekte Schreibweise in der eingeblendeten Bildschirmtastatur oder im eingeblendeten Vorschlag aus.

Kapitel 6

- **Wie fertigen Sie ein Foto mit dem Android-Gerät an?**
  Starten Sie die Kamera-App, wählen Sie die Front- oder Rückseitenkamera über die Bedienleiste und tippen Sie auf das Auslösersymbol der App.
- **Wie lassen sich Fotos am PC importieren?**
  Sie benötigen einen geeigneten Adapter, um die Fotos von einer Speicherkarte per Fotos-App zu importieren. Oder Sie verbinden das Android-Gerät per USB-Kabel mit dem PC und kopieren die Fotodateien im Datei-Manager.
- **Wie lässt sich ein Foto drehen/beschneiden?**
  Öffnen Sie das Foto in der Fotos-App in der Einzelbildansicht, rufen Sie die Bearbeitungsfunktion auf und wählen Sie die Option zum Drehen oder Beschneiden.

Kapitel 7

- **Wie lassen sich Musik- und Videodateien erwerben?**
  Kaufen Sie die Musik- oder Videodateien im Internet. Oder übertragen Sie diese mittels eines USB-Kabels von einem Desktoprechner auf das Android-Gerät.
- **Wie lässt sich eine Audiodatei abspielen?**
  Wählen Sie die VLC-Player-App und starten Sie die Wiedergabe der betreffenden Datei.
- **Wie lässt sich eine Videodatei wiedergeben?**
  Rufen Sie entweder die Fotos-App auf, falls das Video am Gerät aufgezeichnet wurde. Oder geben Sie das Video in der VLC-Player-App wieder, falls dieses über USB-Kabel kopiert wurde.

Kapitel 8

- **Wie lässt sich eine SMS versenden?**
  Rufen Sie die SMS-App auf und geben Sie den Empfänger sowie die Textnachricht gemäß den Erläuterungen im Abschnitt »SMS-Nachrichten mit Hangouts senden« ein. SMS-Nachrichten lassen sich nur an andere Mobilfunktelefone versenden, wenn das Gerät über eine Mobilfunkunterstützung verfügt.
- **Wie können Sie über das Internet telefonieren?**
  Verwenden Sie Skype.
- **Welche Vorteile hat Skype gegenüber Mobilfunktelefonaten?**
  Skype ermöglicht Ihnen, über WLAN und das Internet zu telefonieren sowie Gratisgespräche zu Skype-Teilnehmern zu führen.

Kapitel 9

- **Wie kann das Android-Gerät als E-Book-Reader benutzt werden?**
  Laden Sie die E-Books per Google Play Bücher aus dem Google Play Store herunter. Oder verwenden Sie die Amazon Kindle-App, um E-Books von diesem Anbieter zu erwerben.

- **Wie lässt sich das Android-Gerät als Navi verwenden?**
  Indem Sie die App Google Maps aufrufen und dann deren Routenplanung verwenden.
- **Wie können Sie einen Ort in der Karte finden?**
  Tippen Sie den Ortsnamen in das Suchfeld der Google-Maps-App ein.
- **Wie hilft ein Android-Gerät, Ihre Fitness zu verbessern?**
  Verwenden Sie kostenlose Apps wie Google Fit, um die täglichen Bewegungen zu erfassen und zu dokumentieren.

Kapitel 10

- **Wie passen Sie Einstellungen von Android an?**
  Indem Sie die App *Einstellungen* aufrufen und dann die betreffende Kategorie auswählen.
- **Wie richten Sie eine WLAN-Verbindung ein?**
  Indem Sie die App *Einstellungen* aufrufen, dann die Kategorie *WLAN* und das Funknetzwerk wählen und dann die Zugangsdaten eingeben.
- **Wie lässt sich eine Codesperre einrichten?**
  Indem Sie die App *Einstellungen* aufrufen, zur Kategorie *Sicherheit* gehen und den Eintrag *Displaysperre* wählen. Dann die Sperre über die betreffenden Optionen einrichten.
- **Wie können Sie die Anzeige besser lesbar machen?**
  Starten Sie die App *Einstellungen* und wählen Sie den Eintrag *Bedienungshilfen*. Dort finden sich verschiedene Optionen zur verbesserten Darstellung der Anzeige bei einer eventuellen Sehschwäche.

Index

Index

L

M

N

O

P

Q

R

S

Index

T

U